정벌과 사대

15세기 조선의 대외정벌과 대명의식

지은이 이규철 李圭哲

조선 전기 국제관계사와 역사콘텐츠 연구자로서, 성신여자대학교 사학과에 재직 중이다. 15~16세기 동아시아 국제관계를 조선의 대외정책을 통해 파악하는 방법을 연구해왔다. 기존의 조선시대사 연구를 심화하면서 역사 속 내용을 현대사회에 활용하는 콘텐츠를 만드는 연구에 관심을 가지고 있다. 대표논저로는 「연산군 대 대외정벌 추진 과정을 통해서 본 외교 역량의 약화」(2019), 『고려에서 조선으로—여말선초, 단절인가 계승인가』(공저, 2019) 등이 있다.

정벌과 사대 — 15세기 조선의 대외정벌과 대명의식

1판 1쇄 인쇄 2022년 9월 19일
1판 1쇄 발행 2022년 10월 4일

지은이 이규철
펴낸이 정순구
책임편집 정윤경
기획편집 조원식 조수정
마케팅 황주영

출력 블루엔
용지 한서지업사
인쇄 한영문화사
제본 대원바인더리

펴낸곳 (주) 역사비평사
등록 제300-2007-139호 (2007.9.20)
주소 10497 : 경기도 고양시 덕양구 화중로 100(비젼타워21) 506호
전화 02-741-6123~5
팩스 02-741-6126
홈페이지 www.yukbi.com
이메일 yukbi88@naver.com

ISBN 978-89-7696-141-9 94910
978-89-7696-199-0 (세트)

책값은 표지 뒷면에 표시되어 있습니다.
잘못 만들어진 책은 구입하신 서점에서 바꾸어 드립니다

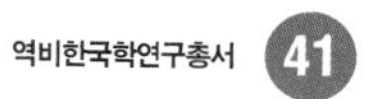

정벌과 사대

| 15세기 조선의 대외정벌과 대명의식 |

이규철 지음

역사비평사

차례

정벌과 사대

3부 세종대 대외정벌 정책의 본격화와 파저강 정벌

4부 세조대 대외정벌 정책의 계승과 대명의식

책머리에

이 책은 2013년 발표되었던 박사학위논문 「조선 초기의 對外征伐과 對明意識」을 일부 수정한 것이다. 석사학위논문 주제를 고민하고 있을 때, 한국역사연구회의 선생님들은 자신의 경험에서 연구주제를 찾으라는 조언을 많이 해주셨다. 나이는 30세가 되었지만 가졌던 경험이라고는 학교, 군대, 아르바이트 정도가 다였다. 제한된 경험 속에서 논문 주제를 찾다가 주목했던 것이 '정보'였다. 군생활을 했던 수색대가 정보수집 업무를 담당하는 곳이라 이 경험을 연결해보고 싶었다.

한 가지 더 주목했던 것은 대외관계사였다. 2005년을 전후로 조선시대 관련 연구사를 정리하면서, 국내 정치 분야의 연구성과는 많지만 국외에 관한 연구가 적다는 점을 알게 되었다. 스스로의 연구역량을 평가해볼 때, 이미 많은 연구자들이 훌륭한 성과를 냈던 분야보다는 연구성과가 적어 할 수 있는 것이 많은 분야를 전문적으로 공부해야 최소한의 경쟁력을 갖출 수 있다고 생각했다. 이 고민 속에서 관심을 가지게 되었던 분야가 대외관계사였다. 학부 시절 한명기 선생님께 수업을 들었던 경험도 큰 영향을 주었다.

결국 두 가지를 합쳐 조선 초기의 대외정보수집 활동에 관한 내용을 석사학위논문에서 다뤘다. 석사학위논문을 발표했을 때 가장 많이 받았던 질문은 조선이 수집했던 대외정보를 어떻게 활용했느냐였다. 당시에는 이 질문에 대답할 준비가 되어 있지 않았다. 하지만 여러 선생님들의 좋은 질문 덕분에 박사학위논문의 방향을 잡을 수 있었다.

석사학위논문을 작성하면서 논문의 완성도 때문에 통과가 쉽지 않을 것이라 생각했다. 실제로도 순탄하게 졸업하지는 못했다. 그래서 만약을 대비해 대안으로 구상했던 논문 주제가 대마도 정벌에 관한 연구였다. 이 연구는 석사 졸업 후 박사과정 중에 발표하게 되었는데, 그 당시만 해도 조선이 수집했던 정보를 대외정벌과 연결시킨다는 생각은 하지 못했다. 이후 『세조실록』을 다시 읽다가 조선의 정보 활동과 대외정벌을 연결시킬 수 있겠다는 생각을 가지게 되었다. 대마도 정벌에 관한 연구에서 주장했던 논리가 적어도 조선의 15세기에는 모두 적용될 수 있다는 판단을 하면서 '대외정벌'을 박사학위논문의 주제로 선택했다.

조선 초기의 대외정벌은 기존의 통설에서 여진이나 왜구 세력의 침입 혹은 약탈 때문에 시행되었던 것으로 설명되었다. 하지만 당시 기록들을 읽어보면 외부 세력이 조선을 침입했던 횟수나 규모가 매우 적었다는 점을 알 수 있다. 그런데 조선은 자신들이 입었던 피해보다 훨씬 큰 규모로 대외정벌을 시행했다. 심지어 침입의 주체를 파악하지도 않고 특정 세력을 대규모로 정벌한 사례도 있었다. 이는 15세기 조선의 대외정벌이 외부 세력에 대한 대응이 아니라 직접 기획하고 주도했던 대외정책이었음을 보여주는 것이라 생각한다.

15세기 조선은 한국사에서 전례를 찾기 어려울 정도로 대외정벌을 자주 시행했다. 조선왕조 500년은 물론 한국사 전체를 살펴봐도 찾기 어려운 독

특한 사례이다. 조선의 정벌은 국가와 국가가 대립했던 대규모 전쟁으로 보기는 어렵지만, 사실상 전쟁의 성격을 지닌 행위였다. 특히 외부 세력의 침입에 대한 방어가 아니라 상대의 근거지를 공격하는 군사 활동은 더욱 많은 준비를 필요로 했다. 아울러 특정 지역에 군사를 보내 공격하는 일은 다른 세력들의 반발을 불러올 가능성도 높았다. 자신의 근거지 근처에서 발생하는 대규모 충돌을 환영하는 세력은 일반적으로 존재하기 어렵다.

병력의 동원과 재정 문제는 모든 군사 활동에서 가장 큰 고민거리가 된다. 정벌도 마찬가지였다. 더욱이 대외정벌을 시행해서 승리하는 것이 아니라 패배할 경우 감당해야 하는 정치·사회적 책임은 결코 작지 않았다. 대외정벌은 이런 모든 문제를 감수하고서 자국의 군대를 국경 밖으로 보내 싸우는 것이다. 어지간한 자신감으로는 쉽게 시행하기 어려운 정책이었다. 그럼에도 조선은 15세기 동안 지속적으로 대외정벌을 준비하고 시행했다. 이 분위기는 16세기에도 영향을 주었다.

15세기 조선이 대외정벌에 큰 관심을 가지고 지속적으로 실행했던 의도를 설명하는 것은 조선 초기의 국가적 역량과 국제관계의식을 이해할 수 있는 중요한 단서가 될 것이라 판단했다. 조선의 대외정벌은 대부분 여진 세력을 대상으로 시행되었다. 그런데 여진 지역은 명목상이라고는 하지만 이미 명의 영역에 포함되어 있는 지역이었다. 그렇다면 조선의 대외정벌은 여진 세력과의 문제만이 아니라 명과의 문제도 발생시킬 수밖에 없었다. 조선의 대외정벌은 표면적으로는 여진과 왜구에 대한 군사행동이었지만, 실제로는 명-일본을 포함한 동아시아 전체와 연결되어 있는 문제였다.

여기서 한 가지 더 주목할 것이 바로 사대(事大)이다. 이성계 세력은 위화도 회군을 통해 국정을 장악했던 시점부터 사대의 중요성을 강조했다. 조선 건국 이후에도 사대의 가치를 정면으로 부정한 적은 단 한 번도 없었다. 특히 태종과 세종은 지성사대(至誠事大)를 강조하며 항상 명에 대한 존중심을 드러냈다. 이 태도는 잘 알려져 있는 것처럼 명이 조선보다 먼저 사라진 이후에도 유지되었다.

여진에 대한 대규모 정벌은 조선이 누구보다 강조했던 사대의 가치에 어긋나는 대표적 사례였다. 조선의 정벌이 사대명분에 위배되는 행위라는 지적은 명은 물론 조선 내부에서도 제기되었다. 15세기 조선에서 대외정벌의 실행을 주도한 존재는 항상 국왕이었다. 이들은 신료들의 반대가 있더라도 소수의 측근들과 함께 정벌을 결정해서 시행하는 경우가 많았다.

조선의 국왕들은 사대의 중요성을 강조하면서도 대외정벌의 필요성 역시 강조했다. 그들은 대외정벌의 시행이 사대명분에 충돌된다는 비판에 크게 신경 쓰지 않았다. 15세기의 조선은 사대를 반드시 지켜야만 하는 가치로 인식했던 것이 아니라, 국정을 장악하고 자신들의 정치행위에 정당성을 부여하기 위해 활용할 수 있는 수단으로 인식했다고 설명할 수 있다.

정벌 추진과 시행 과정에서 나타났던 조선의 대외의식은 정치적 목표에 따라 변용되었다. 조선에게 사대는 중요했지만 그 위에는 국왕권(國王權)이 위치하고 있었다. 15세기 조선의 국왕들은 누구보다 사대를 강조하면서도 상황에 따라서는 누구보다 먼저 사대의 가치를 변용시켜 적용하는 일에 앞장섰다. 국왕의 권위와 정치적 권한을 유지하고 확대시키기 위해 사대명분을 활용하려는 의도가 반영된 것이었다.

이 같은 조선의 태도가 가장 명확하게 드러났던 정책이 대외정벌이었다. 15세기 조선이 가장 공격적인 대외정책, 정벌을 자주 선택했던 이유를 생각해본다면 외부 세력의 행동에 대한 즉각적 대응으로 보기는 어렵다. 조선의 대외정책에 따라 사전에 치밀하게 준비되었기 때문에 정벌이 자주 시행될 수 있었다고 설명하는 것이 타당하다. 특히 조선의 대외정벌은 명과의 대립을 부를 수밖에 없는 정책이었다. 실제로 명은 조선의 여진 정책들을 다양한 방식으로 견제했다. 이 점에서 주목되는 부분이 바로 조선의 대명의식이다. 조선은 명과 여진 사이에서 자신만의 정책을 고수하는 모습을 자주 보였다.

따라서 조선 초기 대외정벌의 원인과 결과, 이를 둘러싼 조선과 명-여진-일본 등의 관계를 살펴본다면 15세기 동아시아 국제관계의 실상을 보다 구체적으로 설명할 수 있을 것이다. 아울러 정벌을 둘러싼 국내외 정세와 국왕과 신료들의 의식을 살펴봄으로써 조선 초기 대외의식의 실제와 변화상을 설명할 수 있을 것이라 기대한다.

이상의 내용을 이 책에서 설명하고자 노력했다. 박사학위논문이 발표되고 대략 10여 년의 시간이 지났다. 박사학위논문의 글을 전면적으로 수정하고 후속 연구들을 충실하게 반영하는 원고를 작성하겠다고 항상 다짐했다. 그렇지만 다짐을 지키지 못하고 박사학위논문의 내용을 일부 수정하는 수준에서 책을 출간하게 되었다.

이는 전적으로 필자의 게으름과 능력 부족에서 기인한 것이다. 2013년 8월 이후 이 책의 연구주제와 관련된 의미 깊은 연구성과를 발표했던 모든 선생님들에게 죄송한 마음을 전한다. 특히 박사학위논문을 발표했을 때 많이 지적받았던 조선의 양면적 대명의식의 실제를 충분히 설명하지 못한 점이 아쉬움으로 남는다. 앞으로의 연구를 통해 조선의 대외정벌이 가지는 의미와 해당 시기의 국제관계를 더욱 체계적으로 설명할 수 있도록 노력하겠다.

부족한 연구자였지만 박사학위논문을 작성할 수 있도록 지도해주셨던 유승원 선생님께 지면을 통해 감사의 말씀을 드린다. 아직도 한참 부족하지만 지도교수님이셨던 유승원 선생님의 수준에 이르는 학자가 되는 것이 연구자로서의 목표이다. 또한 부족했던 논문을 완성할 수 있도록 큰 도움을 주셨던 박광용 선생님, 채웅석 선생님, 한명기 선생님, 정재훈 선생님께도 감사 인사를 올린다.

현재 공부하고 있는 성신여자대학교 사학과의 홍석률 선생님, 오경환 선생님, 강호선 선생님, 조국 선생님과 사학과 학생 모두에게도 감사드린다. 연구자의 길을 갈 수 있도록 도와주고 이끌어주셨던 역사학계의 모든 선생님들에게 항상 감사하는 마음을 가지고 있다. 무엇보다 부족한 원고를 책으로 출간할 수 있는 기회를 주셨던 역사비평사에도 진심으로 감사드린다. 이 책을 꼭 역사비평사에서 출간하고 싶었다. 2009년부터 함께 공부해왔고, 앞으로도 계속 함께 공부할 한국역사연구회 중세국제관계사연구반의 동료 선생님들에게도 특별한 고마움을 전한다. 마지막으로 연구자의 길을 항상 걱정하면서도 응원하고 믿어주셨던 부모님과 동생네 가족에게도 특별한 감사의 마음을 올린다.

2022년 9월

이규철

서론

서론

조선 초기에는 활발한 대외정벌 활동이 이루어졌다는 점에서 다른 시기와 뚜렷한 차별성이 있다. 대외정벌을 시행하기 위해서는 국제적 역학관계, 대규모 병력과 군수의 확보방안, 작전의 효율성 등 제반 사항을 모두 고려해서 계획을 세워야만 한다. 더욱이 정벌이라는 방식의 공격적 대외정책은 주변국과 대립을 불러올 수밖에 없고, 국내적으로도 실패했을 때 감당해야 할 정치·사회적 위험성이 크므로 쉽사리 추진할 수 있는 정책은 결코 아니다. 따라서 정벌 당시의 상황, 정벌을 둘러싼 논의, 정벌 이면의 의도 등을 분석해본다면, 15세기의 조선이 가지고 있었던 역량과 대외의식의 실제를 밝힐 수 있을 것이다.

조선의 대외관계는 '사대교린(事大交隣)'이라는 용어를 중심으로 설명되어왔다. 그리고 조선의 외교방식 역시 '사대'와 '교린'의 틀 안에서 이루어졌던 것으로 이해되어왔다. 하지만 사대교린으로 조선 초기의 국제관계를 설명하기에는 많은 한계가 있다. 명목상 명(明)에 속해 있는 지역에 거주하는 여진(女眞)에 대한 정벌은 사대를 정면으로 거스르는 행위였고, 여진이 결코 교린의 대상이 아니었음을 보여주는 것이기 때문이다. 15세기의 조선은 주변 세력에게 공격적인 방식으로 영향력을 행사했다. 태조대에서 성종대에 이르는 시기의 국왕들은 누구보다 사대를 강조하면서도, 경우에 따라 이에 구애받지 않고 대외정책을 결정하는 상황들이 자주 나타났다. 결국 조선은 사대를 반드시 지켜야 하는 가치로 인식했다기보다는 정국을 장악하고 자신들의 정치행위에 정당성을 부여하기 위해 활용하려는 목적이 더 강했다.

조선 초기 대명의식에 대한 연구는 이인영과 신석호가 조선의 사대 문제를 다루면서 시작되었다. 이인영은 사대의 목적이 경제적 이익과 문화 수입에 관련된 것이었다고 설명했다.[01] 신석호 역시 조선의 사대가 선진문물을 받아들이기 위한 행동이었다고 보았다.[02] 이들은 모두 조선의 사대관계가 자주적 입장에서 전개되었음을 강조했다. 이후 전해종은 조명관계에 대해 '조공관계'라는 개념을 본격적으로 사용하며, 고려·조선과 명·청의 관계를 '전형적 조공관계'로 파악했다.[03] 이 연구들은 조선 전기의 사대의식을 주체적으로 설명하고자 시도함으로써 후속 연구에 큰 영향을 주었다.

하지만 이인영과 신석호의 연구는 조선의 대명의식 자체를 다룬 것이 아니었기 때문에 설명이 극히 소략했다. 또한 전해종의 연구는 한중관계사의 큰 틀 속에서 대명의식을 설명하다 보니 특정 시기의 대외의식을 구체적으로 설명하지 못했다.

조선 초기의 대명의식을 주제로 다룬 연구자는 한영우가 처음이었다. 그는 조선 전기의 국가관·민족관을 다루면서 사대론의 추이를 설명했다.[04]

---

01 李仁榮, 『韓國滿洲關係史의 硏究』, 乙酉文化社, 1954.

02 신석호, 「조선왕조 개국 당시의 대명관계」, 『국사상의 제문제』 1, 국사편찬위원회, 1959.

03 전해종, 『韓中關係史硏究』, 일조각, 1970.

04 韓永愚, 「朝鮮前期의 國家觀·民族觀」, 『朝鮮前期社會思想硏究』, 知識産業社, 1983.

조선 전기의 사대의식을 국내외 정세변화에 따라 본격적으로 설명했다는 점에서 큰 의의가 있다. 그러나 사대론을 정도전(鄭道傳)·변계량(卞季良)·양성지(梁誠之)·이이(李珥)의 논설에 한정해 살폈기 때문에 당시 조선에서 가장 중요한 존재였던 국왕의 사대의식이 설명되지 못했다는 점은 아쉽다.

안정희는 조선이 건국 초기에 현실적 사대인식을 가지고 있었지만, 세종과 성종의 재위기를 거치면서 예론에 근거한 사대관계가 고착되었다는 연구를 발표했다.[05] 조선은 명과 평화관계를 구축하기 위해 사대외교가 필수적이었기에 이를 군신의 분(分)으로 파악해서 상하질서 체계로 절대화했다는 것이다. 이 현상을 당시 동아시아 국제질서가 유교적으로 일원화된 체계에 귀속되었음을 의미하는 것으로 설명했다.

한명기 역시 세종이 명에 대한 사대를 '인신사대론(人臣事大論)'의 차원으로까지 끌어올려 황제에 대한 성의를 다했다는 점을 주장했다. 이를 통해 국왕이 국내에서 신료들에게 충성을 요구하기 위한 정당성을 확보하고자 노력했고, 명과의 원만한 관계를 유지하며 선진문물을 수용하고자 시도했다는 것이다.[06]

두 연구자가 세종의 사대의지에는 유교적 예론에 의거한 철저한 군신관계를 만들기 위한 목적이 있었다는 점을 지적한 것은 매우 주목할 만한 해석이었다. 다만 조선 초기의 국왕들이 사대명분을 자의적으로 해석하면서 활용했던 정치적 행동들에 대한 설명이 이루어지지 못했던 점은 보완이 필요하다.

---

05 안정희, 「朝鮮初期의 事大論」, 『歷史教育』 64, 歷史教育研究會, 1997.

06 한명기, 「세종시대 대명관계와 사절의 왕래」, 『세종문화사대계』 3, 세종대왕기념사업회, 2001.

하우봉은 조선 전기의 자아인식과 타자인식을 통해 당시 조선이 가지고 있던 대외의식을 설명했다.[07] 그는 사대조공 체제가 예문화(禮文化)의 우열에 따른 계서적 국제관계에서 형성되었다고 설명했다. 특히 조선이 주자학적 화이관에 의한 세계인식을 확립했으며, 스스로를 '화(華)'로 생각하는 소중화의식을 가지고 있었다고 주장했다. 사대관과 화이관을 통해 세계인식을 설명하려 시도했다는 점에서 의의가 큰 연구였다. 그러나 이 연구 역시 당시 현실정치와 관련된 설명이 없어 조선 초기의 사대의식에서 자주 나타났던 양면성의 원인을 규명하지 못했다.

정치적 선택을 통해 15세기 조선의 대명의식을 설명하고 했던 연구자는 계승범이었다. 그는 조선 전기에 있었던 명의 파병 요청에 대한 논의와 결정을 통해 대명의식의 변화상을 설명하고자 했다.[08] 기존의 연구들이 소홀하게 다뤘던 조선 초기의 정치현실과 대명의식의 관계를 규명하기 위해 노력했다는 점에서 의미가 큰 연구였다. 다만 조선의 정치적 필요에 따라 사대명분이 자의적으로 활용되었다는 점을 설명하다 보니 조선이 건국 이후 지속적으로 사대명분을 강조했던 의미에 대한 설명이 부족했던 점은 조금 아쉽다.

정다함은 세종대의 훈민정음 창제를 일국사적인 작업으로 파악하지 않고, 동아시아 질서의 전체적 변화와 연동시켜 재조명하고자 했다. 그는 중화화와 탈중화화가 불가분의 양면적인 성격을 가지고 있다는 점을 주장하며, 중화 중심적 질서 속에서 조선 중심적 질서가 만들어지는 과정이 상호

07 하우봉, 「조선 전기 대외관계에 나타난 自我認識과 他者認識」, 『韓國史研究』 123, 韓國史研究會, 2003.

08 계승범, 『조선시대 해외 파병과 한중관계』, 푸른역사, 2009.

보완적인 성격을 가지고 있다고 파악했다. 아울러 기존의 연구들이 '사대교린'이라는 틀로만 조선의 국제관계를 분석했던 것의 한계 등을 지적하며, 일국사적 설명방식을 넘어서야 한다고 강조했다.[09] 동아시아 국제질서에 대한 기존의 시각과 다른 새로운 세계관의 존재를 보이고자 시도했다는 부분에서 매우 의미 있는 연구라 생각한다.

허태용은 조선 초기 대명사대론의 의미를 역사적 정체성과 연결시켜 설명하는 연구를 발표했다. 그는 조선 초기의 대명사대론이 조선왕조에서 건국의 정당성을 담보하는 최상위 규범은 아니었고, 새 왕조가 기자와 단군 모두의 계승자라는 역사적 정체성과 상호 보완적 관계였다는 점을 논증했다.[10] 조선의 대명사대론을 역사적 정체성 문제와 연결시켜 이해하고 설명하려는 시도는 매우 인상적이었다. 이는 새로 건국된 조선이 만들고자 했던 국가상과 정체성을 이해하는 연구에 도움이 될 것이다.

15세기 조선의 대명의식을 주제로 했던 연구들은 모두 주목할 만한 성과를 보였다. 그럼에도 대명의식의 전체상을 설명하는 작업에 한계를 보였던 것은, 당시 조선이 가지고 있던 양면적 대명의식을 설명하기 어려웠기 때문이라고 생각한다. 하지만 15세기의 조선이 사대명분을 지키고자 하면서도 현실적 정치 논리에 따라 행동했던 이유를 설명할 수 없다면, 당시의 국제관계 의식을 정확하게 규명하기는 어렵다. 따라서 조선-명-일본-여진을 둘러싼 정치적 이해관계와 외교 활동의 의도를 정확하게 파악해야만 당시 국제관계에 대한 의식을 명확하게 설명할 수 있다.

---

09 정다함, 「麗末鮮初의 동아시아 질서와 朝鮮에서의 漢語, 漢吏文, 訓民正音」, 『韓國史學報』 36, 고려사학회, 2009; 정다함, 「'事大'와 '交隣'과 '小中華'라는 틀의 초시간적인 그리고 초공간적인 맥락」, 『韓國史學報』 42, 고려사학회, 2011.

10 허태용, 「조선 초기 對明事大論의 역사적 성격 검토」, 『東洋史學研究』 135, 2016.

조선의 대외정벌에 관한 연구들은 주로 여진의 침입에 대한 조선의 대응이라는 시각 아래에서 진행되어왔다.[11] 특히 여진 정벌과 관련된 연구들은 아직까지도 이 시각을 거의 벗어나지 못했다. 그리고 기존의 연구들은 모두 정벌에 대한 통시대적 연구보다는 개별적 정벌의 분석에 치중하는 한계를 보였다.[12]

이러한 한계를 벗어나 조선의 건국 초부터 명종대까지 여진과 명의 관계를 통시대적으로 조명하면서 여진 정벌을 설명했던 성과가 바로 가와치 요시히로의 연구였다.[13] 그는 조선과 명이라는 거대 세력의 틈에서 살아가야 했던 여진 세력의 입장과 정치적 의도, 생활방식 등을 종합적으로 설명했다. 특히 여진 세력이 경우에 따라서는 정당한 사유 없이 조선과 명의 군사행동에 피해자가 되었음을 지적한 부분은 매우 인상적이다.

하지만 조선 건국 초부터 명종대까지의 조선과 여진이 관련된 거의 모든 사건을 설명하다 보니, 정벌이 지니는 의미를 깊게 분석하지 못했다. 또한 정벌의 경과를 자세하게 설명했지만 이와 관련된 조선의 의도를 세밀하게 논증하지 못했다. 특히 조선의 정벌을 대외관계 분야에 국한해서 설명하고자 했던 점도 아쉽다.

국내 연구자 중에는 강성문이 태종대부터 선조대까지 이루어졌던 여진 정벌의 개요를 소개하는 연구를 발표했다.[14] 그는 조선시대에 해당 시기처

---

11 李鉉淙, 「여진관계」, 『한국사』 9, 국사편찬위원회, 1981; 金九鎭, 「여진과의 관계」, 『한국사』 22, 국사편찬위원회, 1995.

12 조선 초기의 대외정벌에 대한 개별 연구들의 소개와 분석은 본론에서 보다 자세하게 다루겠다.

13 河内良弘, 『明代女眞史の硏究』, 同朋舍出版, 1992.

14 姜性文, 「朝鮮시대 女眞征伐에 관한 연구」, 『軍史』 18, 국방부전사편찬위원회, 1989.

럼 활발한 대외정벌전을 추진한 때가 없었다는 점을 지적했다. 그리고 조선이 대여진 정벌전을 통해 여진 세력의 통합을 막았다는 점, 초기의 정벌이 철저한 준비를 갖추어 시행되었던 것에 비해 후기의 정벌은 변경 장수 개개인의 공명심 때문에 추진되어 준비가 부족했다는 점 등을 지적했다. 조선의 여진 정벌을 모두 일괄했다는 점에서는 의미가 있지만 제한된 지면 속에서 정벌의 개요를 간략하게 소개하는 방식으로 내용을 전개하다 보니 사건의 의미나 원인 등에 대한 설명에서 많은 한계를 보였다.

조선의 정벌을 외부 침입에 대한 대응의 시각으로만 분석했던 선행연구의 한계를 지적하는 성과들은 2008년부터 발표되었다. 한성주는 조선의 정벌을 단순하게 여진 침입에 대한 대응으로만 보기 힘들다는 점을 지적했다.[15] 노영구는 세종대 두 차례에 걸쳐 단행되었던 파저강 정벌이 여진 침입에 대한 소규모 방어가 아니라 치밀한 계획과 준비에 따라 대규모로 진행된 정벌이었음을 설명했다.[16] 두 연구자는 조선 초기 정벌을 외부 세력의 침입에 대한 대응으로만 이해할 수 없다는 점을 언급함으로써 대외정벌을 이해하는 데 중요한 시사를 주었다. 하지만 이에 대한 구체적 논증은 진행하지 않았다.

한편 정다함은 조선 초기의 정벌에 대해 주목할 만한 해석을 시도했다. 그는 조선의 군주들이 신하의 반대를 무릅쓰고 적극적으로 정벌을 추진했음을 설명하며, 정벌을 여진의 침입과 이에 대한 대응으로만 설명했던 기존 연구들의 문제점을 날카롭게 지적했다.[17] 다만 정벌에 대한 기존 인식의 문

---

15 한성주, 「朝鮮 세조대 毛憐衛 征伐과 여진인의 從軍에 대하여」, 『江原史學』 22·23合輯, 2008.

16 노영구, 「세종의 전쟁수행과 리더쉽」, 『오늘의 동양사상』 19, 예문동양사상연구원, 2008.

17 정다함, 「조선 초기의 '征伐'—천명, 시계, 달력 그리고 화약무기」, 『역사와 문화』 21, 문화사학

제점을 설명하다 보니 개별 사건에 대한 분석이 충분히 이루어지지 못했다.

조선과 여진의 관계는 일반적으로 '교린관계'에 포함되는 것으로 설명되어왔다. 하지만 조선과 여진의 교린관계를 직접적으로 다룬 연구는 의외로 매우 적다. 조선과 여진의 관계를 교린으로 설명했던 논문으로 한성주의 연구가 있다.[18] 그는 교린을 '대등교린(對等交隣)'과 '기미교린(羈縻交隣)'으로 나눌 수 있다는 손승철의 견해에[19] 따라, 조선과 여진의 관계를 기미교린에 속하는 것으로 설명했다. 그러나 조선과 여진의 관계를 '교린'으로 표현하는 것은 문제가 있다고 생각한다. 14~15세기의 조선은 여진을 교류의 상대라기보다는 지배의 대상으로 파악했던 것으로 보이기 때문이다. 특히 교린이라는 용어가 여진과의 관계에서 쓰인 사례는 극히 드물다. 게다가 여진 세력들이 조선과 자신의 관계를 교린으로 표현한 사례는 전혀 나타나지 않는다. 양측의 관계를 교린이라는 용어로 설명하기 어려운 사정이 여기에 있다.

더욱이 조선은 조선 전기 내내 대규모 정벌을 시행하면서 여진 세력을 압박했다. 심지어 이들에 대한 영향력을 확대하고 지배력을 확보하기 위해 사대의 대상이었던 명과의 충돌도 불사하는 모습이 자주 나타났다. 이는 당시 조선이 여진을 힘으로 제압해서 자국의 영향력 아래에 두어야 한다고 인식했기 때문이다. 조선의 대외정벌을 사전에 계획되어 시행된 정책이 아니라 외부 세력의 침입에 대한 대응으로 설명하다 보니 조선의 대여진의식

회, 2011.

18 한성주, 「朝鮮前期 '字小'에 대한 고찰—對馬島 倭人 및 女眞 勢力을 중심으로」, 『韓日關係史研究』 33, 2009.

19 손승철, 「제2장 제1절 조선 전기 중화적 교린체제」, 『조선시대 한일관계사 연구』, 景仁文化社, 2006.

이 정확하게 이해되지 못했던 것이다.

정다함은 비평논문을 통해 한국사에서 조선과 여진 및 대마도 사이의 관계를 교린이란 용어로 설명하면서 나타났던 인식의 한계를 지적했다.[20] 그는 기존 연구들이 조선이 군사력을 자주 사용해 주변 세력을 제압했다기보다는 조선이 주변 세력의 침입에 따라 정당방위를 하고 또 이들보다 우수한 선진문물을 전파하는 역할을 했다는 일국사적 시각에 경도되어 있다고 비판했다.

선행연구들은 대부분 외부 세력에게 피해를 입은 조선이 최종수단으로 사용한 방법이 정벌이었다고 설명해왔다. 그러나 선후관계를 잘 살펴보면, 대부분 조선의 정벌이 외부 세력의 침입을 격화시켰다는 점을 알 수 있다. 특히 조선에 대한 외부 세력의 침입은 규모도 적었을 뿐만 아니라 조선이 입은 피해도 제한적인 경우가 많았다. 그럼에도 조선은 대규모의 군사력을 동원해 상대 세력의 근거지를 공격하는 방식을 선택했다.

15세기 조선의 대외정책은 '정벌'로 대표된다. 당시 조선은 가장 공격적 대외정책인 정벌을 자주 시행했다. 정벌이 가지고 있는 공격성과 폭력성을 생각해본다면, 15세기 조선의 출병을 외부 세력의 침입에 대한 즉각적 대응으로 보기는 어렵다. 조선의 외교 목표에 따라 사전에 치밀하게 준비되었기 때문에 정벌이 자주 시행되었다고 설명하는 것이 더 타당하다.

특히 조선의 대외정벌은 명과의 의견대립을 부를 수밖에 없는 정책이었고, 실제로 명은 조선의 여진 정책을 견제했다. 이 점에서 주목되는 부분이 바로 조선의 대명의식이다. 명의 견제 속에서 조선이 자신만의 여진 정책을

---

20 정다함, 「'事大'와 '交隣'과 '小中華'라는 틀의 초시간적인 그리고 초공간적인 맥락」, 『韓國史學報』 42, 2010.

고수하는 것은 사대명분에 위배되는 상황을 자주 만들어냈다. 그렇지만 15세기의 조선은 사대보다는 여진 정책의 일관성을 유지하기 위해 노력하는 모습을 더욱 자주 보였다.

따라서 조선 초기 대외정벌의 원인과 결과, 정벌 과정에서 나타났던 조선의 대명·대여진의식 등을 살펴본다면, 14~15세기 동아시아 국제관계의 실상을 보다 구체적으로 설명할 수 있을 것이다. 아울러 정벌을 둘러싼 국내외 정세와 국왕과 신료들의 의식을 살펴봄으로써 조선 초기 대외의식의 의미와 변화상을 설명할 수 있을 것이다.

15세기 조선의 대외정벌 논의 과정을 살펴보면 중심에는 항상 국왕이 존재했다는 점을 알 수 있다. 신료들의 전폭적인 지지 속에서 추진된 정벌은 매우 적었다. 신료들의 반대에도 국왕들은 항상 소수의 측근들과 정벌을 결정했다. 따라서 조선 초기의 국왕들이 적극적으로 대외정벌의 시행을 선도했던 원인을 규명할 필요가 있다.

본 연구는 모두 5부로 구성되어 있다. 먼저 1부에서는 조선이 건국 후 대외정책의 기조를 수립했던 배경을 살펴보고자 한다. 아울러 조선 건국 세력이 고려 말과 태조대에 대마도 정벌을 단행했던 의미와 요동정벌을 추진했던 과정과 의도 등을 설명하겠다. 이를 통해 건국 초기에 조선의 대외정벌 정책이 수립되는 과정을 밝혀보겠다.

2부에서는 태종이 대명관계의 안정을 위해 노력하면서도 건국 후 처음으로 단행했던 여진 정벌의 의미를 분석하겠다. 또한 태종이 상왕(上王)으로 있으면서 시행했던 대마도 정벌의 원인과 의미도 살펴볼 것이다.

3부에서는 조선의 대외정벌이 본격적으로 시행된 세종대를 살펴보겠다. 특히 세종의 재위기 동안 조선이 본격적으로 외부 세력에 대한 정벌을 진행하면서 영향력을 확대시켰던 원인과 의도 등을 파악하겠다. 아울러 세종이 정벌을 추진하면서 보였던 국정운영 방식과 이를 통해 나타났던 대명의식의 실제를 설명하겠다.

다음으로 4부에서는 세조대 시행되었던 정벌의 의미와 정벌을 준비하는 과정에서 나타났던 정치적 의도, 대명의식 등을 집중적으로 살펴보겠다. 특히 세조대는 여진 지역에 대한 주도권 문제를 두고 명과의 대립 양상이 가장 두드러졌던 시기였다. 이 시기를 살펴봄으로써 당시 정벌이라는 외교활동이 국왕의 권위 문제와 직결되었다는 점을 설명하겠다.

마지막으로 5부에서는 대명사대의식을 상황에 따라 자의적으로 해석하고 적용시켰던 조선의 태도가 성종대에 변하게 된 원인과 과정을 규명하겠다. 그리고 대외정벌 정책의 한계와 북정(北征)의 실패가 초래한 결과를 살펴보겠다.

1부

태조대 대외정책 기조의 수립과 대마도·요동 정벌

1장
건국 후 대외정벌 정책 수립의 배경

태조대는 조선 건국 세력이 대외정책의 기조를 수립한 시기였다. 조선 초기 대외정책의 기조는 국익을 지키는 범위 내에서 성실하게 사대에 임하는 것이었다. 국익을 지키는 핵심은 조종의 고토(故土)를 확보하는 것이었다. 적어도 압록강·두만강 유역까지 영토를 확보하고 국토의 안전을 지킨다는 것이 구체적 목표였다. 이를 위해 조선은 여진과 대마도(對馬島) 세력 등을 영향력 아래에 두면서 자국을 위협하는 세력에 대해서는 비록 중국이라 할지라도 단호히 대처하고자 했다. 이러한 대외정책을 담보하는 적극적 수단이 대외정벌이었다.

조선의 대외정책 기조는 이성계(李成桂), 정도전(鄭道傳)과 같은 건국 핵심 세력의 노력을 통해 마련되었다. 이성계는 사대를 명분으로 위화도 회군을 단행했다. 정도전 역시 누차 사대의 중요성을 역설했다. 그러나 이들은 사대 때문에 조선의 국익을 양보할 생각이 없었다. 정도전은 명에서 반명(反明) 핵심인사로 지목되었고, 요동 정벌 추진의 주도자였다. 이성계 역시 공민왕대의 북방시책에 적극적으로 참여했을 뿐만 아니라 건국 후에도 요동 정벌 계획을 최종적으로 승인했다.

조선의 대외정책 기조는 결코 짧은 시간 동안 만들어진 것이 아니었다. 고려는 원 간섭기를 거치면서 정치·사회적 변화를 겪었다. 하지만 공민왕 재위기를 통해 새로운 의식이 고양되었다. 공민왕은 대외정벌을 적극적으로 활용하면서 고려의 국체(國體)를 회복했을 뿐만 아니라 옛 영토를 수복했다. 공민왕이 이러한 정책을 펼친 것은 원의 체제에서 벗어나고자 하는 의지를 보이고 영토를 수복하는 한편, 국내에서는 국왕권을 강화해야 한다는 다양한 측면을 고려했기 때문이다. 공민왕이 추진하고 시행했던 대외정벌 정책은 고려가 원의 영향력에서 벗어나는 데 중요한 역할을 담당했을 뿐만 아니라 조선 전기의 대외정책에도 큰 영향을 미쳤다.

조선 건국 세력은 공민왕의 대외정책을 계승했다. 이성계와 정도전은 모두 공민왕이 추진했던 대외정책에 참여하는 과정에서 큰 영향을 받았던 것으로 보인다. 이성계의 부친 이자춘(李子春)은 공민왕이 쌍성총관부를 공격할 때 중요한 역할을 수행했다. 이성계는 동녕부(東寧府) 공격에 큰 전공을 세웠고, 정도전은 공민왕의 유지를 받들어 우왕 즉위 후 집권 세력의 북원(北元) 외교 재개를 맹렬히 공격했다.[01]

특히 정도전은 북원과의 통교가 공민왕의 정책을 부정하는 것임을 강조하며 이를 반대했다. 북원과의 관계를 끊고 명과의 관계를 확대하는 것이 공민왕의 정책이자 의도였음을 강조했다. 이는 정도전이 공민왕과 같은 뜻을 가지고 북원과의 관계를 제한하고 대명관계를 확대하고자 했음을 의미한다고 생각한다.

---

01 『高麗史』 권112, 열전 25 박상충; “敎曰 (…) 旣而胡太子遣使 稱詔以來 書辭甚逆 權臣欲率國人以迎 卿乃力言 以謂苟爲玄陵臣子者 不可迎此使 執政黽勉從之.” 『高麗史』 권119, 열전 32 정도전).

정도전의 생각에는 이성계는 물론 조선 건국 세력 대부분이 동의했던 것으로 보인다. 이는 조선 건국 후에도 비슷한 방식의 대외정책이 추진되었다는 점과, 우왕·창왕·공양왕에 대한 부정은 있었지만 공민왕의 정책 등에 대한 부정이 없었다는 점에서도 확인된다. 이 역시 건국 세력이 추진했던 대외정책이 공민왕대의 정책에서 큰 영향을 받았다는 점을 시사한다.

조선 건국 후 한 가지 더 주목할 점은 단군을 개국시조(開國始祖)로 인식하기 시작했다는 사실이다. 단군에 대한 인식은 이미 공민왕대 요동 정벌 초유문(招諭文)에도 인용될 정도로 보편화되어 있었다. 여말선초 지배층의 단군에 대한 인식 강화는 기존 사회의 토속신앙을 국가적 차원으로 격상시켰음을 의미한다. 동시에 건국 세력이 가지고 있던 국가·민족의식을 반영한 것이기도 하다. 특히 조선 건국 세력은 단군 숭배를 제도화했다. 이를 통해 단군은 민간신앙의 범위나 일부 지식계층의 인식을 넘어, 민족시조(民族始祖)의 위치를 국가적으로 공인받을 수 있었다. 조선왕조가 국호 자체를 '조선(朝鮮)'이라 칭하게 된 것 역시 단군조선(檀君朝鮮)과 기자조선(箕子朝鮮)의 후계자라는 상고적 역사의식과 사명감을 가지고 있었던 것으로 평가할 수 있다.[02]

'조선'이라는 국호의 사용은 건국 세력이 가지고 있던 국가의식을 보여준다. 원 간섭기 동안 억눌렸던 국가의식이 공민왕 재위기를 거치면서 조금씩 회복되었고, 건국 세력은 신흥 국가를 건설하면서 이를 적극적으로 확대했다. 아울러 원의 영향력에서 벗어나고자 했던 고려나 새로운 국가를 창업한 조선의 입장에서는 외부 세력에 대한 정벌 등을 통해 국가·민족의식을

---

02 韓永愚, 「제2장 朝鮮前期의 國家觀·民族觀」, 『朝鮮前期社會思想硏究』, 知識産業社, 1983, 24~26쪽 참조.

형성하고 정체성을 확보할 필요가 있었다. 이는 여말선초 시기에 정벌이 자주 시행되었던 또 하나의 원인으로 볼 수 있다.

조선이 압록강과 두만강 일대에 대한 정벌을 지속적으로 준비해 시행했던 또 다른 원인으로는 이 지역과 이성계 가문의 밀접한 관계를 생각해볼 수 있다.[03] 이성계는 집안의 터전이었던 동북면과 두만강 일대에서 세력을 넓혔고, 조선 건국을 전후한 시기에 많은 여진 추장들을 귀부시켰다.[04] 이로 인해 압록강에서 두만강에 이르는 조선의 영역이 설정될 수 있었다. 조선은 건국 직후부터 여진 세력과의 관계를 확대하고 영토를 개척하면서 영향력을 확대하고자 했던 것이다. 결국 조선이 후대에 언급했던 조종구토(祖宗舊土)는 최소한 압록강과 두만강을 사실상의 국경선으로 하는 영역을 의미하는 것이라 판단한다.

『태조실록』에는 이미 조선에서 압록강과 두만강을 경계로 삼았다는 기록이 나타난다.[05] 하지만 당시 조선의 상황을 살펴보면 태조대에 실제로 압록강과 두만강을 조선의 경계로 삼았다는 의미는 아닌 것으로 보인다. 다만 조선에서는 이때부터 압록강과 두만강을 조선의 경계로 삼겠다는 의식을

---

03 이성계의 세력 기반에 대한 주요 연구들을 소개하면 다음과 같다. 柳昌圭, 「李成桂의 軍事的 基盤—東北面을 중심으로」, 『震檀學報』 58, 1984; 許興植, 「高麗末 李成桂(1335~1408)의 세력기반」, 『歷史와 人間의 對應—高柄翊先生 回甲紀念 史學論叢』, 한울, 1984; 宋基中, 「朝鮮朝 建國을 後援한 勢力의 地域的 基盤」, 『震檀學報』 78, 1994; 한성주, 「朝鮮前期 豆滿江流域에 나타나는 두 개의 '朝鮮'」, 『明淸史研究』 37, 2012.

04 『太祖實錄』 권8, 太祖 4년 12월 14일 계묘.

05 "上受命以後 聲教遠被 西北之民 安生樂業 田野日闢 生齒日繁 義州張思吉 願隸上麾下 得與開國功臣之列 自後張氏 無復反側 自義州 至閭延 沿江千里 建邑置守 以鴨綠江爲界 (…) 自孔州迤北 至于甲山 設邑置鎭 以治民事 以練士卒 且建學校 以訓經書 文武之政 於是畢擧 延袤千里 皆入版籍 以豆滿江爲界." 『太祖實錄』 권8, 太祖 4년 12월 14일 계묘.

가지고 있었을 뿐만 아니라 이를 실현하고자 하는 의도가 있었다는 점은 분명하다.[06]

이성계는 고려에서 수많은 전공을 세워 권력을 장악할 때까지 여진 출신의 친위병력과 함께했다. 그중에는 이지란(李之蘭)이나 처명(處明)처럼 여진과 요양 지역에 상당한 영향력을 가지고 있었던 추장과 장수들이 포함되어 있었다. 이성계와 그의 집안은 여진 지역에 상당한 영향력을 가지고 있었을 뿐만 아니라, 여진 세력은 이성계 집단이 보유하고 있던 군사력의 핵심이었다. 이러한 특별한 관계가 태조는 물론이고 후대의 국왕들이 여진에 대해 깊은 관심을 가지고 이들을 포섭·제압하면서 조선의 영향력 아래에 두고자 했던 중요한 원인이 되었다고 생각한다. 조선 초기의 국왕들이 국위를 선양하고 군주의 위엄을 과시하면서 국왕권을 강화하고자 할 때마다 여진족 통제가 자주 문제시되었던 것 역시, 태조와 여진 세력 간의 특별한 관계가 반영된 것이었다. 아울러 조선이 건국 초기부터 정벌을 통한 과감한 북방정책을 추진하게 된 중요한 원인이 되었다고 판단한다.

조선과 명의 관계는 여진 세력의 지배를 둘러싸고 이해관계가 첨예하게 대립하면서 순탄할 수 없었다. 조선은 건국 초부터 명에 대한 공격적 정보 활동을 벌여 갈등을 초래했다. 비록 요동 정벌이 실행되지는 않았지만, 건국 세력은 국익을 위해서 명에 대한 공격도 서슴지 않는 계획을 추진했다.

이처럼 대외정책의 기조는 고려 말부터 장기간 여러 과정을 거치며 형성되었고, 조선 건국 세력의 능동적 활동을 통해 수립되었다. 아울러 15세기

---

06 윤훈표는 이 부분을 후대에 태조의 업적으로 첨가해서 서술했기 때문에 나타난 기록이라고 추정했지만, 그럼에도 불구하고 태조 때부터 압록강과 두만강을 경계로 삼고자 하는 의식이 존재하고 있었을 것이라고 지적했다. 尹薰杓, 「朝鮮前期 北方開拓과 領土意識」, 『韓國史研究』 129, 2005, 69~70쪽 참조. 충분히 동의할 수 있는 해석이다.

의 조선이 대외정벌을 적극적으로 추진하고 시행했던 것은 신흥 세력이 국가를 건설할 때 나타났던 개혁에 대한 의욕이 강하게 반영된 것이었다. 조선은 정벌을 통해 국가의식을 강화하고 새로운 체제를 만들고자 했다. 특히 위화도 회군을 통해 고려의 요동 정벌을 좌절시켰던 건국 세력은 새로운 정벌을 통해 고려에서부터 이어져 내려오는 북진의식과 무력을 통한 국위선양이 자신들에게도 포기할 수 없는 가치임을 천명하고자 했다.

정벌을 중심으로 한 대외정책의 기조가 조선 초기 내내 지속적으로 유지될 수 있었던 것은 높아진 국가의식과 새 왕조의 위엄을 과시하고자 했던 의도가 반영된 것이었다. 여기에 조선 왕가의 터전을 지킨다는 의미까지 부가되었다. 따라서 이러한 기조를 견지하면서 추진되었던 조선 초기의 대외정벌은 국왕의 권위 신장이나 정치 주도권 장악을 노릴 때 무엇보다 효과적으로 활용할 수 있는 수단이 되었다.

2장
1396년 대마도 정벌의 의미

조선이 시행했던 최초의 대외정벌은 대마도 일대의 왜구 세력을 대상으로 한 것이었다. 대마도 정벌은 첫 번째 대규모 출병이었던 만큼 조선이 목표로 했던 대외정책의 방향을 보여주는 중요한 사건이었다. 정벌이라는 정책을 다양한 방식으로 활용하면서 국가 체제를 형성하려는 건국 세력의 의도가 반영된 것이었기 때문이다. 따라서 태조대의 대마도 정벌이 갖는 의미를 보다 자세히 살펴볼 필요가 있다.

대마도 정벌은 조선의 정벌이 시행되기 이전 고려 창왕대에 먼저 단행되었다. 당시 국정을 장악하고 있었던 인물들이 이성계 세력이라는 점을 생각해본다면, 창왕대의 대마도 정벌은 최소 조선 건국 세력이 주도했거나 동의하에 시행되었다고 볼 수 있다. 또 정벌군을 지휘했던 박위(朴葳)는 위화도 회군의 공신이었다. 어떠한 시각으로 보더라도 창왕대의 대마도 정벌은 이성계 등의 조선 건국 세력이 깊이 개입해 있었음을 파악할 수 있다.[07]

---

07 이성계가 창왕대의 대마도 정벌을 주도했다는 점은 세종대 병조참의 박안신(朴安臣)의 상서(上書)를 통해서도 확인할 수 있다. 『世宗實錄』 권48, 世宗 12년 4월 14일 계미.

당시 건국 세력이 대마도 정벌을 단행했던 것은 위화도 회군에도 불구하고 자신들 역시 공민왕처럼 대외정벌을 통해 대외 영향력을 확대하려는 의사를 가지고 있다는 점을 보여주기 위한 목적이 있었다고 생각한다. 건국 세력이 외부 세력의 힘을 두려워해 정벌을 중지했던 것이 아니라, 국제 정세에 따른 현실을 우선시했다는 점과 자신들 역시 과감한 대외정벌을 통해 새로운 체제를 형성해가겠다는 의사를 명확히 밝혔던 것이라 설명할 수 있다. 또한 '이소역대(以小逆大) 불가'를 기치로 내건 위화도 회군으로 손상될 수도 있었던 국위나 이성계 세력의 위신을 만회하고 정국을 주도하기 위한 수단으로 활용했다고 볼 여지도 있다.

당시 조선의 대마도 정벌을 보다 자세히 살펴보기 위해서는 건국 직후 왜구의 상황을 살펴볼 필요가 있다. 일반적으로 대마도 정벌의 원인이 왜구 피해에 대한 조선의 대응으로 인식되어왔기 때문이다.

대마도 정벌은 기본적으로 왜구 문제를 해결한다는 의도가 반영된 것이지만, 당시 조선의 왜구 피해는 고려대에 비해 크게 줄어들고 있었다. 그럼에도 조선이 왜구에 대한 군사행동을 감행했던 것은, 왜구 근절은 물론 정벌을 통해 외부 세력을 제압하고 대외 영향력을 확대하고자 하는 의도와 계획이 있었음을 시사한다.

왜구는 조선 건국 후에도 여전히 활동하고 있었다. 건국 초기의 왜구 관련 기록을 살펴보면, 태조 2년(1393) 3월부터 5월까지의 기간에 비교적 많은 사례들이 나타난다. 비록 정확한 피해 상황이 기록되어 있지 않지만, 고려 말에 비해 피해 규모가 크게 감소했음을 확인할 수 있다. 또한 같은 해 11월 도평의사사에서 왜적 피해가 줄어든 것이 병선의 위력이라고 언급한 내용을[08] 살펴보면 당시 조선의 왜구 방어 대책이 효과가 있었다는 점을 파악할 수 있다.

태조 3년에도 왜구에 대한 기록들이 여러 차례 나타나지만, 피해 사례보다는 조선 수군이 이들을 성공적으로 요격했다는 내용이 대부분이다.[09] 더욱이 10여 척의 선박을 이용해 영광군에 침입한 왜구가 염부(鹽夫) 30여 인에게 쫓겨 간 사건은 당시 왜구 세력이 크게 위축되었음을 보여준다.[10] 태조 4년 구주절도사(九州節度使) 원요준(源了俊)은 피로인 570여 명을 돌려보내면서 도적 중 10분의 8, 9가 감소되었다는 내용을 적은 글을 함께 보냈다.[11] 이에 조선이 별다른 반응을 보이지 않았던 점은 당시 왜구 활동이 감소했다는 사실에 이견이 없었음을 보여주는 것이라 생각한다. 더욱이 태조 4년에는 왜구 관련 기사가 매우 한정되어 있고, 주로 왜구 요격에 성공했다는 내용들이 기록되어 있다.[12] 이러한 사실들은 조선이 고려 말기와 같은 대규모 왜구의 피해에서 벗어나게 되었다는 점을 보여주는 증거들이라 하겠다.

한편 일본 세력들은 조선과의 관계를 우호적으로 형성하기 위해 노력했다. 태조 2년 일기도(一岐島)에서 200여 명의 포로를 돌려보낸 일이나[13] 다음 해에 일본회례사(日本回禮使) 김거원(金巨原)이 569명의 포로를 데리고 돌아온 일 등은[14] 일본 세력들의 조선에 대한 태도를 잘 보여준다. 또한 태조가 원요

---

08 『太祖實錄』 권4, 太祖 2년 11월 28일 기사.

09 『太祖實錄』 권5, 太祖 3년 3월 17일 병진; 『太祖實錄』 권6, 太祖 3년 8월 15일 임오.

10 『太祖實錄』 권6, 太祖 3년 8월 22일 기축.

11 『太祖實錄』 권8, 太祖 4년 7월 10일 신축.

12 『太祖實錄』 권8, 太祖 4년 8월 27일 무자; 『太祖實錄』 권8, 太祖 4년 윤9월 3일 갑자.

13 『太祖實錄』 권3, 太祖 2년 6월 16일 경인.

14 『太祖實錄』 권5, 太祖 3년 5월 28일 병인.

준의 요청에 따라 집비둘기 세 쌍을 보내준 사실이나 그에게 피로인을 돌려보낸 일에 대한 고마움을 표시했던 일 등에서, 조선 역시 일본 측과의 관계를 개선하고자 했음을 알 수 있다.[15] 이러한 분위기는 태조 4년까지 이어졌다.

물론 조선이 왜구 문제에서 완전히 벗어난 것은 아니었다. 태조가 도평의사사, 수군절제사, 형조전서와 함께 왜구 공격 계획을 논의하도록 지시했던 점이나, 다음 해 판예빈시사 김정경(金定卿)을 전라도와 충청도에 보내 공격 연습을 감독시키고 병선의 허실을 조사하도록 조치했던 기록 등은 조선이 왜구에 대한 공세적 대응을 준비하고 있었다는 점을 보여준다.[16]

대규모 침략을 하지 않았던 왜구는 태조 5년 8월에 120척 규모의 선단으로 경상도를 침략해 동래·기장·동평 3성을 함락시켰다.[17] 피해 규모가 기록되어 있지 않지만 왜구의 규모나 3성이 함락되었다는[18] 사실로 미루어볼 때 이 지역은 큰 타격을 입었던 것 같다. 왜구는 같은 달 18일에 통진포를 공격해서 병선 9척을 탈취해 갔다. 5일 후에는 영해성을 공격해 함락시켰다.[19] 10

---

15 『太祖實錄』 권6, 太祖 3년 10월 6일 임신; 『太祖實錄』 권6, 太祖 3년 10월 11일 정축.

16 『太祖實錄』 권8, 太祖 4년 11월 11일 신미; 『太祖實錄』 권9, 太祖 5년 6월 1일 정해.

17 『太祖實錄』 권10, 太祖 5년 8월 9일 갑오.

18 별다른 활동을 보이지 않던 왜구가 120척 규모의 대선단을 동원해 경상도 지역을 침략했던 사건은 그 의미를 보다 깊게 생각해볼 필요가 있다. 120척은 조선 초기에 기록된 최대 규모의 왜구 선단이었다. 일본의 국내 사정이나 왜구 세력의 내부 문제 때문에 조선 연안에 대한 대규모 공격을 감행했을 가능성이 높다. 한편 조선의 공세적인 조치가 왜구 세력을 자극했을 가능성도 있다. 관련 자료의 한계로 정확한 원인을 추측하기는 어렵지만, 구주절도사를 통해 왜구를 통제하고자 했던 조선의 의도가 일단 성공하지 못했음을 보여주는 사건이라 하겠다.

19 『太祖實錄』 권10, 太祖 5년 8월 18일 계묘; 『太祖實錄』 권10, 太祖 5년 8월 23일 무신.

월에는 동래성을 포위 공격하여 함락시키지는 못했으나 병선 21척을 불태우고 수군 장수들을 죽이는 피해를 입혔다.[20] 침입은 11월에도 계속되었다.[21]

결국 태조는 김사형(金士衡)을 오도병마도통처치사(五道兵馬都統處置使)로 삼아서 정벌을 명령했다.[22] 관련 사료의 제한으로 정벌군의 규모나 편성, 활동 상황 등을 파악하기는 어렵다. 다만 5도의 병선을 모았다는 내용에서 정벌군의 규모가 작지 않았음을 추측할 수 있다. 출병일이 태조 5년 12월 정해일(3일)로 되어 있고 김사형의 복귀일이 태조 6년 1월 계미일(30일)로 기록되어 있다는 점에서 정벌군의 대체적인 활동 기간을 파악할 수 있다.[23]

태조대의 대마도 정벌에 관한 기록에서 가장 아쉬운 부분은 정벌의 구체적 성과가 거의 기록되어 있지 않다는 점이다. 하지만 관련 기록들을 살펴보면 정벌은 나름의 성과를 거두었던 것으로 판단된다. 이는 정벌 이후 다양한 왜구 세력들이 조선에 항복하는 모습을 통해 추정할 수 있다.[24] 이전에는 거의 나타나지 않았던 왜구의 항복 기록이 이 시기에 집중적으로 나타났다는 점에서, 정벌군의 출병 정보를 입수했던 일부 왜구들이 먼저 조선에 항복했을 것으로 파악하는 것도 가능하다.

또한 김사형의 정벌군이 복귀한 후 조정에서 큰 환대를 받았다는 점에

20 『太祖實錄』 권10, 太祖 5년 10월 27일 신해.

21 『太祖實錄』 권10, 太祖 5년 11월 5일 기미; 『太祖實錄』 권10, 太祖 5년 11월 13일 정묘; 『太祖實錄』 권10, 太祖 5년 11월 17일 신미.

22 『太祖實錄』 권10, 太祖 5년 12월 3일 정해.

23 『太祖實錄』 권10, 太祖 5년 12월 3일 정해; 『太祖實錄』 권11, 太祖 6년 1월 30일 계미.

24 『太祖實錄』 권10, 太祖 5년 12월 9일 계사; 『太祖實錄』 권11, 太祖 6년 1월 3일 병진; 『太祖實錄』 권11, 太祖 6년 3월 무인.

서도[25] 당시 정벌의 결과에 대한 평가가 호의적이었음을 짐작할 수 있다. 특히 정벌 결과에 대한 부정적 평가가 제기되지 않았던 사실로 보아, 당시 조정에서는 대마도 정벌의 성과를 성공적으로 판단했던 것 같다.[26]

정벌 이후 잠잠하던 왜구는 태조 6년 5월과 6월에 걸쳐 여러 차례 조선의 연안 지역을 공격했다.[27] 정확한 피해 규모가 기록되어 있지는 않지만 태조 5년에 3성이 함락되었던 것과 같은 대규모 피해를 입지는 않았던 것 같다. 특히 이 시기에 구주절도사가 계속 사람을 보내 토산물을 바친 것을 볼 때,[28] 일본 측의 지방 세력가들은 조선과의 관계를 우호적으로 유지하고 싶어 했던 것으로 보인다.

조선 역시 이들과 우호적 관계를 유지하면서 그 대가로 왜구 제어를 요청했다. 조선이 일본국 육주목(六州牧) 의홍(義弘)과 주고받은 글의 내용에 이러한 부분이 잘 나타나 있다.[29] 글에서 의홍은 '조선의 요구에 따라 왜구 제어에 힘쓰겠다'는 의사를 밝혔다. 그리고 이러한 조치들은 실제로 왜구 제어에 큰 효과를 가져왔다. 태조 6년(1397) 7월부터는 왜구 침략 기사가 나타나지 않는다는 점에서 이를 확인할 수 있다.

---

25 『太祖實錄』 권11, 太祖 6년 1월 30일 계미; 『太祖實錄』 권11, 太祖 6년 2월 8일 신묘.

26 이는 세종대 대마도 정벌 이후 일부 신료들이 이종무의 지휘 책임을 지적하며 탄핵하고자 했던 상황과 비교되는 부분이다. 『世宗實錄』 권5, 世宗 1년 8월 22일 갑오; 『世宗實錄』 권5, 世宗 1년 9월 1일 계묘.

27 『太祖實錄』 권11, 太祖 6년 5월 4일 을묘; 『太祖實錄』 권11, 太祖 6년 6월 27일 정미.

28 『太祖實錄』 권11, 太祖 6년 6월 21일 신축; 『太祖實錄』 권11, 太祖 6년 7월 18일 정묘.

29 『太祖實錄』 권12, 太祖 6년 7월 25일 갑술; 『太祖實錄』 권11, 太祖 6년 12월 25일 계묘.

3장
건국 직후 대명관계와 요동 정벌의 추진

고려 말의 대외정벌은 우왕과 공양왕 재위기에도 계속 추진되고 시행되었다. 물론 우왕대의 요동 정벌은 결국 이성계 등이 주도한 위화도 회군 때문에 실패했다. 회군 이후 이성계 세력은 최영(崔瑩)을 숙청했고, 우왕을 폐위시키면서 국정을 장악했다. 그들은 사대명분을 내세워 회군했고, 국정을 장악하는 동시에 국왕 교체의 당위성까지 설명했다. 하지만 고려 말의 대외정벌을 통한 국토 회복과 대외 영향력 확대라는 정책은 이성계와 신진사대부 세력이 국정을 장악했던 시기와 조선 건국 후에도 계승되었다.

조선의 건국 세력은 위화도 회군의 명분으로 사대를 내세웠다. 하지만 건국 세력은 사대명분 때문에 요동 정벌에 반대했다기보다는 권력을 장악하기 위한 기회로 활용하기 위해 위화도 회군을 단행한 것이었다. 정벌을 통해 조선의 국위를 선양하고 대외 영향력을 확대하는 동시에 영역을 확보하면서 외부 세력을 군사력으로 제압하는 방식의 정책은 조선 초기 동안 계속 유지되었다.

건국 직후 조선은 중국 중심의 국제질서를 받아들이면서도 명에 대한 공격적 정보 활동을 전개하면서 대립을 거듭했다. 조선 건국 직후 조선과 명의 관계에서 가장 크게 문제가 되었던 것은 요동과 여진에 대한 주도권 문제였다. 명은 태조 2년(1393) 사신을 파견해 조선이 세 가지의 흔단(釁端)을 일으키고, 두 가지의 업신여기는 행동을 했다며 문제를 제기했다. 명은 구체적으로 조선과 절동(浙東)·절서(浙西) 인민의 내통 문제, 요동의 장수들을 포섭하고자 한 문제, 여진 인민의 귀순 문제 등을 지적했다.[30]

이 가운데 명이 가장 큰 죄로 지적했던 사안이 바로 여진의 가권(家眷) 5백여 명을 조선의 영토로 데리고 들어간 일이었다. 조선에서 여진의 민호 5백여 명을 자국의 영역 안으로 데리고 들어왔던 일은 기록의 한계로 실상을 정확하게 파악할 수 없다. 하지만 고려 말부터 요동과 여진 민호들의 귀순을 거절하지 않고 받아들였던 태도로 미루어볼 때, 5백여 명 정도의 여진인을 조선이 귀순시켰을 가능성은 높다. 실제로 고려는 공양왕대에 이성계의 건의에 따라 동여진(東女眞) 부락에 관리를 파견해 이들의 귀순을 권고했고, 300여 명이 귀순했던 기록이 확인되기 때문이다.[31]

알타리(斡朶里)와 올량합(兀良哈) 등 여진 세력들은 공양왕 재위기 동안 본격적으로 내조하기 시작했다.[32] 공민왕대부터 여진 세력의 귀순을 받아들인 적은 있었지만 이들의 내조 기록이 적었던 것으로 봐서, 공양왕대의 여진 귀순은 이성계를 위시한 조선의 건국 세력들이 추진한 것이라 생각된다. 특히 고려에서는 동여진 추장들에게 관직과 미곡, 의복, 마필 등을 하사하며 적극적으로 초무했고, 이들 중 상당수를 국내로 이주시켰다.[33] 따라서 조선

30 『太祖實錄』 권3, 太祖 2년 5월 23일 정묘.

31 『高麗史』 권46, 세가 46 공양왕 3년 7월.

32 『高麗史』 권46, 세가 46 공양왕 3년 8월 을해; 『高麗史』 권46, 세가 46 공양왕 4년 2월 정축.

33 『高麗史』 권46, 세가 46 공양왕 4년 2월 경자.

이 건국 이후 5백여 명의 여진인을 영토 안으로 귀순하도록 조치했을 개연성은 매우 높다.

조선은 명의 요구에 따라 이성(泥城)·강계(江界) 등지에 와서 의탁했던 여진인들을 찾아 돌려보내도록 조치했다.[34] 5가지 사안 중에 귀순했던 여진인부터 돌려보내도록 조치했던 것 역시 당시 명이 여진인의 조선 귀순 문제에 특별한 관심을 가지고 있었다는 점을 보여준다. 조선은 6월에 사신을 파견해 명이 문제 삼았던 사안들을 해명하고자 시도했다.[35]

그런데 명은 조선이 파견한 하성절사(賀聖節使)의 입국을 거부했다.[36] 이에 조선은 조회의 허락을 요청하는 사신을 보내면서 여진인 4백여 명을 함께 보냈다. 이때 보낸 표문에서 조선은 우왕이 요동을 공격하려 했고, 공양왕이 중국을 침공하려는 계획을 세웠지만 이를 막았다는 점을 강조하며 결백을 주장했다.[37] 그리고 다시 사신을 파견해 요동과 여진의 인민을 송환하면서 조선에서는 압록강 근경의 여진인들을 귀순시킨 적이 없다고 주장했다.[38] 하지만 명은 3년에 한 번만 조회할 것을 지시했고, 조선 사신의 입국을 계속 거부했다.[39] 양국이 요동과 여진에 대한 주도권 문제를 두고 대립하면서 명의 외교적 압박이 나타났던 것이다.[40]

---

34 『太祖實錄』 권3, 太祖 2년 5월 25일 기사.

35 『太祖實錄』 권3, 太祖 2년 6월 1일 을해.

36 『太祖實錄』 권4, 太祖 2년 7월 28일 신미.

37 『太祖實錄』 권4, 太祖 2년 8월 2일 을해.

38 『太祖實錄』 권4, 太祖 2년 8월 29일 임인.

39 『太祖實錄』 권4, 太祖 2년 9월 2일 갑진; 『太祖實錄』 권4, 太祖 2년 9월 21일 계해; 『太祖實錄』 권4, 太祖 2년 10월 27일 기해.

40 朴元熇, 『明初朝鮮關係史硏究』, 一潮閣, 2002, 47~48쪽.

명의 강한 경계심에는 그럴 만한 이유가 있었다. 특히 태조 재위기 동안 조선은 명에 대해 공격적 정보수집 활동을 전개했다.[41] 요동 지역에 대한 강력한 경쟁 상대의 움직임을 파악하기 위해서였다. 더 나아가서 요동에 대한 군사 활동도 준비하고 있었다. 이는 조선 내에 요동 지역에 대한 영향력 확대라는 목표를 위해서라면 명과의 무력충돌마저 감수하겠다는 강경파들이 존재하고 있었음을 의미한다. 이러한 입장이 표출된 대표적 사례가 바로 태조와 정도전·남은(南誾) 등의 주도로 추진되었던 요동 정벌이었다.

고려 말부터 이어졌던 명과의 대립은 조선 건국 직후에도 계속되었다. 양측의 대립 양상은 여진 지역에 대한 주도권을 두고 더욱 격화되었다. 이는 조선 초기 내내 조선과 명이 여진 지역에 대한 주도권을 두고 대립하게 될 것임을 예고한 것이었다.

조선의 대외정벌 정책은 명과의 대립관계 속에서 더욱 구체화되었는데, 그것이 바로 요동 정벌의 추진이었다. 태조는 우왕대 요동 정벌을 가장 앞장서서 반대했던 인물이었다. 아울러 최영 세력의 제거와 국왕의 교체 등에 사대명분을 적극적으로 활용했다. 그렇지만 건국 후 태조와 정도전 등은 요동 정벌을 시행하고자 노력했다. 요동 정벌의 추진은 조선의 건국 세력이 가지고 있던 대명의식의 실체와 대외정벌을 적극적으로 활용하고자 했던 태도를 동시에 보여준 중요한 사건이었다.

태조대 대외정벌에 대한 연구는 자료의 한계로 인해 많지 않다. 특히 요동 정벌의 경우 많은 관심에 비해 관련된 연구는 극히 제한되어 있다. 요동 정벌의 목적을 처음으로 규명하고자 했던 것은 이상백이었다. 그는 정도전

41 태조대 조선의 정보수집 활동에 대해서는 이규철, 「조선 초기(태조대~세종대) 대외정보 수집 활동의 실상과 변화」, 『역사와 현실』 65호, 2007, 292~299쪽 참조.

이 고구려 고토(故土) 수복을 위해 요동 공벌을 추진했던 것으로 설명했다.[42] 신석호 역시 이상백과 같은 견해를 표명했다.[43] 하지만 이들의 연구는 정도전과 조선 건국 초기의 대명관계를 다루면서 요동 정벌을 언급하다 보니 사건의 의미를 보다 치밀하게 논증하지 못했다.

이후 요동 정벌을 다각도로 분석해 설명하고자 시도했던 연구자는 박원호였다. 그는 우선 요동 정벌의 원인에 대한 기존 연구의 설명들이 사료에 의거해 치밀하게 논증되지 못했던 문제점을 지적했다. 특히 명의 질책과 관송(管送) 요구에 대한 반발로 정도전이 요동 정벌을 계획했다는 신석호 주장의 한계를 지적했다. 즉 명이 정도전을 직접 지명하면서 문제를 제기하고 그의 관송까지 요구했던 것은 조선의 요동 공벌계획에 대한 대응으로 파악해야 한다는 것이었다.[44]

박원호는 정도전의 정벌 추진 동기를 다음의 7가지로 설명했다. ① 고구려 고토 수복의 이상, ② 명의 요동 진출 조기 차단을 위해 요동 도사가 위치한 요양을 반드시 점령해야 한다는 판단, ③ 요동 공벌이라는 명분을 통해 사병을 혁파, ④ 정벌 시기를 놓칠 수 없다는 생각, ⑤ 정벌 시 여진 세력을 활용할 수 있다는 판단, ⑥ 정도전의 급진주의적 성향과 무인 기질의 영향, ⑦ 더욱 심해진 명의 압박에 대한 반발 등이다.[45] 대체로 동의할 수 있는 분석이다.[46]

---

42 李相佰, 「鄭道傳論」, 『朝鮮文化史研究論攷』, 乙酉文化社, 1947, 294쪽.

43 신석호, 앞의 논문, 120쪽.

44 朴元熇, 앞의 책, 36~37쪽 참조.

45 위의 책, 100~110쪽 참조.

46 본문의 글이 학술지에 발표되었던 2017년 상반기 이후 요동 정벌에 관한 주목할 만한 연구가 발표되었다. 학술적 의의가 있는 연구성과라 본문에 반영하는 것이 원칙이겠으나 먼저 발표

하지만 요동 정벌에 대한 기존의 연구들이 정벌의 추진 주체를 정도전으로 제한시켜 설명했던 것은 동의하기 어렵다. 조선의 정치 구조상 능력이 아무리 뛰어난 신하라 하더라도 국왕의 동의와 지지 없이 대외정벌을 추진하는 것은 불가능하기 때문이다. 더욱이 대외정벌은 군주의 군통수권을 보여줄 수 있는 가장 중요한 정책이었다. 그럼에도 요동 정벌의 추진 과정에서 태조의 역할을 지나치게 축소시켜 설명한 것은 보완이 필요한 부분이라 판단한다. 또 박원호의 지적처럼, 요동 정벌 추진에 사병혁파 문제가 관련되어 있었다면 이 사안에 가장 관심을 가졌을 존재는 바로 국왕이다. 사병혁파가 실현될 경우 정치적으로 가장 큰 이득을 볼 수 있는 사람이 바로 국왕이었기 때문이다. 따라서 요동 정벌의 의미를 보다 정확하게 설명하기 위해서는 태조의 역할을 규명해야 한다.

이성계 세력은 위화도 회군을 통해 우왕과 최영 등이 추진했던 요동 정벌을 좌절시켰다. 위화도 회군은 이성계 세력이 고려의 정치권력을 장악하는 계기가 되었다는 점에서 중요한 의미를 갖는다. 동시에 요동 정벌에 대한 반대 사유로 사대명분을 제시했다는 점에서도 주목된다. 특히 위화도 회군은 고려의 국왕이 주도해서 시행한 대외정벌을 좌절시켰다는 점에서 정치적 의미가 더 클 수밖에 없었다. 신하들이 국왕이 주도한 정책을 직접적으로 저지한 것이기 때문이다. 회군 이후 이성계는 최영 등을 제거하고 정국 주도권을 장악할 수 있었다. 위화도 회군은 조선의 건국까지 이어지는 정치 여정의 출발점이 되었다고 할 수 있다. 동시에 여말선초의 변혁기에

되었던 글에 제대로 반영하는 것이 한계가 있어 해당 연구를 소개하는 선에서 양해를 구하고자 한다. 정다함, 「朝鮮 太祖代 遼東 공격 시도에 대한 史學史와 그에 대한 탈경계적 분석과 비판」, 『韓國史硏究』 178, 2017; 정다함, 「朝鮮 太祖代 遼東 공격 시도에 대한 재해석—여말선초 동아시아의 광역적 통치질서 재구성과 '경계인' 이성계」, 『역사와 담론』 84, 2017.

권력을 장악하기 위해 사대명분을 적극적으로 활용했던 상징적 사건이었다.[47]

그런데 조선의 건국 세력은 개국 후 10년도 지나지 않은 상황에서 요동 지역에 대한 정벌을 추진했다. 상당히 모순된 행동으로 보일 수 있는 부분이다. 명에 대한 출병은 그동안 강조했던 사대명분을 정면으로 부정하는 것이었기 때문이다. 조선은 명의 요동 지역에 대한 군사행동을 계속 준비하고 있었던 것으로 보인다. 명에서 조선의 요동 공격 의도를 파악했다는 보고 내용과[48] 요동 지역에 대한 방어 조치, 정찰 활동의 확대 조치에 관한 기록이[49] 『명태조실록(明太祖實錄)』에 나타나기 때문이다. 특히 명에서 요동 지역의 방어를 강화하고 정찰 지역을 압록강까지 확대하도록 지시했던 조치는 당시 명이 조선의 요동 출병을 심각하게 우려하고 있었다는 점을 보여준다.

더욱이 조선의 정보 활동은 명의 의심을 키웠고, 양측의 관계를 더욱 악화시켰다. 태조대 심각한 외교 문제로 비화되었던 표전(表箋) 문제 역시 이러한 양측의 관계와 관련되어 있었다. 명태조는 홍무 28년(태조 4년, 1395)에 이미 요동 지역에 대한 조선의 대규모 공격을 우려하고 있었다.[50] 이 기록 역시 당시 명에서 조선의 요동 공격 가능성을 매우 높게 판단하고 있었음을 보

---

47 위화도 회군 이후 정치적 실권을 장악한 이성계 세력은 친명적 대외정책 기조를 유지했다. 또한 명에 대한 사대를 명분으로 고려 국왕의 행동을 제약했다. 우왕과 창왕을 폐위시키고 공양왕을 옹립하는 정치적 행동의 정당성 역시 사대명분에서 찾았다. 이성계 세력이 국정 주도권을 장악하고 있는 상황이긴 했지만, 신료들이 국왕의 폐위와 즉위에 직접적 영향력을 행사하는 정국이 형성되었다. 당시 국왕권을 제약하는 근거로 제시되었던 중요한 명분 중 한 가지가 사대였다.

48 『明太祖實錄』 권228, 洪武 26년 6월 임진.

49 『明太祖實錄』 권228, 洪武 26년 7월 신해.

50 『明太祖實錄』 권238, 洪武 28년 4월 신미.

여준다.[51]

『태조실록』에서 요동 정벌에 대한 구체적 기록은 태조 6년(1397)에 처음 나타난다. 이 기록에는 정도전이 일찍이 오진도(五陣圖)와 수수도(蒐狩圖)를 만들어 바쳤다는 내용이 수록되어 있다.[52] 그런데 태조 2년에 정도전이 사시수수도(四時蒐狩圖)를 만들어 바쳤다는 기록이 등장하고,[53] 2년 후에는 태조가 삼군부(三軍府)에 명을 내려 수수도와 진도(陣圖)를 간행하도록 했던 사실이 확인된다.[54] 조선에서 건국 직후부터 요동에 대한 군사행동을 준비하고 있었다는 점을 추정할 수 있게 해주는 기록들이다.

실록에서는 태조 7년 정도전과 남은의 계속된 건의에 따라 조선에서 다시 요동 정벌을 준비했다는 사실이 확인된다. 태종대의 기록이지만 남은은 태조에게 요동 정벌을 주장하면서 "사졸(士卒)이 훈련되었고 군량(軍糧)이 갖추어졌으니, 동명왕(東明王)의 옛 강토를 회복할 만합니다"라고 언급했으며, 정도전은 "외이(外夷)가 중원(中原)에서 임금이 된 것을 차례로 논(論)하며 은(誾)의 말을 믿을 만하다"라고 했다.[55] 이 기록을 통해 두 사람이 요동 지역을 조선의 판도에 포함시키려는 계획을 가지고 있었음을 추측할 수 있다.

그런데 태조는 조준(趙浚)의 간언에 따라 정벌 준비를 중지했다.[56] 조준은 사대와 현실적 어려움 등을 근거로 요동 출병을 강하게 반대했다. 그는 요동이 이미 명의 판도에 포함된 상황을 조선의 힘으로 변화시킬 수 없다고

---

51 박원호, 앞의 책, 48~50쪽 참조.

52 『太祖實錄』 권11, 太祖 6년 6월 14일 갑오.

53 『太祖實錄』 권4, 太祖 2년 8월 20일 계사.

54 『太祖實錄』 권7, 太祖 4년 4월 1일 갑자.

55 『太宗實錄』 권9, 太宗 5년 6월 27일 신묘.

56 『太祖實錄』 권14, 太祖 7년 8월 9일 임자.

생각했던 것 같다. 세 사람은 조선 건국의 주체로서 매우 가까웠지만 대외 정책을 입안하고 추진하는 과정에서 대립하며 사이가 멀어지게 되었다.

태조는 양측의 의견을 모두 존중했던 것으로 보인다. 물론 정도전을 동북면 도선무순찰사(東北面 都宣撫巡察使)로 임명해 북방 업무를 담당하게 했던 일에서,[57] 요동 관련 업무에서 거리를 두도록 조치했던 것처럼 보이는 부분도 있다. 다만 정도전이 임무를 마친 후 복귀하자 태조는 그의 공적을 크게 칭찬하면서 윤관(尹瓘)의 공보다 높다고 평가했다.[58] 이 기록은 정도전에 대한 태조의 신뢰가 변하지 않았다는 점을 짐작하게 해준다.

태조는 정도전 등이 주장했던 요동 정벌 실행에 더 많은 관심을 가졌던 것 같다. 특히 습진(習陣) 문제를 직접 챙기면서 군사훈련을 독려했는데, 이것이 요동 정벌에 대한 준비였다는 점이 명확하게 기록되어 있다.[59] 또한 당시 정치 구도에서 정도전과 남은이 건국 세력의 핵심이었다 하더라도 국왕의 동의 없는 정벌 추진은 불가능했다. 더욱이 태조는 자신이 직접 군사를 이끌고 요양성을 점령하는 큰 공훈을 세우기도 했다. 다른 사람보다 요동 정벌에 대한 자신감을 강하게 가지고 있었을 가능성이 높다.

조선으로서도 건국 초기에 국가·민족의식을 형성하기 위해서는 영토의 확장과 정벌이라는 정책을 추진해야 할 당위성을 지니고 있었다. 이 부분을 가장 적극적으로 활용하면서 북방정책이나 군주권 강화에 새로운 활로를 열었던 것이 공민왕이었고, 태조나 정도전과 남은 등은 그의 영향을 크게 받았던 것이다. 따라서 태조의 정벌 중지 조치는 계획 자체의 취소라기보다

---

57 『太祖實錄』 권12, 太祖 6년 12월 22일 경자.

58 『太祖實錄』 권13, 太祖 7년 3월 20일 정묘.

59 『太祖實錄』 권14, 太祖 7년 8월 9일 임자.

는 출병의 시기가 아니라고 판단했기 때문인 듯하다. 건국 직후부터 준비했을 뿐만 아니라 태조의 최측근들이 강력하게 지지했던 정책을 조준의 건의만으로 쉽게 포기했을 것이라 생각되지 않기 때문이다.

요동 정벌 추진 과정에서 한 가지 더 생각해봐야 할 문제는 정도전의 역할이다. 기존 연구들은 요동 정벌 추진의 중심인물을 정도전으로 파악했다.[60] 조선이 건국한 후 국가 제도와 운영 체제를 결정하는 과정에서 정도전의 역할이 가장 컸다는 점을 부정할 사람은 없을 것이다. 하지만 정도전의 역할과 업적을 강조하다 보니 요동 정벌 추진 과정에서 국정의 중심에 위치했던 국왕의 역할이 너무 소홀하게 설명되었다. 고려의 요동 정벌을 좌절시켰던 위화도 회군의 중심에는 이성계가 있었다. 그리고 건국 시조로 국왕의 자리에 올랐던 이성계는 당연히 국정의 중심에 위치할 수밖에 없었다. 혁명을 성공시킨 당사자로서도 태조의 위상과 권위는 상당히 높았다.

일국의 국왕이 국가의 존폐와 국정운영에 엄청난 파급을 가져올 수 있는 대외정벌의 추진 과정에서 한정적 역할만을 수행했다고 보기는 어렵다. 정벌은 국왕의 정책결정권과 군통수권이 직접적으로 나타나는 중요한 정책이기 때문이다. 또 명이라는 거대 제국과의 전쟁을 조선에서 먼저 준비하고 있었다는 점을 생각해본다면, 요동 정벌은 태조와 정도전·남은 등이 함께 추진했던 정책이라고 설명하는 것이 타당하다. 국왕이 자신의 최측근 신하들과 함께 대외정벌을 추진하고 시행하면서 국내와 국외의 영향력을 동시에 확보하고 정치적 영향력을 확대하려는 시도가 이미 건국 초부터 나타나고 있었다는 점을 확인해주는 과정이라 생각한다.

또 조선 건국 세력이 고려 말부터 건국 때까지 내세웠던 사대명분은 이

---

60 한영우, 『왕조의 설계자 정도전』, 지식산업사, 1999; 朴元熇, 앞의 책.

를 반드시 지켜야 하는 가치로 인식했다기보다는 정국을 장악하고 자신들의 정치행위에 정당성을 부여하려는 목적이 강하게 반영되었다는 점을 알 수 있다. 그러면서도 새로운 국호의 결정을 명에 요청하거나 명 측의 불합리해 보이는 문제제기까지도 거의 대부분 사신을 파견해 해명하면서 중국과의 관계를 유지하고자 노력했다. 조선은 건국 직후부터 명에 대한 군사행동을 추진하면서도 사대명분을 결코 부정하지 않는 양면적 태도를 보이고 있었다.

당시 조선에서 여진과 요동 문제를 두고 명과 극한적 대립까지도 불사했던 원인은 건국 세력의 북방의식에서 찾을 수 있다. 우선 조선은 건국 후 압록강과 두만강 일대의 여진 세력까지 포섭해서 실질적 지배력 아래에 두고자 했다. 조선은 이를 통해 북방 지역에 대한 영향력을 확대하는 동시에 압록강과 두만강까지 영토를 확장하고자 했다.

이 점이 바로 고려대와 조선 건국 후 추진했던 북방정책의 중요한 차이점이다. 공민왕과 우왕은 요동 정벌에 보다 집중하면서 해당 지역에 대한 고려의 영향력을 확대하기 위해 노력했다. 반면 두만강 일대에 대한 움직임은 별로 나타나지 않았다. 물론 이자춘 세력 등을 포섭하거나 여진 세력의 귀순을 받아들였던 점을 생각해보면 고려가 해당 지역에 대한 관심이 없었던 것 같지는 않다. 하지만 압록강과 두만강 지역의 여진을 포섭하고 해당 지역의 영토를 확보하려는 등의 노력은 조선 건국 이후 본격적으로 시작되었다. 이러한 북방정책은 조선 초기 내내 계속되어 세종대에 이르러 압록강과 두만강을 실제 국경선으로 인식할 수 있는 수준까지 영토의 확보가 이루어졌다.

위화도 회군을 통해 우왕과 최영 등이 추진했던 요동 정벌을 좌절시켰던 이성계와 정도전 등이 건국 후 다시 요동 정벌을 추진했다는 사실은 조선의 대외의식에 대해 많은 시사점을 준다. 건국 세력이 다시 요동 정벌을 추진했던 것은 최영 등이 주장했던 고국의 땅을 뺏길 수 없다는 인식을 공유하고 있었다는 점을 의미하기 때문이다. 즉 이성계 세력 역시 북진의식과 정벌을 통한 국위선양이라는 가치를 포기할 의사가 없다는 점을 표명한 것이라 할 수 있다. 이성계 등은 위화도 회군의 이유로 4가지를 제시했다. 하지만 4가지 명분 중 첫 번째로 제시되었던 '이소역대(以小逆大)'보다는 나머지 3개의 현실적 이유가 회군의 원인이 되었다는 점이 기존의 연구를 통해 충분히 규명되었다.[61]

그렇다면 조선 건국 세력이 다시 요동 정벌을 추진한 것은, '정벌을 통한 대외 영향력 확대와 국위선양'이라는 정책을 통해 국가 체제를 형성하겠다는 의사를 보인 것이라 할 수 있다. 이 같은 계획에 따라 먼저 추진되었던 것이 대마도 정벌이었다. 요동 정벌처럼 많은 군사와 비용을 부담해야 하고 보다 큰 파급을 가져올 전쟁은 준비 기간이 더 필요했을 것이다. 반면 대마도 정벌은 요동 정벌에 비해 조선이 감당해야 할 부담이 적다고 판단했던 듯하다. 대마도 정벌 역시 많은 군사와 비용을 부담해야 했지만 조선이 압도할 수 있는 세력을 대상으로 했다는 점에서 요동 정벌보다 쉽게 준비해서 시행할 수 있었기 때문이다.

61 李相佰, 앞의 책; 朴元熇, 앞의 책.

2부

태종대 대외정벌 정책의 추진과 시행

1장
태종대의 대명의식과 모련위 정벌

태종의 집권 이후 조선과 명의 관계는 크게 안정되었다. 태종 스스로가 사대의리를 강조하며 명과의 관계를 개선하기 위해 노력했던 결과였다. 조선은 명의 내전과 건문제, 영락제의 즉위를 활용해 대명관계를 안정시키면서도 북방 진출을 준비했다. 동시에 여진 지역에 대한 영향력을 확대하려는 계획을 준비하고 있었다. 이러한 와중에 단행되었던 올적합 정벌은 해당 지역에 대한 주도권을 확보하고자 하는 조선의 의도가 반영된 것이었다.

하지만 명 역시 조선처럼 모련위(毛憐衛)와 건주위(建州衛) 설치를 통해 여진 지역을 자국의 영역으로 포함시키고자 했다. 여진 지역에서 조선과 명의 이해관계가 상충하게 되자 양국은 새로운 긴장관계를 형성하게 되었다. 결국 조선은 사대명분과 국가의 이익이 충돌할 때 어느 한쪽을 선택해야 하는 상황을 맞이하게 되었다.

태종대 모련위 정벌은 김구진이 조선 초기의 모련위 올량합을 설명하는 연구에서 비교적 상세히 언급했다. 그는 모련위 여진이 경원을 침입해 조선의 장수를 살해하는 등 피해를 입혔던 일 때문에 정벌이 시행되었던 것으로 보았다. 아울러 정벌이 모련위 여진의 명 입조를 배신으로 생각했던 조

선의 보복이었다는 점과, 군사행동이 오히려 이들의 계속된 침입을 야기했다는 점 등을 지적했다.[01]

대체로 동의할 수 있는 견해지만 정벌에 관한 내용만을 다룬 연구가 아니다 보니 주장했던 부분에 대한 논증 자체가 거의 이루어지지 않았다. 특히 모련위 여진의 명 입조 문제는 경원 침입보다 훨씬 더 중요한 문제였다. 하지만 김구진은 이를 부차적인 것으로 다루었다. 태종대 정벌의 근본적 원인은 침입 사건보다는 명의 초유에 응해 입조했던 모련위 여진에 대한 조치로 보인다. 즉 조선의 정벌은 여진 지역에 대한 주도권 확보를 위한 양국의 대립 속에서 시행되었던 것으로 설명하는 것이 더 타당하다고 생각한다.

김구진은 후속 연구를 통해 태조대와 달리 태종대에 정벌까지 단행할 정도로 여진과의 관계가 악화되었던 원인을 태종 2년에 발생했던 조사의(趙思義) 난에서 찾았다. 조사의 난에 동북면 일대의 가별치(加別赤) 집단과 오도리와 올량합 등의 세력이 가담했기 때문에 조선과 여진의 관계가 악화되기 시작했다는 것이다. 따라서 조사의 난은 조선과 여진의 관계에서 대단히 중요한 의미를 갖고 있다고 주장했다.[02]

하지만 그의 설명에는 동의하기 어렵다. 조사의 난은 조선 건국 후 처음 일어난 반란이었다.[03] 조사의 군은 반란을 일으킨 후 한 달도 되지 않아 궤멸당했다.[04] 조정은 중앙의 병력을 거의 보내지 않았지만 북방의 병력만으로도 조사의 군을 진압할 수 있었다. 이 기록들을 통해 조사의 반란군의 규모

---

01 金九鎭, 「鮮初 毛憐 兀良哈 硏究」, 『白山學報』 17, 1974, 206~209쪽 참조.

02 김구진, 「3. 여진과의 관계」, 『한국사』 22, 국사편찬위원회, 1995, 334쪽.

03 『太宗實錄』 권4, 太宗 2년 11월 5일 갑신.

04 『太宗實錄』 권4, 太宗 2년 11월 27일 병오.

가 크지 않았다는 점을 추정할 수 있다.

또한 후대의 이징옥(李澄玉) 난이나 이시애(李施愛) 난 때와는 달리, 조사의 난 때는 조정이 여진 세력의 동요를 우려해 모종의 조치를 취했다는 기록이 전혀 없다. 가별치가 조사의 난에 가담했던 것은[05] 사실이지만, 오도리와 올량합은 반란 가담 사실이 확인되지 않는다. 오히려 오도리는 조사의 난 이후 형세를 파악하기 위해 숨어 있었다는 기록이 확인될 뿐이다.[06] 따라서 조사의 난을 조선과 여진 관계의 전환점으로 보기는 어렵다. 결국 조선이 여진에 대한 정벌 등의 강경책을 사용하게 된 것은 해당 지역에 대한 영향력을 확대하기 위한 정책의 일환이었다고 설명할 수 있다.

조선과 명의 관계는 태종 재위기에 크게 호전되었다. 왕자의 난을 통해 정도전과 남은 등의 대명 강경파를 제거하고 정국을 장악한 이방원은 명과의 관계를 개선하기 위해 많은 노력을 기울였다. 정종을 이어 왕위에 등극한 이후에도 노력은 계속되었다. 홍무제를 이어 황제에 오른 건문제도 조선과의 관계 개선을 희망했는데, 이는 연왕(燕王)의 반란으로 인한 내전이 중요한 원인이 되었다. 태종은 태조가 받지 못했던 고명(誥命)과 인신(印信)을 황제에게 하사받았다. 또 태종은 명의 전마(戰馬) 무역 요청을 모두 따랐다.

동시에 조선은 명의 내전에서 연왕이 점차 승세를 굳혀가고 있다는 사실을 파악하고 있었다. 결국 태종은 연왕이 황제에 등극했다는 소식을 보고받은 뒤 건문 연호의 사용을 중지시키고, 하등극사(賀登極使)를 준비시켰다. 그리고 영락제의 등극을 알리는 명사가 개경에 도착한 이틀 뒤 하등극사를 출발시켰다. 조선의 조치에 영락제는 크게 기뻐했다. 이후 명은 조선에 우

---

05 『太宗實錄』 권4, 太宗 2년 12월 2일 신해.

06 『太宗實錄』 권5, 太宗 3년 1월 14일 임진.

호적 태도를 보였다. 하등극사 일행이 새로운 고명과 인신을 내려달라고 요청하자 영락제는 이를 쉽게 받아들였다.[07] 조선과 명이 서로의 이익을 위해 관계 개선을 희망하는 상황이었기 때문에 양국의 관계는 크게 호전될 수 있었다.

조선은 건문 연호를 사용하면서 사대의리를 지키는 모습을 보였지만 반역을 통해 자리를 빼앗은 연왕에 대해서도 똑같은 태도를 보였다. 사대관계를 군신관계로 설명했던 조선이, 건문제에 대한 충성을 유지하지 않고 반란을 일으켰던 연왕의 정통성을 인정한 것은 의리상 문제가 될 수밖에 없었다. 조선이 충의에 어긋난 행동을 한 것이기 때문이다. 그렇지만 조선에서는 건문제의 자살과 연왕의 황제 등극 소식을 들으면서도 누구도 문제를 제기하지 않았다. 당시 조선이 강조했던 사대의 한계를 잘 보여주는 상황이라 하겠다. 결국 태종 역시 태조를 비롯한 건국 세력처럼 명에 대한 사대명분을 정치적으로 활용하려는 의도가 더 강했다는 사실을 알 수 있다.

태종은 사대가 국가의 보전을 위해 필요하다는 점을 유달리 강조했다.[08] 실제로도 태종은 명과의 관계를 개선하기 위해 조선 초기의 어느 국왕보다도 노력했다. 덕분에 조선은 명과의 관계를 안정시킬 수 있었다. 다만 국정 운영에서 국익과 사대의리가 충돌하는 상황을 피하기는 어려웠다.[09]

---

07 朴元熇, 앞의 책, 150~152쪽 참조.

08 "上曰 (…) 我皇帝 本好大喜功 如我國少失 事大之禮 必興師問罪 我則以爲 一以至誠事之 一以固城壘 蓄糧餉 最是今日之急務." 『太宗實錄』 권13, 太宗 7년 4월 8일 임진; "上謂諸卿曰 (…) 如向者安南一擧 帝之失也 自念 吾東方 土瘠民貧 境連上國 誠宜盡心事大 以保一區 如不得免焉 則當積穀練兵 固守封疆." 『太宗實錄』 권27, 太宗 14년 6월 20일 신유.

09 "司諫院上時務數條 (…) 一 國之所重者兵也 兵之所重者馬也 故周制掌兵之官 不曰司兵 而曰司馬 馬之於國 其用重矣 我國家壤地褊小 馬亦有限 自高皇帝至于建文 所獻之馬 不知其幾萬匹 今者 上國又求馬匹 其數甚多 有司程督 雖有一馬者 皆納於官 如此則國將無馬 言之

조선은 두 원칙이 충돌할 때 당연히 국익을 위한 계획을 우선시했다. 사대명분을 따르는 것이 국가의 이익에 반한다고 판단할 경우 이를 굳이 따르지 않았다. 이는 사대가 국가의 보전이라는 절대적 가치에 부속될 수밖에 없었다는 점을 의미한다.

표면적으로 개선된 것처럼 보였던 조선과 명의 관계는 아직 서로에 대한 의심을 완전히 해소하지 못하고 있는 상황이었다. 이 상황은 여진에 대한 주도권 문제를 통해서 더욱 첨예하게 나타났다. 태종대 조선의 여진 지역에 대한 관심은 정보 활동을 통해 파악할 수 있다. 조선은 특히 명과 여진의 교류에 대한 정보를 수집하기 위해 노력했다. 이는 태종대에도 대외정책의 목표가 북방 지역에 있었음을 의미한다.[10]

> 동북면 도순문사가 보고하기를, "명사가 건주위 천호 시가(時家) 등과 더불어 여진 만호 구로(仇老), 만호 보야(甫也), 골간 올적합 만호 두칭개(豆稱介) 등을 초안(招安)하는 일로 이달 22일에 보야가 사는 곳에 계속 머무르고 있습니다. 칙유의 명을 받은 일과 이에 대한 일처리 방식을 보야에게 힐문하였습니다. 보야가 말하기를, '사신이 생각하지 못한 때에 왔으므로 부득이하게 명을 받았다'고 했습니다. 사신이 말하기를, '오도리, 올량합, 혐진 올적합 등의 사람들은 모두 명령에 순종하나 오직 구로, 보야 등이 순종하지 않으므로, 이들을 초유하고 돌아가는

可爲流涕矣 唐之太宗·隋之煬帝 皆不克而還 丹兵·紅賊寇我而先亡 此非惟山川之險 將帥之良 亦以有馬故也 臣等謂 以事大之禮言之 不可不獻 以宗社之計言之 不可多獻 又安知今日求之 而明日不求耶 伏惟殿下 以事大之禮宗社之計 參酌施行." 『太宗實錄』 권18, 太宗 9년 11월 14일 임오.

10 수집되는 정보는 정보 사용자의 선호도를 반영한다. 태종대에는 명과 여진 사이의 일에 관련된 정보를 수집하기 위해 노력했다. 이는 조선이 명뿐만 아니라 북방 지역에 대한 관심도 계속 가지고 있었음을 보여준다.

일로써 성지를 받들고 왔다'고 하니 구로·보야 등이 말하기를, '비록 명령에 순종한다 하여도 처자와 백성들이 반드시 조선에 붙잡힐 것이며, 경원병마사가 막으면 데리고 갈 수 없습니다'고 했습니다. 위의 구로·보야 등은 왕가인(王可仁)이 초유했을 당시 십처(十處) 밖 인물이니, 경원병마사가 막고 들여보내지 않는 것이 어떻겠습니까"고 했다.[11]

기사에서 우선 눈에 띄는 부분은 도순문사가 여진 추장 보야에게 명사를 받아들인 사실에 대해 나무라고 있다는 점이다. 조선 측의 문책에 보야가 "사신이 생각하지 못한 때에 왔으므로 부득이하게 명을 받았다"고 변명하는 모습도 주목할 부분이다. 이는 보야가 명사를 받아들인 일이 문제가 되는 행동이라는 점을 인식하고 있었음을 의미한다. 더욱이 칙유를 가져온 명사에게 조선의 통제 때문에 명령을 받들기 어려운 사정을 이야기했다는 점은, 당시 조선이 여진 지역에 상당한 영향력을 행사하고 있었음을 보여준다. 아울러 조선이 여진 지역에 대한 명의 관할권을 인정하지 않았음도 추정할 수 있게 해준다.

조선은 항상 사대를 강조했지만, 여진 지역에 대한 주도권 문제에 대해서는 명의 의도대로 따르지 않는 모습을 자주 보였다. 조선이 여진을 제압하거나 지배해야 할 대상으로 파악하고 있었기 때문이라 생각한다. 특히 조선이 여진의 내조를 허용하고 관직을 하사하는 동시에 적극적인 정벌을 통해 위력을 행사했던 모습은 이러한 추정의 개연성을 높여준다. 즉 조선은 명과의 관계를 '사대'로, 일본·유구 등과의 관계를 '교린'으로 파악했던 것에 비해 여진과의 관계는 해당 범주에 포함시키지 않았다.

---

11 『太宗實錄』 권10, 太宗 5년 9월 30일 임술.

조선은 특히 명의 여진 회유에 관한 정보에 가장 많은 관심을 가지고 있었다. 조선이 관련 정보를 수집하기 위해 노력했던 정황은 동맹가첩목아(童猛哥帖木兒) 세력에 대한 활동을 통해 확인할 수 있다. 명에서 왕교화적(王教化的)을 사신으로 파견해 동맹가첩목아를 초유한다는 사실을 파악한 조선은 관련 정보들을 수집하면서 대비책을 마련했다.[12] 그리고 동맹가첩목아가 명에 입조하는 동안 있었던 일에 관한 정보도 계속 수집했다.[13] 조선은 명과 동맹가첩목아에 관련된 정보를 수집하기 위해 가능한 모든 수단을 동원했다. 조선의 정보수집 활동은 결국 여진 지역에 대한 높은 관심도를 반영하고 있다. 동시에 사대외교의 이면에 숨겨져 있던 조선-여진-명 삼자의 관계를 압축적으로 보여준다.[14]

이런 상황 속에서 태종 10년(1410) 단행되었던 올적합 정벌은 여진에 대한 첫 번째 정벌이자 해당 지역에 대한 주도권을 확보하려는 의도가 강하게 반영된 군사행동이었다. 조선의 첫 번째 여진 정벌은 올적합 김문내(金文乃)와 갈다개(葛多介) 등이 오도리·올량합과 결탁하여 경원부(慶源府)를 침입해 병마사 한홍보(韓興寶)를 살해한 일에서 비롯되었다. 한홍보는 여진인들의 공격 정보를 보고받았지만 믿지 않고 방어책을 마련하지 않았다가 결국 전사했다.[15]

상황을 보고 받은 태종은 후속 조치를 취하면서 길주찰리사 조연(趙涓)

---

12 『太宗實錄』 권9, 太宗 5년 4월 20일 을유; 『太宗實錄』 권10, 太宗 5년 9월 3일 을미.

13 『太宗實錄』 권10, 太宗 5년 9월 17일 기유; 『太宗實錄』 권10, 太宗 5년 9월 18일 경술.

14 태종대 조선의 정보 활동에 대해서는 다음의 논문이 참조된다. 이규철, 앞의 논문, 2장 '대명 정보수집 활동의 방향 전환과 북방 지역의 정보 활동 정비(정종대~태종대)', 299~306쪽 참조.

15 『太宗實錄』 권19, 太宗 10년 2월 3일 경자.

에게 올적합 정벌을 지시했다. 논의 과정에서 하륜(河崙)과 성석린(成石璘)은 출병이 오히려 변방 지역의 문제를 야기할 수 있다며 정벌을 반대했다. 반면 조영무(趙英茂)와 유량(柳亮) 등은 적극적으로 찬성했고, 태종은 이들의 의견에 따라 정벌 시행을 결정했다.[16]

하지만 사간원에서 북벌에 반대하는 상소를 올렸고,[17] 정승들의 정벌 시행에 대한 의견은 일치되지 않았다. 영의정 하륜은 정벌을 반대했고, 우정승 조영무는 출병 시기를 늦추자는 의견을 제시했다. 반면 좌정승 성석린은 예정대로 시행해야 한다고 주장했다. 태종은 계획이 이미 결정되었다는 점을 강조하며 출병 시기를 3월 그믐에서 4월 초순으로 결정했다.[18]

당시 정벌 논의 과정에 대한 기록이 소략해서 신하들의 의견이나 찬반 논리 등을 정확하게 파악하기는 어렵다. 하지만 정벌에 대한 태종의 태도를 보면 시행 의지가 강했다는 점을 알 수 있다. 또 비록 정벌에 대한 3정승의 의견이 일치하지 않았다고는 하지만, 영의정 하륜을 제외한 두 정승이 사실상 정벌에 찬성하고 있었다. 그리고 정벌 반대의견은 제한적으로 기록되어 있었다. 이로 미루어볼 때 당시 조정에서는 대체로 정벌에 찬성하는 분위기가 형성되었던 것 같다.

결국 길주찰리사 조연은 1,150명의 병력을 인솔하고 출동해서 모련위 지휘 파아손(把兒遜) 등의 여진 추장 및 수백 명을 죽이고 그들의 가옥을 불태웠다.[19] 태종대의 여진 정벌은 이후의 정벌과 다른 양상을 보이는데, 우선 출

16 『太宗實錄』 권19, 太宗 10년 2월 10일 정미.

17 『太宗實錄』 권19, 太宗 10년 2월 15일 임자.

18 『太宗實錄』 권19, 太宗 10년 2월 22일 기미.

19 『太宗實錄』 권19, 太宗 10년 3월 6일 임신; 『太宗實錄』 권19, 太宗 10년 3월 9일 을해.

병 규모가 매우 작았다는 점을 지적할 수 있다. 이는 당시 조선에서 대군을 동원해 상대를 압도하기보다는 소수의 정예 병력을 동원해 적을 기습했다는 점을 방증한다. 조선의 기습작전이 성공했기 때문에 비교적 적은 병력을 동원했음에도 제법 큰 전과를 얻을 수 있었다.

전과를 보고받은 태종은 중국 조정의 관직을 받은 지휘 등을 죽인 일은 상국(上國)에 흔단을 일으킨 것이라며 정벌의 사정을 신속하게 주문(奏聞)하도록 지시했다.[20] 하지만 태종의 이러한 태도는 본심이 아니었다. 태종의 본심은 다음의 기사에서 확인된다.

> 의정부에서 아뢰기를, "김문내(金文乃)·갈다개(葛多介)는 중국 조정의 관작을 받았습니다. 청하건대 요동에 자문(咨文)을 보낸 연후에 그들을 토벌하소서" 하니, 임금이 말했다. "김문내 등이 조정에서 관작을 받은 일은 우리나라에서 알지 못한 것이다. 하물며 변경의 도적은 찰리사가 변장으로서 직접 토벌한 것이니 반드시 통유(通諭)할 필요가 없다."[21]

기사에서 의정부는 경원을 침입해 약탈하고 한흥보를 살해한 김문내와 갈다개 등이 중국의 관작을 받았으니 이들에 대한 정벌을 미리 명에 알려야 한다는 의견을 제시했다. 하지만 태종은 김문내와 갈다개가 중국의 관직을 받았다는 사실을 사전에 알지 못했다는 억지 논리를 사용하면서 이들에 대한 정벌을 정당화했다. 태종은 여진 정벌의 의도를 계속 가지고 있으면서 동시에 자신이 누구보다 강조했던 사대명분을 자의적으로 해석하는 모습

20 『太宗實錄』 권19, 太宗 10년 3월 9일 을해.

21 『太宗實錄』 권19, 太宗 10년 3월 16일 임오.

을 보였다. 아울러 모련위 정벌을 국가 차원의 결정이 아니라 외적의 침입에 대한 변경 장수의 대응으로 설명했다.

태종의 논리는 파아손 등을 죽인 사정을 명에 해명하는 주본(奏本)에서도 그대로 활용된다. 조선은 명에 보낸 주본에서 이번 출병과 모련위 지휘 등을 죽인 일이 여진의 침입에 대한 변경 장수의 대응에서 비롯된 것이라고 설명했다.[22] 국왕을 중심으로 정벌을 결정해 시행했다는 사실을 의도적으로 밝히지 않았던 것이다.

정벌과 관련된 내용을 중국에 보고했던 조선의 태도를 통해 태종의 집권으로 대외정책의 방향이 일부 변경되었지만 목표는 유지되었다는 점을 파악할 수 있다. 태조대의 대명 강경론자들이 북방 지역 경략을 위해서는 명과의 군사적 충돌도 감수해야 한다고 주장했던 것에 비해, 태종대에는 북방 지역 경략을 위해 명과의 우호적 관계를 유지하는 가운데 목표를 달성하기 위해 노력해야 한다고 보았던 견해 차이가 있을 뿐이었다.

당시 동맹가첩목아 세력에 대한 초유 과정에서 나타난 조선과 명의 대립 양상은 조선이 북방 지역으로 영토를 확대하고 두만강과 압록강 이북의 여진 세력에 대해 영향력을 확대하려 했다는 점을 잘 보여준다.[23] 또 조선이 외교적 목표를 달성하기 위해 정벌을 적극적으로 활용하려고 했다는 점도 예측할 수 있게 해준다.

조선에서 정도전과 남은 등의 대명 강경파가 제거된 이후 요동 정벌 계획은 완전히 사라졌다. 특히 정종은 경연(經筵) 때 동지경연사 전백영(全伯英)

---

22 『太宗實錄』 권19, 太宗 10년 3월 25일 신묘.

23 태종대 동맹가첩목아 세력의 초유 과정에서 나타난 조선과 명의 대립 양상은 다음의 연구들이 참조된다. 金九鎭, 「初期 毛憐 兀良哈 硏究」, 『白山學報』 17, 1974; 朴元熇, 「明初 朝鮮과의 女眞問題」, 『明初朝鮮關係史硏究』, 一潮閣, 2002.

이 명의 내전 상황을 언급하며 정료위(定遼衛)가 항복하는 상황에 대한 대처 방안을 묻자, 항복을 받아들이지 않겠다고 대답했다. 전백영 역시 정종의 의견에 동의했다.[24] 요동 정벌까지 계획했던 태조대에 비해 해당 지역에 대한 의식의 변화가 생겼던 것으로 추정된다.

하지만 요동에 대한 조선의 관심은 끊이지 않았다. 태종 2년 동녕위 천호 임팔라실리(林八剌失里)가 3천여 호를 거느리고 명을 배신했는데, 이들은 추격하던 명군에게 큰 타격을 가한 후 조선에 귀순을 요청했다.[25] 태종은 2품 이상의 기로(耆老)들을 불러 임팔라실리의 귀순 문제를 논의했다. 귀순을 허락하자는 신료보다는 일단 강변에 머물게 하고 상황을 보자는 신료들이 두 배 가까이 많았다.[26] 그럼에도 태종은 임팔라실리 세력의 귀순을 받아들이기로 결정했다.[27] 이로 미루어볼 때 태종은 임팔라실리가 인솔하고 온 3천여 호를 받아들이려는 의도를 이미 가지고 있었던 것 같다.

다른 기록에는 임팔라실리가 18,600호를 거느리고 도망 왔다고 되어 있다.[28] 어느 기록을 따르든, 임팔라실리가 데리고 온 민호가 상당히 많았다는 사실을 확인할 수 있다. 이들의 귀순을 받아들일 경우 명과 외교 문제가 발생할 것이 쉽게 예상되는 상황임에도, 조선은 대규모 인원의 귀순을 허락했다. 이는 조선이 여전히 요동 지역에 대한 관심을 가지고 있었음을 의미하는 것이라 생각한다.

---

24 『定宗實錄』 권4, 定宗 2년 5월 17일 신사.

25 『太宗實錄』 권3, 太宗 2년 4월 5일 정사.

26 『太宗實錄』 권3, 太宗 2년 4월 16일 무진.

27 『太宗實錄』 권3, 太宗 2년 4월 16일 무진.

28 『太宗實錄』 권3, 太宗 2년 5월 7일 기축.

태종은 임팔라실리의 송환 문제를 신료들과 논의하면서, 중국과 더불어 다투자는 것이 아니라 살기를 구하는 사람을 사지에 둘 수 없다는 논리를 내세우며 귀순 허락을 정당화했다.[29] 태종의 양면적 대명의식을 잘 보여주는 기록이라 하겠다.

조선은 영락제가 등극한 후 명에서 도망한 군사들을 추쇄한다는 정보를 입수하자[30] 임팔라실리를 요동으로 압송했다.[31] 뿐만 아니라 13,641명의 만산군(漫散軍)도 명으로 돌려보내며,[32] 표면적으로는 임팔라실리 문제에 대해 명에 순응하는 태도를 보였다.

당시 조선은 여진 지역에 대한 실질적 지배력을 확보하고자 했다. 이미 여진 세력이 자국의 영역에 속해 있다고 생각했기 때문이다.[33] 조선이 명의 여진 초유 문제에 민감하게 반응했던 원인도 여기에 있다. 이러한 의식은 더욱 확대되어 세종대 영토 확장이라는 성과를 가져올 수 있었다. 이후 조선이 국위를 선양하고 군주로서의 위엄을 과시하고자 할 때, 여진에 대한 정벌과 같은 통제 방식이 우선적으로 부각되었던 것 역시 이와 같은 이유였다.

---

29 『太宗實錄』 권3, 太宗 2년 5월 8일 경인.

30 『太宗實錄』 권4, 太宗 2년 12월 13일 임술.

31 『太宗實錄』 권4, 太宗 2년 12월 23일 임신.

32 『太宗實錄』 권5, 太宗 3년 3월 17일 갑오.

33 『太宗實錄』 권5, 太宗 3년 6월 25일 신미.

2장
1419년 대마도 정벌 이전 왜구의 활동과 명의 상황

1419년 대마도 정벌은 대규모 병력과 전선이 동원된 대외 활동이었다. 선행연구들은 당시 정벌의 원인을 왜구의 침입에 대한 조선의 대응으로 설명해왔다. 하지만 태종의 집권 이후 왜구의 침입 횟수는 크게 줄었고 규모 역시 작아졌다. 자연스럽게 조선의 왜구 피해 역시 급격하게 감소했다. 따라서 정벌의 원인을 왜구의 침입만으로 설명하는 시각은 한계가 있다.

당시 왜구의 주 활동무대는 명의 해안 지역이었다. 왜구 활동의 증가에 따라 명의 피해 역시 크게 증가했다. 일본에 왜구 제어를 요청했지만 별다른 효과를 보지 못한 영락제는 결국 일본에 대한 출병을 언급하기에 이르렀다. 명과 일본의 관계는 점차 악화되고 있었다. 따라서 1419년 대마도 정벌의 원인은 조선과 명, 일본의 국제관계 속에서 설명되어야 한다.

대마도 정벌에 대한 연구는 여말선초 시기의 왜구 문제나 조선 초기의 한일관계를 개관하는 성과들에서 이루어졌다. 대마도 정벌에 관해 우선 주목되는 연구는 나카무라 히데다카의 발표였다.[34] 그는 대마도 정벌의 원인

34 中村榮孝,「應永の外寇を朝鮮から觀る」上,『朝鮮』210, 朝鮮總督府, 1932; 中村榮孝,「應永

과 전개 과정, 정벌 이후 조선과 일본의 관계와 대마도의 속주 편입 문제 등을 종합적으로 설명했다. 하지만 정벌의 원인을 왜구 문제로만 분석했던 점과, 명의 일본 정벌을 다루면서도 대마도 정벌과의 관계를 설명하지 못했다는 점에서 한계를 보인다.

나카무라 히데다카의 연구 이후 발표된 대마도 정벌에 관한 논문들 역시 정벌의 원인과 전개 과정, 의미, 대마도의 경상도 속주 편입 문제 등을 다루었다.[35] 그러나 이 연구들도 대마도 정벌의 원인을 조선과 왜구의 관계에서 찾고, 정벌의 목적을 왜구 근거지의 소탕으로 파악하는 시각을 벗어나지 못했다. 대마도 정벌의 전개 과정 등을 대부분 밝히기는 했지만, 정벌의 의미를 조선의 왜구 대응책 정도로 지나치게 한정하여 파악했다.

물론 당시 조선의 대마도 정벌에 왜구 문제를 해결하기 위한 목적이 있었다는 점은 부정하기 어렵다. 특히 조선이 많은 병력을 동원해 바다를 건너 대마도까지 갔다는 사실에는 왜구 세력을 제압해 조선에 대한 침입 문제를 해결하고자 하는 의도가 강하게 반영되어 있었다. 하지만 긴장관계가 유지되던 15세기의 국제정세 속에서 조선이 대규모 정벌군을 편성해서 출동시켰다는 점을 생각해본다면, 대마도 정벌이 단순히 왜구의 근거지를 소탕하는 정도가 아니라 그 이상의 의미를 가지고 있었음을 짐작할 수 있다. 기존의 연구들은 이 부분에 대한 고찰이 부족했다.

の外寇を朝鮮から觀る」中,『朝鮮』211, 朝鮮總督府, 1932(中村榮孝,「七 朝鮮世宗己亥の對馬征伐—應永の外寇を朝鮮から觀る」,『日鮮關係詞の研究』, 吉川弘文館, 1965 재수록).

35 대마도 정벌에 대한 주요 연구성과들을 소개하면 다음과 같다. 신석호,「여말선초의 왜구와 그 대책」,『국사상의 제 문제』3, 1959; 孫弘烈,「麗末·鮮初의 對馬島征伐」,『湖西史學』6, 1978; 羅鐘寓,「朝鮮初期의 對倭寇政策」,『中齋張忠植博士華甲紀念論叢』, 1992; 한문종,「朝鮮初期의 倭寇政策과 對馬島征伐」,『全北史學』19·20輯, 1997; 이해철,「세종 시대의 대마도 정벌」,『세종문화사대계』3, 세종대왕기념사업회, 2001.

한편 장학근은 기존의 견해에 덧붙여 대마도 정벌의 원인이 명의 압력과 정왜론, 북벌론에 대한 대응이었다고 주장했다.[36] 그의 연구는 세종대의 대마도 정벌을 단순히 조선과 왜구의 관계로만 파악하지 않고 명의 일본 정벌까지 포함해서 살펴보고자 한 최초의 시도로 평가할 만하다. 하지만 대마도 정벌군이 왜구를 격멸시킬 의도를 가지고 있었던 것으로 파악했던 점은 동의하기 어렵다. 정벌군은 대마도 왜구 세력과의 결전을 의도적으로 회피했다고 생각되기 때문이다.

특히 '대마도의 영토화'를 조선의 정벌 목표로 파악한 점은 크게 아쉽다. 조선이 대마도를 영토화하려 했다면 일본과의 전쟁 내지는 관계 악화를 감수해야 했을 것이다. 일본은 대마도를 자국의 영역으로 인식하고 있었기 때문이다. 당시 조선이 가장 중요시했던 대외 목표가 북방 지역으로의 진출과 영향력 확대였다는 점을 생각해본다면, 대마도를 점령해 일본과의 관계를 악화시킬 이유가 없었다.

조선은 4군6진을 설치할 때 군사행동과 행정적 조치를 병행하면서 오랫동안 준비한 끝에 영토 확장이라는 결과를 얻을 수 있었다. 하지만 대마도 정벌을 전후해서는 비슷한 조치나 준비가 전혀 나타나지 않았다. 따라서 조선의 대마도 정벌에는 해당 지역을 영토화하고자 하는 의도는 없었다고 생각할 수 있다.

대마도 정벌을 직접적으로 다룬 연구는 아니지만, 명의 일본 정벌론에 대한 조선의 대응을 다룬 민덕기의 연구도 있다.[37] 그 역시 대마도 정벌의 원

---

36 張學根, 「朝鮮의 對馬島 征伐과 그 支配政策—對外政策을 중심으로」, 『海士論文集』 8, 1983.

37 민덕기, 「明代 초기 일본 정벌론과 조선의 대응」, 『前近代 동아시아 세계의 韓·日관계』, 景仁文化社, 2007.

인에 대한 장학근의 분석에 동의하고 있다. 민덕기의 연구에서 가장 주목되는 부분은, 명의 일본 정벌론이 조선의 정벌과 왜구 정보 제공 이후에 없어졌음을 지적했다는 점이다. 하지만 대마도 정벌과 왜구 침략의 관계, 명의 일본 정벌 계획, 왜구 정보 제공의 상관관계에 대한 논증이 부족했다는 점은 보강될 필요가 있다.

1419년 대마도 정벌의 원인을 찾기 위해서는 먼저 태종대의 왜구 상황을 살펴볼 필요가 있다. 태조대의 대마도 정벌과 왜구 방어책의 정착으로 왜구 피해가 크게 감소했다. 이런 사실은 정종대의 기록들을 통해 확인할 수 있다. 먼저 정종은 왜구의 활동이 없어 변경이 편안해졌음을 언급하며 선군(船軍)을 줄이는 조치를 취했다.[38] 이는 당시 왜구의 활동이 줄었음을 의미하는 동시에, 조선이 선군의 수를 줄이더라도 왜구 활동을 충분히 제어할 수 있다고 판단했음을 보여준다.

물론 정종대에도 왜구 침략 기록은 나타난다. 정종 1년(1399) 9월에 왜구가 서북면의 선주(宣州)와 박주(博州)를 침략하는 사건이 일어났다.[39] 하지만 다음 달에 풍해도를 침입한 왜적이 병선 1척을 불태우고 선군 50명을 죽인 일과 풍주(豊州) 서촌(西村)에 침입한 기록을[40] 제외하면 정종대의 왜구 피해 기록은 더 이상 나타나지 않는다. 이후 기록된 왜구 관련 기사 2건은 모두

38 『定宗實錄』 권1, 定宗 1년 3월 13일 갑신.

39 기사에서 주목되는 점은 정종이 왜구에 대비하기 위해 조전절제사들을 파견하고 나서 자신은 해주(海州)로 사냥을 나가려고 했다는 점이다. 신료들의 만류로 사냥을 중지하기는 했지만 이는 정종이 왜구의 침략을 심각한 사건으로 판단하지 않았음을 보여준다. 『定宗實錄』 권2, 定宗 1년 9월 10일 정축.

40 『定宗實錄』 권2, 定宗 1년 10월 19일 을묘.

조선에 항복하는 이야기를 담고 있다.[41] 특히 좌빈객 이서(李舒)는 왜구가 잠잠해져 변경이 안정되었다고 언급했다.[42] 이러한 기록들은 당시 왜구 피해가 크게 줄었음을 보여주는 자료들이다.

더욱 주목되는 부분은 대마도가 조선과의 관계 개선에 적극적 태도를 보였다는 점이다. 대마도 도총관 소 사다시게(宗貞茂)는 정종 1년 처음으로 조선에 사신을 보냈다. 그가 보낸 글에는 조선의 은혜, 일본 내의 사정, 연해 지역의 안정을 기원하는 내용 등이 담겨 있었다.[43] 글에 직접적으로 표현되지는 않았지만 조선과의 관계를 개선하고 싶어 하는 대마도 측의 의도가 반영되어 있었다고 파악해도 무방할 것이다. 그리고 소 사다시게와 그의 아버지는 각각 말을 바치고 도적 제어를 약속했다.[44]

이런 분위기는 태종대에도 이어졌다. 태종은 먼저 왜구 때문에 시행하지 못했던 해변 고을들의 토지 재측량 사업을 실시했다. 또한 연해주군에 사람들이 모여든다는 내용의 기사도 보인다.[45]

태종 즉위 후 조선의 연안 지역에서 활동을 자제했던 왜구들은 태종 7년에 다시 활동을 시작했다.[46] 기록에 나타나는 피해 규모가 크지는 않지만, 다음의 기록을 통해 왜구 세력의 분위기가 바뀌었음을 짐작할 수 있다. 경상도 병마도절제사(兵馬都節制使) 강사덕(姜思德)은 왜구를 방비하는 계책을 올리면서 다음과 같이 언급했다.

---

41 『定宗實錄』 권2, 定宗 1년 11월 8일 갑술; 『定宗實錄』 권4, 定宗 2년 4월 1일 병신.

42 『定宗實錄』 권4, 定宗 2년 5월 17일 신사.

43 『定宗實錄』 권2, 定宗 1년 7월 1일 기사.

44 『定宗實錄』 권4, 定宗 2년 4월 18일 계축.

45 『太宗實錄』 권2, 太宗 1년 7월 27일 갑인.

46 『太宗實錄』 권14, 太宗 7년 8월 25일 병오; 『太宗實錄』 권14, 太宗 7년 11월 8일 무오.

대마도 왜인 여미다라(餘彌多羅), 비고시라(非古時羅)가 와서 말하기를, 섬의 왜적들이 공모하기를 "조선에서 장사를 해도(興利) 원하는 바에 차지 않으니, 우리 배를 만들어 변방을 약탈하는 것만 같지 못하다."[47]

기사에서 주목되는 점은 조선이 명과 달리 왜인과의 무역을 허용하고 있었다는 것이다. 조선은 일본의 여러 세력들과 우호관계를 유지하고 있었다. 이는 조선의 왜구 피해를 줄여준 중요한 원인이 되었을 것이다. 다만 왜인들의 이야기에서 조선과의 무역을 통해 원하는 정도의 이익을 얻지 못하고 있었음을 추측할 수 있다. 이러한 불만이 그들이 다시 조선의 해안 지역을 약탈하는 원인으로 작용한 듯하다. 특히 왜구가 창궐하여 장수들을 파견하고 경기도의 군선을 충청도로 배치하는 등의 조치를 취했다는 기록을[48] 보면, 왜구 피해가 기록에 나타난 것보다 많았음을 짐작할 수 있다.

왜구가 다시 조선을 침략하게 된 보다 중요한 원인은 일본과 명의 관계에서 찾을 수 있다. 1406년 명과의 우호관계를 원했던 일본 국왕 미나모토미치요시(源道義)[49]는 영락제의 요청에 응해 군대를 출동시켜 왜구를 토벌했다. 또 왜구의 우두머리를 사로잡아 명에 바쳤다.[50] 해당 조치에 따라 명의

47 『太宗實錄』 권14, 太宗 7년 8월 11일 임진.

48 『太宗實錄』 권15, 太宗 8년 3월 8일 정사.

49 당시 『明太宗實錄』에 언급되었던 '日本國王 源道義'는 무로마치(室町) 막부의 3대 쇼군(將軍) 아시카가 요시미쓰(足利義滿)가 사용했던 외교 칭호이다. 『明太宗實錄』 권50, 永樂 4년 1월 기유. 그는 '源道義'라는 이름으로 명에서 국왕 책봉을 받았다. 그의 아들 아시카가 요시모치(足利義持) 역시 『明太宗實錄』에서 '源義持'로 표현되고 있다. 또한 『朝鮮王朝實錄』에도 같은 방식으로 표기되었다. 따라서 본고에서는 당시 조선과 명에서 사용되었던 대로 이들의 명칭을 표기하고자 한다.

50 『明太宗實錄』 권50, 永樂 4년 1월 기유.

왜구 피해는 급격하게 감소했다.[51] 명이라는 주요 활동무대를 잃은 왜구 세력은 자연스럽게 조선 지역을 다시 침략할 수밖에 없었을 것이다. 하지만 일본 측의 왜구 통제 의지는 오래 유지되지 않았다.

영락 11년(태종 13, 1413)을 기준으로 왜구의 명에 대한 공격 활동은 크게 증가했고, 규모 또한 도적의 무리라고 부르기 어려울 정도로 커졌다.[52] 이 정황은 태종 8년 한시적으로 왜구 피해가 증가했다가 태종 9년부터 다시 왜구 피해가 급격하게 감소했던 원인을 설명해준다. 특히 영락제 재위기에 수백 척이나 수천 명 규모의 왜구가 침략했다는 기록들을 살펴보면, 조선과 비교했을 때 왜구의 규모나 피해 정도 등에서 큰 차이가 있다는 점을 알 수 있다.[53]

태종 7년과 8년 사이에 조선의 연안 지역에서 왜구 활동이 증가하는 와중에도 일본 세력가들의 사신은 끊이지 않고 찾아왔다.[54] 또한 왜구에게 잡혀갔던 조선인 포로들이 계속 송환되는 모습도 발견된다.[55] 일본 내 세력들

---

51 실제로 일본에서 군대를 출병시켜 대마·일기도의 왜구를 토벌했던 영락 4년 정월부터 미나모토 미치요시의 부고가 전해지는 영락 6년까지 『明太宗實錄』에는 왜구 기록이 전혀 나타나지 않는다. 이 시기에 명의 연안 지역을 침략한 왜구가 전혀 없었다고 생각할 수는 없지만 전후 시기에 비해 왜구의 활동이 크게 감소되었다는 사실만은 충분히 파악할 수 있다. 특히 영락 7년 정월부터 왜구의 침략 기록(『明太宗實錄』 권87, 永樂 7년 1월 갑진)이 나타난다는 점을 생각해본다면, 이전 3년간 명에서의 왜구 활동이 크게 줄었다는 사실은 부정하기 어렵다.

52 영락 11년 정월에 왜구 3천여 명의 창위국(昌衛國)을 공격했다. 명군의 반격으로 왜구는 많은 피해를 남기고 퇴각했다. 하지만 왜구의 규모를 통해 이들의 세력이 보다 조직화되고 확대되었음을 파악할 수 있다. 『明太宗實錄』 권136, 永樂 11년 1월 신사.

53 『明太宗實錄』 권136, 永樂 11년 1월 신축; 『明太宗實錄』 권176, 永樂 14년 5월 정사.

54 『太宗實錄』 권14, 太宗 7년 11월 26일 병자; 『太宗實錄』 권15, 太宗 8년 5월 22일 경오.

55 『太宗實錄』 권15, 太宗 8년 3월 14일 계해; 『太宗實錄』 권15, 太宗 8년 5월 10일 무오.

은 조선과 우호적 관계를 유지하고 싶었던 것으로 보인다.

태종 8년을 지나면서 조선의 왜구 피해는 급격하게 감소했다. 그에 따라 왜구에 대한 우려도 줄었다. 태종 14년 왜구 때문에 내지로 옮겨 살았던 장흥부의 백성들이 옛 치소에 다시 입거하기를 요청하자 허락해준 사례와,[56] 다음 해 좌대언 탁신(卓愼)이 왜구가 오래 잠잠해 병선의 방비 태세가 태만하고 해이해졌음을 지적했던 것도[57] 이러한 사실을 확인해준다.

조선이 대규모의 왜구에게 공격받는 일은 세종 1년이 되어서야 다시 나타난다. 왜선 50여 척이 충청도 비인현 도두음곶이를 침략한 사건이 그것이다.[58] 이 사건은 실록의 기록상 대마도 정벌의 직접적 원인으로 나타나는 중요한 사건인 만큼 다음 장에서 본격적으로 설명하겠다.

지금까지 서술한 내용을 통해 조선의 왜구 피해가 크게 감소했음을 파악할 수 있었다. 뿐만 아니라 일본의 세력들이 조선과 우호적 관계를 맺고자 노력했다는 점도 알 수 있었다. 사실 조선 초기의 왜구 피해가 점차 감소하고 있었던 점은 선행연구들에서도 이미 언급되었다. 그럼에도 대마도 정벌의 원인을 단순하게 왜구 피해에 대한 대응으로 파악했던 기존의 시각들은 재고가 필요하다.

조선 초기 왜구의 주 활동무대는 명의 연안 지역이었다. 왜구는 홍무연간부터 활발하게 활동하고 있었다. 1410년대의 대규모 왜구와는 비교할 수 없을 정도로 작은 규모의 무리들을 중심으로 한 활동이었지만, 이들은 명의 국정운영에 방해가 되었다. 따라서 명은 왜구 제어책을 모색할 필요가 있었

56 『太宗實錄』 권28, 太宗 14년 9월 1일 신미.

57 『太宗實錄』 권30, 太宗 15년 7월 16일 신해.

58 『世宗實錄』 권4, 世宗 1년 5월 7일 신해.

다. 홍무제는 왜구에 대한 대책으로 전선을 늘려 방어하는 방법을 택했다.[59] 이 시기는 아직 명과 일본이 교류하던 시기였으므로 일본 측에 왜구 통제를 위해 노력할 것을 강하게 요구했다.[60]

명 측의 왜구 제어 요구는 일정 부분 관철된 것으로 보인다. 당시 명에 대한 왜구 침략 기록이나 피해 기록이 크게 줄었던 점에서 알 수 있다. 또 일본 국왕의 조공도 유지되었다.[61] 일본은 왜구 제어에 대한 명 측의 요구를 받아들이면서 양국의 관계를 개선하고자 노력했던 것으로 판단한다.

그러나 조선과 일본 세력의 관계가 우호적으로 변하면서 왜구의 활동무대는 점차 명의 연안 지역으로 이동했다. 홍무제 말년인 31년(태조 7, 1398)에는 왜구가 산동 영해주(寧海州)를 침범해서 약탈하고 진무(鎭撫)를 죽이는 사건이 일어났다.[62] 얼마 후 절강 도지휘사(浙江 都指揮使) 진례(陳禮)가 왜구 2천여 명이 30척의 배를 이용해 침략하는 것을 막던 장수들이 모두 전사했다는 소식을 전했다.[63] 이 사건을 보면 왜구의 규모가 이전과 비교되지 않을 정도로 증가했음이 확인된다. 또한 왜구의 주 활동무대가 조선의 연안에서 명의 연안 지역으로 옮겨졌음을 보여주는 기록들이라 하겠다.

건문제를 지나 영락제가 즉위할 때까지 명의 연안 지역에서 활동하던 왜구의 규모는 점차 커졌다. 이는 왜구의 활동무대가 옮겨졌다는 사실뿐만 아니라 양측의 관계가 소원해졌음을 의미한다. 홍무제 재위기 동안 일본이

59 『明太祖實錄』 권99, 洪武 8년 4월 경인; 『明太祖實錄』 권199, 洪武 23년 1월 갑신.

60 『明太祖實錄』 권138, 洪武 14년 7월 갑신.

61 『明太祖實錄』 권179, 洪武 19년 11월 계축.

62 『明太祖實錄』 권256, 洪武 31년 2월 무인.

63 『明太祖實錄』 권256, 洪武 31년 2월 정유.

명에 사신을 파견했던 것은 홍무 19년(우왕 12년, 1386)이 마지막이었다.[64]

양국의 관계는 일본 국왕 미나모토 미치요시가 명과의 관계를 회복하기 위한 노력을 보이면서 변화했다. 미나모토 미치요시는 명의 책봉을 받았을 뿐만 아니라 영락제의 요청에 따라 왜구를 토벌하고 사로잡은 왜구를 명으로 압송했다. 왜구 압송은 미나모토 미치요시가 죽는 1408년까지 계속되었다.[65] 미나모토 미치요시는 명의 연안 지역을 크게 어지럽혔던 왜구 문제를 해결해줌으로써 명과의 관계를 개선하고자 했다. 아울러 사로잡은 왜구들을 명에 보냄으로써 자신이 왜구를 제어하기 위해 노력하고 있다는 점을 알리고 싶어 했다. 실제로 이러한 조치에 따라 명의 왜구 피해는 급격하게 감소했다. 그 밖에도 미나모토 미치요시는 명에 계속 사신을 보내 공물을 바치면서 양측의 관계를 유지하기 위해 노력했다.[66]

그러나 미나모토 미치요시 사망 후 상황은 급변했다. 명은 미나모토 미치요시의 부고를 접한 직후 그 아들 미나모토 요시모치(源義持)에게 아버지처럼 왜구 제어에 힘써줄 것을 요청하는 사신을 파견했다.[67] 하지만 전대와 달리 미나모토 요시모치는 명과의 관계에 소홀했고, 왜구 제어 요청에도 적극적으로 응하지 않았다. 그도 등극 초기에는 미나모토 미치요시에게 시호를 내려준 일과 아버지의 작위를 물려받게 해준 것에 감사를 표하는 사신을 보냈고,[68] 포획한 왜구를 명에 보내기도 했다.[69] 그러나 이후 영락제 재위

---

64 『明太祖實錄』 권179, 洪武 19년 11월 계축.

65 『明太宗實錄』 권67, 永樂 5년 5월 기묘; 『明太宗實錄』 권79, 永樂 6년 5월 계축.

66 『明太宗實錄』 권79, 永樂 6년 5월 기유; 『明太宗實錄』 권85, 永樂 6년 11월 을사.

67 『明太宗實錄』 권86, 永樂 6년 12월 경자.

68 『明太宗實錄』 권103, 永樂 8년 4월 정유.

69 『明太宗實錄』 권113, 永樂 9년 2월 임진.

기간 동안 일본은 사신을 전혀 파견하지 않았다. 미나모토 요시모치 시기 일본은 미나모토 미치요시 집권 시절의 태도와는 정반대의 양상을 보였다. 군대를 동원해 왜구를 토벌하고 포로와 사신을 보내 조공하던 일본의 헌신적 태도는 더 이상 기대할 수 없었다.

자연스럽게 명의 연해 지역에서 왜구 활동이 증가하기 시작했다. 특히 영락 6년(1408) 12월과 영락 7년 1월에 왜구 활동에 대한 기록들이 집중되어 있다.[70] 이는 왜구 활동이 본격적으로 재개되었음을 의미한다. 명에서도 왜구 방비를 위해 장수들과 병선, 병력을 파견하는 조치를 취했다.[71]

영락 9년(태종 11, 1411) 명은 일본에 사신을 보내 왜구를 체포한 일에 대해 포상 조치를 했다.[72] 하지만 미나모토 요시모치의 집권기에 이와 같은 일은 한 차례에 불과했다. 그는 아버지와 달리 사로잡은 왜구를 명에 바치지 않았을 뿐만 아니라 조공도 하지 않았다.[73]

더욱이 명에 침입하는 왜구의 규모는 커지고 있었다. 영락 11년에는 3천여 명 규모의 왜구가 침입하는 사건이 발생했다.[74] 영락 13년에는 대규모 왜

---

70 『明太宗實錄』 권86, 永樂 6년 12월 신묘; 『明太宗實錄』 권87, 永樂 7년 1월 갑진.

71 『明太宗實錄』 권86, 永樂 6년 12월 경자.

72 『明太宗實錄』 권113, 永樂 9년 2월 갑인.

73 영락 9년에 명이 일본에 사신을 파견해 여러 차례 왜구를 잡았던 일에 대해 포상했던 기록이 보인다. 그런데 이전에 미나모토 요시모치가 명에 이를 보고하거나 미나모토 미치요시처럼 왜구 포로를 보낸 사례는 전혀 나타나지 않는다. 따라서 영락제의 포상이 과연 미나모토 요시모치에 대한 것이었는지, 이전에 미나모토 미치요시가 세운 공에 대한 것이었는지 파악하기 어렵다. 다만 일본 사신이 왜구와 관련된 문제로 명에 왔던 기록이 『明實錄』에 비교적 충실하게 남아 있는 것으로 보아, 이 포상은 미나모토 미치요시의 공적에 대한 것이었을 가능성이 높은 것 같다.

74 『明太宗實錄』 권136, 永樂 11년 1월 신사.

구가 여순에 침입해 2만여 명을 살해하고 등주(登州)의 전함을 모두 불사르는 충격적인 사건이 일어났다.[75] 영락 14년에도 3천여 명에 달하는 왜구의 움직임이 있다는 정보가 조정에 보고되었으며,[76] 다음 해에는 명의 수군이 4천 명에 달하는 왜구 부대와 해상에서 전투를 벌인 기록이 나타난다.[77] 왜구 부대의 규모가 커질수록 그에 따른 피해 또한 걷잡을 수 없이 커졌다.

결국 영락제는 일본에 사신을 보내 조공의 재개, 왜구의 제어, 피로된 인원의 전원 송환 등을 강력히 요구했다. 뿐만 아니라 출병에 대한 언급까지 전달했다.[78] 미나모토 요시모치는 영락제의 글에 대해 사죄의 내용을 담은 표문을 보냈지만 왜구와의 관계를 부정했으며, 명의 요구에 별다른 조치를 취하지 않았다.[79] 미나모토 요시모치의 표문이 도착한 다음 달에는 7천여 명에 달하는 왜구가 침략했다.[80] 이미 명의 연안 지역을 공격하는 왜구의 규모는 단순한 도적의 무리로만 파악할 수 있는 수준을 넘어버렸다. 이러한 상황 전개는 결국 명으로 하여금 왜구를 격멸하기 위한 군사행동을 생각할 수밖에 없도록 만들었으리라 추측된다.

---

75 『明太宗實錄』 권171, 永樂 13년 12월 기축; 『太宗實錄』 권30, 太宗 15년 7월 23일 무오.

76 『明太宗實錄』 권176, 永樂 14년 5월 임진.

77 『明太宗實錄』 권190, 永樂 15년 6월 을유.

78 『明太宗實錄』 권193, 永樂 15년 10월 계미.

79 『明太宗實錄』 권199, 永樂 16년 4월 을사.

80 『明太宗實錄』 권200, 永樂 16년 5월 계축.

3장
명의 정왜론에 대한 조선의 논의와 대마도 정벌

명의 왜구 피해가 점차 커지고 있음을 파악한 조선은 특히 명의 일본 정벌 계획에 촉각을 세우고 있었다. 조선이 가장 우려했던 것은 명의 일본 정벌이 실제로 이루어질 경우, 이에 개입하지 않을 명분이나 방법이 없다는 점이었다. 사대관계를 인정한 조선이 명의 지원 요청을 거부하기 쉽지 않았으리라는 점은 충분히 예측 가능하다. 더욱이 집권 과정의 약점을 보강하기 위해 명과의 관계 개선에 노력했던 태종으로서는, 만약 정벌이 시행되어 실제로 명의 지원 요청이 있을 경우 이를 거부하기가 더욱 어려웠을 것이다.

결국 조선은 명의 일본 정벌 명분이 될 가능성이 높았던 왜구 문제를 해결해야 한다고 판단했다. 이를 위해 조선이 취한 조치는 두 가지였다. 하나는 이전과 달리 명에게 왜구 침입 정보를 전달하는 것이었고, 다른 하나가 바로 대마도 정벌이었다.

1419년의 대마도 정벌은 조선이 치밀한 계획을 갖고 준비해서 시행한 전쟁이었다. 실록의 기록에서처럼 17,285명의 병력과 227척의 전함을 한 달

남짓한 시간 안에 동원해 출병하는 것은[81] 불가능하기 때문이다. 당시 조선의 대외 목표는 북방의 영토 확장과 여진 지역에 대한 영향력 확대였다. 이를 위해서라도 조선은 명의 일본 정벌 시도를 사전에 방지해 남방 지역의 문제를 우선적으로 해소해야만 했다.

조선에서 명의 일본 정벌에 대한 조치들을 논의하기 시작하는 것은 태종 13년(1413) 하정사(賀正使)의 통사 임밀(林密)이 돌아와서 황제(영락제)가 정월 20일에 일본 정벌을 선유했다는 보고를 하면서부터였다. 보고를 받은 태종은 길천군(吉川君) 권규(權跬) 등을 흠문기거사(欽問起居使)로 파견했다. 그리고 의정부 및 신료들에게 명의 정왜(征倭)에 대한 대책을 마련하도록 지시했다. 아울러 일본과의 통교 문제, 명군에 길을 빌려주는 문제, 흠문기거사 파견 전에 사변 파악을 위한 별도의 사신을 파견하는 문제, 군수물자를 위해 전라도의 조운을 중지하는 문제, 보안을 위해 왜사를 구류하는 방안 등을 논의하도록 했다.[82]

조선의 반응은 당시 명의 일본 정벌 의도를 상당히 심각하게 받아들이고 있었음을 보여준다. 명의 출병 가능성이 어느 때보다 높다고 인식했기 때문으로 보인다. 특히 귀화 왜인 평도전(平道全)이 명의 일본 정벌 계획을 확인하고 이를 일본에 알리고자 했던 사실과, 의정부가 정왜에 대한 여러 대책들을 상소한 것은[83] 당시 조선에서 명의 일본 정벌을 크게 우려하는 동시에 실현 가능성을 매우 높게 파악하고 있었다는 점을 보여준다.

또 7월에 귀국한 권영균(權永均)은 명의 환관 윤봉으로부터 "전함 3,000척

81 『世宗實錄』 권4, 世宗 1년 6월 17일 경인.

82 『太宗實錄』 권25, 太宗 13년 3월 20일 기해.

83 『太宗實錄』 권25, 太宗 13년 3월 20일 기해.

을 만들어 일본을 공격하려 한다"는 정보를 들었다고 보고했다. 이에 놀란 대신들은 동서 양계에 무신을 파견하고 미리 군사훈련을 하자고 건의했다. 태종은 소요하던 대신들을 진정시키고 명이 조선을 공격할 뜻이 없을 것이라는 점을 강조했다.[84]

이 기록에는 당시 조정에서 태종만이 침착한 태도를 보였던 것처럼 나타난다. 태종은 다음 날 변경 지역에 장수들을 파견하고 호인(胡人)에 대한 대비책을 준비했다.[85] 여기서 명의 정벌 정보에 대한 태종의 태도를 살펴볼 수 있다. 하륜은 명이 북정을 명분으로 동북면 여진에게 사람을 보냈던 일에 조선을 도모하려는 의도가 숨겨져 있을 가능성을 우려했다. 그는 명의 의도를 걱정하면서 태종이 신료들과 대응책을 보다 깊이 논의하지 않는 것에 대해 불만을 제기했다. 게다가 일부 신료들이 명에 대응하기 위해 일본과 힘을 합쳐야 한다는 의견을 제시했던 것을 볼 때,[86] 당시 조선에서 가장 우려했던 점은 명의 조선 공격 여부였음을 알 수 있다. 특히 명에 대응하고자 일본과 힘을 합치자는 의견도 있었던 것으로 보아, 당시 조선은 일본에 대해 공세적 정책을 취할 의사가 없었던 것으로 여겨진다. 조선의 일본에 대한 의식을 보여주는 사례라 생각한다.

조선이 명의 일본 정벌 계획에 대해 보다 진지하게 고민하게 된 시기는 왜구의 여순 침략 사실을 보고 받았을 때부터였다.

통사 강유경(姜庾卿)은 요동에서 돌아와 보고하기를, "7월 초4일에 왜적이 여

84 『太宗實錄』 권26, 太宗 13년 7월 18일 을미.

85 『太宗實錄』 권26, 太宗 13년 7월 19일 병신.

86 『太宗實錄』 권26, 太宗 13년 7월 26일 계묘.

> 순 항구에 들어와 천비(天妃) 낭랑전(娘娘殿)의 보물을 모두 거두고 2만여 인을 살상하고 1백 50여 인을 노략했으며, 등주의 전함을 모두 불태우고 돌아갔습니다" 라고 했다. 임금이 최한(崔閑)에게 명하여 승정원에 전교하기를, "왜구가 중국을 침구한 것이 여러 차례인데 이번이 가장 심하다. 황제가 만약 노하여 정벌하고자 한다면 반드시 도우라는 명이 있을 것이니, 장차 어찌 해야 하겠는가? 또 우리나라가 일본과 교통하여 왜사가 계속 오니, 황제가 만약 그 일을 알게 되면 반드시 우리나라에 허물을 돌릴 것이다. 또 장차 어찌 해야 하겠는가?" 하니, 유사눌(柳思訥)이 대답했다. "진실로 염려됩니다."[87]

통사 강유경은 왜적이 여순에 침입해 2만여 명을 살해하고 150여 명을 잡아갔으며, 등주의 전함을 모두 불태웠다고 보고했다. 태종은 명의 피해 상황을 보고받고 명의 왜구 정벌이 시행될 경우와 명에서 조선과 일본의 관계를 문제 삼을 경우에 대한 대책을 논의하도록 지시했다. 태종과 유사눌 등이 상황의 심각성에 대해 동의했던 모습은 조선 조정이 왜구의 여순 침략을 상당히 중요한 사건으로 받아들이고 있었음을 알게 해준다. 또한 명의 왜정이 실행되는 일에 대해 본격적으로 고민하기 시작했다는 점을 의미하기도 한다. 왜구로 인한 명의 엄청난 피해 규모를 생각할 때 그들이 군사행동을 고려하는 것은 자연스러운 일이었다.

태종 17년에 당인압송관(唐人押送官) 설내(偰耐)는 명 조정의 논의를 전하면서, 조선과 일본이 통호하고 있을 것이라 언급되었다는 것, 예관음보(倪觀音保) 등이 명과 조선의 배가 함께 공격한다면 왜구의 근거지를 공략할 수 있을 것이라고 하자 마침내 영락제가 정왜의 뜻을 가지게 되었다는 것 등

---

87 『太宗實錄』 권30, 太宗 15년 7월 23일 무오.

을 보고했다.[88] 더욱이 같은 해에 영락제가 일본 국왕 미나모토 요시모치에게 조공 재개와 왜구 제어를 강력히 요구하는 글을 보낸 것을 보면서,[89] 명의 출병에 대한 우려는 더욱 커졌을 것이다.

조선에 명의 일본 정벌 의도가 보고되는 마지막 기록은 원민생(元閔生)의 보고였다. 그는 영락제가 유구국 사신에게 "후일 일본을 정벌하게 되면 너희 나라가 반드시 먼저 길을 인도해야 한다"고 선유했다는 사실을 보고했다.[90] 비록 영락제의 의도를 의심하기는 했지만 명에 대한 왜구의 대규모 침략 정보를 계속 보고받았던 태종으로서는 이 정보를 소홀히 다룰 수 없었을 것이다. 더욱이 다른 때와는 달리 영락제의 일본 정벌 의도에 대한 보고를 두 차례나 받았던 조선은 명의 일본 정벌이 실현되는 것을 막거나, 실현될 경우 감당해야 할 부담을 최소화할 대책을 마련할 필요가 있었다.

조선이 명의 출병을 지원할 경우 병력과 재정 등의 상당한 부담을 감수해야 했을 것이다. 또한 명의 일본 정벌은 조선을 외교적으로 고립시킬 위험성이 높았다. 명의 일본 정벌에 참여한다면 일본 세력들과의 우호적인 관계를 모두 망가트릴 수 있었다. 반대로 이들과의 관계를 우선적으로 고려한다면 명과의 관계가 악화될 터였다. 결국 조선은 명의 일본 정벌을 막기 위해 두 가지 방법을 택했다. 하나는 명에게 왜구 침략 정보를 제공해주는 것이었고, 다른 하나는 대마도 정벌이었다.

태종대에는 왜구의 명에 대한 침략 정보를 입수하고서도 알려주지 않았던 사례가 나타난다. 예컨대 태종 9년의 사례를 살펴보면, 경상도 수군첨

---

88 『太宗實錄』 권33, 太宗 17년 윤5월 9일 갑자.

89 『明太宗實錄』 권193, 永樂 15년 10월 계미.

90 『太宗實錄』 권34, 太宗 17년 12월 20일 신축.

절제사 김을우(金乙雨)는 왜선 2척을 사로잡아 조사했다. 이들은 상인이라고 주장했지만 조사 결과 명의 연안 지역을 약탈하려는 왜구로 판정되었다. 이들은 태종의 조치를 기다리던 중에 달아나다가 조선 수군에게 잡혀 모두 죽었다. 이에 태종은 왜구 방어에 대한 황제의 명령이 있었다며 포획한 병기를 명에 보내고자 했다. 그러나 대신들은 이를 계기로 명이 출병을 결정해 조선에 원조를 지시하면 대응하기 어려우므로 명에 대한 보고를 중지하자고 했다. 결국 왜구의 병장기를 진상하려던 계획은 실행되지 않았다.[91]

이 사례는 당시 조선이 어떠한 의도로 명에게 왜구 정보를 제공하지 않았는지를 잘 보여준다. 이후에도 조선은 계속 명의 연안 지역을 침범하고자 하는 왜구들에 대한 정보를 입수했다. 그러나 대규모 왜구 부대가 명의 연안을 침략한다는 정보를 입수하고서도 이를 명에 알려주지 않았다.[92]

세종이 즉위하고 상왕으로 있던 태종이 도왜(島倭)의 배 3백여 척이 상국에 침구한다고 언급하면서 양측의 흔단만을 걱정했던 모습[93] 역시 왜구 정보에 대한 조선의 태도를 잘 보여준다. 결국 조선이 명에 왜구 침략 정보를 제공하지 않았던 것은 대외관계가 복잡해지는 상황을 우려했던 동시에 명에게 출병 등의 명분을 제공하고 싶지 않았기 때문이었다고 볼 수 있다.

그런데 조선은 대마도 정벌을 단행하기 직전에는 왜구 정보를 명에 적극적으로 알리는 것으로 태도를 바꾼다. 명의 왜구 피해를 줄이려는 의도가 담겨 있는 조치로 보인다. 대표적 사례가 명인(明人) 김득관(金得觀)의 경우였

---

91 『太宗實錄』 권17, 太宗 9년 3월 16일 기미.

92 『太宗實錄』 권31, 太宗 16년 3월 24일 병진.

93 『世宗實錄』 권2, 世宗 즉위년 12월 11일 병술.

다.[94] 세종 1년 왜적에게 사로잡혔다가 도망해 온 김득관 등이 왜구의 침략 계획을 알리자, 조정은 이 정보를 명에 어떠한 방식으로 전달할 것인지에 대해 논의했다. 예조판서 허조(許稠)는 김득관의 진술장을 먼저 요동에 보내 명으로 하여금 왜적을 방비하게 하자는 의견을 제시했다. 이에 반해 찬성 박신(朴信)은 김득관을 돌려보내면 명에서 조선과 일본의 관계를 의심할 수 있다며 머물게 할 것을 건의했다. 결국 상왕 태종은 좌의정 박은(朴訔)의 의견에 따라 김득관을 신속하게 명에 돌려보내 그가 직접 왜구에 관한 정보를 전달하도록 결정했다.[95] 이전까지 조선이 명을 침입하려는 왜구 정보를 입수하고서도 별다른 조치를 취하지 않았던 태도와 비교되는 부분이다.

또한 『명실록』에는 조선이 왜구 침략 정보를 두 차례 전달해주는 것으로 나타난다. 특히 영락 17년(1419) 2월 기록에 나오는 조선이 돌려보낸 군사 2인에[96] 김득관이 포함되었던 것으로 보인다. 이 정보를 얻은 명이 어떤 조치를 취했는지는 기록에 나타나지 않아 확인할 수 없지만, 조선의 변화된 태도를 잘 보여주는 사례이다.

대마도 정벌 시행 이후의 기록이지만 조선의 정보 제공이 명의 왜구 방어에 큰 도움을 주었던 일은 다음 기사에서 보다 정확하게 확인할 수 있다.

> 사은사(謝恩使) 조흡(曹洽)과 부사 이흥발(李興發)이 경사에서 돌아왔다. 황제가 명하여 도둔곶에서 피로되었던 선군 이원생(李元生) 등 세 사람을 돌려보냈다. 원생 등이 말하기를, "왜적이 중국의 변경을 도둑질하다가 도독 유강(劉江)에게 패

---

94 『世宗實錄』 권4, 世宗 1년 1월 13일 무오.

95 『世宗實錄』 권3, 世宗 1년 1월 15일 경신.

96 『明太宗實錄』 권209, 永樂 17년 2월 신묘.

하여 1,500급이 참수되고 생포된 자가 103명이었습니다. 배를 지키던 왜적이 잡혀간 우리들에게 말하기를 '너희 나라에서 우리가 침략하는 일을 몰래 알려주어 패배하게 되었다'고 하며, 40여 명을 찔러 죽였습니다. 우리 세 사람은 중국으로 도망갔는데, 황제께서 의복과 식량을 주시고 돌려보내도록 명하셨습니다"고 하였다. 전에 천추사(千秋使) 성엄(成揜)이 경사에 갔을 때 요동에 적의 사변이 있을 것을 일러주어 유강이 미리 대비하였기 때문에 왜적이 패몰했던 것이다.[97]

조선은 이원생 등의 보고를 통해 명군이 왜구를 크게 격파했음을 파악했다. 특히 왜구의 침략 정보를 천추사 성엄이 알려줬다는 부분에서 조선이 명에게 왜구 정보를 적극적으로 전달하고자 했음을 알 수 있다. 또한 이 정보를 바탕으로 명군이 왜구를 격파했다는 사실에서 조선은 왜구 세력에게 타격을 가할 의도를 가졌던 것으로 파악할 수 있다. 더욱이 왜구들이 명에게 침략 정보를 알려줬다는 것을 이유로 조선을 원망했다는 대목에서는 정보의 내용이 상당히 구체적이었다는 점을 추측할 수 있다. 조선은 이원생 등의 보고로 명군이 거둔 보다 정확한 전과를 확인할 수 있었다.[98]

위의 기록보다 2개월 전에는 영락제가 유강에게 조선이 왜구 침입에 관한 정보를 제공해줬다는 점을 알리면서 방어에 만전을 기하도록 당부했던

---

97 『世宗實錄』 권5, 世宗 1년 9월 6일 무신.

98 『明實錄』에는 유강 등이 왜구를 대파한 상황이 상세하게 기록되어 있다. 유강은 왜구를 크게 격파하여 113명을 생포하고 1천여 급을 참수했다고 보고했다. 조선에 보고된 전과와 차이가 나타나기는 하지만 오차범위가 명군의 대첩을 의심할 정도는 아니다. 또한 명의 왜구 요격이 양측의 기록에서 모두 확인될 정도로 중요한 사건으로 평가되었음도 파악할 수 있다. 『明太宗實錄』 권213, 永樂 17년 6월 무자.

사실이 『명실록』에서 확인된다.[99] 보고 내용이 구체적으로 언급되지는 않았지만, 전후 상황을 고려했을 때 조선의 정보 제공은 천추사 성엄이 북경에 가면서 알려주었던 정보를 의미하는 것으로 보인다. 이 기록들은 명의 해안 지역을 침략하던 왜구에 대한 정보를 적극적으로 제공하고자 했던 조선 조정의 변화된 태도를 잘 보여준다.

다음 단계에서 조선은 대마도 정벌을 단행했다. 실록의 기록에 따르면 대마도 정벌은 왜선 50여 척이 충청도 비인현 도두음곶이를 침략하는 사건으로부터 시작되었다. 이 전투에서 조선 수군은 병선 7척과 많은 군사를 잃었다.[100] 그로부터 5일 뒤에는 왜선 7척이 해주를 침략했다.[101] 다음 날에는 황해도 감사가 왜선 38척이 척후 중이던 전선 5척을 포위하고 양식을 요구했음을 보고했다.[102] 결국 태종과 세종은 대신들과 함께 대마도 정벌을 본격적으로 논의하고 이종무(李從茂)를 삼군도체찰사(三軍都體察使)로 임명하여 출정을 명했다.[103] 실록의 기록들과 조선이 대마도 정벌에 내세운 명분들만 보면 출병 원인은 변경을 침범한 왜구에 대한 응징이었던 것처럼 보인다.

그러나 조선 측의 기록을 그대로 믿기에는 몇 가지 의문점이 나타난다. 우선 앞에서 밝혔던 것처럼 10년간 왜구에게 입은 피해가 거의 없었음에도 군이 대규모 출병을 감행한 것은 잘 이해가 되지 않는 부분이다. 특히 일본이나 대마도 등의 여러 세력들이 조선과 우호관계를 유지하기 위해 노력하

99 『明太宗實錄』 권211, 永樂 17년 4월 병술.

100 『世宗實錄』 권4, 世宗 1년 5월 7일 신해.

101 『世宗實錄』 권4, 世宗 1년 5월 12일 병진.

102 『世宗實錄』 권4, 世宗 1년 5월 13일 정사.

103 『世宗實錄』 권4, 世宗 1년 5월 14일 무오.

고 있었다는 점을 생각하면 의문은 더욱 깊어진다.[104]

실록의 기록에는 당시 조선이 대마도 정벌이 결정된 후 한 달 만에 227척의 전선과 17,285명의 병력, 65일분의 군량을 동원한 것으로 나타난다.[105] 하지만 한 달 남짓한 짧은 시간에 이를 모두 준비해서 정벌에 나섰다는 것은 불가능한 일이다. 대규모 병력을 동원한 것은 조선이 대마도 정벌을 사전에 치밀하게 준비했음을 의미한다. 따라서 조선의 대마도 정벌은 왜구 피해에 대한 응징이라는 명분보다는 다른 부분에서 원인을 찾아야 한다.

대마도 원정군은 대규모로 편성되었지만 왜구 세력과 결전은 벌이지 않았다.[106] 대마도를 압도할 수 있는 대규모 부대를 편성했으면서도 결전을 벌이지 않았던 것은, 피해가 커질 수밖에 없는 전면전을 의도적으로 피했기 때문이라고 생각된다. 대마도 정벌의 목적이 전투를 통한 왜구 세력의 격멸이 아니라 조선의 위력을 보이는 동시에 약탈 활동을 위축시키는 데 있었기 때문이다.

조선이 대마도 왜구 세력과 결전을 피했던 정황은 곳곳에 나타난다. 먼저 태종이 대신들과 대마도 정벌을 논의하면서, 허술한 틈을 타서 공격하고 물러나서 적의 반격을 대비할 것을 논의한 부분이다.[107] 이는 태종이 정벌의

104 대마도가 조선과 우호적인 관계를 유지하기 위해 노력했음을 보여주는 대표적 사례는 일본 국왕이 명이 제공한 동전 8만 관을 거부했던 일을 알려준 것이다. 『世宗實錄』 권2, 世宗 즉위년 11월 15일 신유. 이는 당시 명의 움직임을 보여주는 중요한 정보였다. 대마도가 관련 정보를 제공했던 것은 조선과의 관계를 우호적으로 유지하기 위해 노력하고 있었다는 점을 잘 보여준다.

105 『世宗實錄』 권4, 世宗 1년 6월 17일 경인.

106 대마도 정벌의 진행 과정은 기존 연구들에서 충분히 밝혀졌으므로 본고에서는 이 부분에 대한 설명을 가급적 줄이고자 한다.

107 『世宗實錄』 권4, 世宗 1년 5월 13일 정사.

준비 단계에서 이미 대마도의 왜구 세력을 전면전으로 압도하기보다는 기습작전을 계획하고 있었음을 보여준다. 조선의 의도는 천추사의 통사 김청(金聽)의 보고에 대한 다음의 조치에서 더욱 확실하게 드러난다.

[김]청이 또 계하기를, "왜적이 금주위(金州衛)를 도적질하니, 도독 유강이 복병을 배치하고 그들을 유인하고 수륙으로 협공했습니다. 사로잡은 자가 110여 명이요, 참한 자가 7백여 급이고, 적선 10여 척을 탈취했습니다. 수레 5량에는 수급을 싣고, 50량에는 포로를 실어 모두 경사로 보냈습니다. 노상에서 제가 직접 보고 왔습니다"라고 했다. 상왕이 바로 지인(知印) 이호신(李好信)을 보내 유정현(柳廷顯)에게 선지하기를, "대마도를 재정벌하는 거사를 중지하고, 장수들을 전라·경상도의 요해처에 나아가 삼엄하게 방비하면서 기다렸다가 적이 지나가면 쫓아가 잡도록 하라"고 했다.[108]

당시 조선은 정벌군의 수장이었던 삼도도통사(三道都統使) 유정현(柳廷顯)의 승전보고에도,[109] 좌의정 박은의 의견에 따라 정벌군이 다시 대마도 왜구의 주력 부대를 공격하기로 결정했다.[110] 우의정 이원(李原)은 재정벌 시기를 늦추도록 건의했고 태종도 이에 동의해서 박은을 설득했지만 그는 자신의 재정벌 의견을 강하게 주장했다.[111] 하지만 사료에서 태종은 왜적이 명의 금주위를 공격하다가 대패했다는 정보를 보고받은 뒤 곧바로 재정벌을 중지

---

108 『世宗實錄』 권4, 世宗 1년 7월 12일 을묘.

109 『世宗實錄』 권4, 世宗 1년 6월 29일 임인.

110 『世宗實錄』 권4, 世宗 1년 7월 6일 기유.

111 『世宗實錄』 권4, 世宗 1년 7월 9일 임자.

시켰다. 박은처럼 대마도의 왜구 세력을 섬멸해야 한다고 주장하는 강경한 의견도 있었지만, 태종은 명이 왜구를 대파했다는 소식을 듣고 정벌을 중지시켰다. 사실 조선의 정벌군이 명군에게 큰 타격을 입은 왜구 부대의 복귀를 기다렸다가 공격했다면 상대의 주력을 궤멸에 가까운 상황으로 몰아갈 수도 있었을 것이다. 그럼에도 명의 승전 보고를 들은 태종이 재정벌을 중지시켰던 것은 당시 조선의 의도를 가장 상징적으로 보여주는 장면이라 생각한다.

조선의 태도는 대마도 정벌을 단행하면서도 일본이나 대마도와의 관계를 극단적 상태로까지 몰고 갈 의도가 없었다는 점을 보여주는 것이기도 하다. 조선은 정벌 기간 중 구주절도사에게 지역의 일에 관여할 의사가 없음을 알렸고, 정벌 직후 대마도 수호(守護) 도도웅와(都都熊瓦)에게 회유하는 글을 보냈다.[112] 또 조선은 정벌 이후 일본과 대마도의 비우호적 태도에 대해서도 너그러운 태도를 취했다.[113] 이 조치들은 모두 일본의 여러 세력들과 우호관계를 유지하고자 했던 조선의 의도가 반영된 행동이었다.

정벌 이후 일본 측의 태도에서 주목할 점은, 일본이 정작 궁금해 했던 것은 조선의 정벌 의도가 아니라 명의 정벌 의도였다는 점이다. 조선의 정벌 시기에 일본 측에 들어갔던 풍문들은 조선만의 공격이 아니라 주로 명과

---

112 『世宗實錄』 권4, 世宗 1년 6월 6일 기묘; 『世宗實錄』 권4, 世宗 1년 7월 17일 경신.

113 세종은 일본회례사(日本回禮使) 송희경(宋希景)이 대마도에서 박대 받았던 일과 대마도 사인(使人)들이 무례한 언사를 사용했다는 점을 이유로 군사를 동원해 대마도에 대한 무력 시위 의사를 밝혔다. 하지만 평양부원군(平陽府院君) 김승주(金承霔)가 대마도의 무례한 태도는 대마도 정벌에서 기인했다는 점을 지적하며 관대한 처분을 요청하자 세종도 이를 받아들였다. 『世宗實錄』 권10, 世宗 2년 11월 1일 을축. 당시 조선 조정은 대마도와의 관계를 필요 이상으로 악화시킬 의사가 없었다는 점을 보여주는 기록이다.

조선의 합공에 대한 것들이 많았다.[114] 또한 명의 일본 정벌이 추진되었다고 기록된 부분과 외국의 공격이 있을 것이라는 풍문 등을 기록한 자료들을[115] 보면 당시 일본 측의 분위기를 파악할 수 있다.

특히 6월 말과 7월 중순에 명군과 교전했다거나 명과 조선의 연합군이 대마도를 공격했다는 풍문들이 기록되어 있는 점 역시, 당시 일본 측의 우려가 조선보다 명에 있었음을 보여주는 것이라 판단한다. 또한 8월에 2만 5천 척 규모의 명군이 대마도의 세력들과 싸우다 태풍에 의해 큰 타격을 입었다는 허황된 소문이 기록되어 있다는 사실도[116] 이러한 해석을 가능하게 해준다.

물론 『간문일기(看聞日記)』와 같은 일본 측 자료에 기록된 내용이 대부분 사실과는 거리가 있는 소문이었다는 점은 부정하기 어렵다. 하지만 이와 같은 소문의 무성함이 당시 일본의 분위기를 보여주고 있다는 것도 분명하다. 뿐만 아니라 대마도 정벌이 이루어진 다음 해에도 구주절도사의 사신이 조선에 와서 명의 일본 정벌에 대한 정보를 얻기 위해 노력했다는 기록이 보인다.[117] 이 사료 역시 당시 일본의 세력들이 파악하고 싶어 했던 것은 조선보다는 명의 정벌 의도였음을 잘 보여준다.

당시 일본 측에 명과 조선의 연합군이 정벌을 시행한다는 소문이 많이 돌았던 것은 고려와 원 연합군의 원정에 대한 경험에서 비롯되었던 것 같다. 특히 명군이 대마도에서 전투 중 태풍에 큰 타격을 입었다는 소문 역시

114 『看聞日記』 應永 26년 5월 23일; 『看聞日記』 應永 26년 6월 29일.

115 『康富記』 應永 26년 6월 11일.

116 『滿濟准后日記』 應永 26년 8월 7일; 『看聞日記』 應永 26년 8월 11일.

117 『世宗實錄』 권10, 世宗 2년 11월 11일 을해.

고려와 원의 일본 정벌 때 기억이 반영된 것으로 보인다.

일본이 명의 움직임에 민감하게 반응했던 것은 정벌의 실현 가능성을 높게 보았기 때문이라고 생각한다. 왜구의 증가로 명의 피해가 증가했던 상황에서 영락제가 군사행동 의사를 밝혔다는 정보가 일본에도 전달되었을 것이다. 결과적으로 조선과 일본의 움직임은 명의 정벌이 실현될 가능성이 높다고 판단했다는 점을 의미한다.

조선은 명의 일본 정벌 시도를 저지함으로써 다음의 성과를 얻을 수 있었다. 먼저 명이 일본을 정벌할 때 어떠한 방식으로든 개입할 수밖에 없는 상황을 미리 방지했다. 당시 국제관계에서 명이 일본 정벌을 감행한다면 조선은 어떠한 태도를 취하더라도 외교적으로 곤혹스러운 처지에 빠질 수밖에 없었다. 조선은 명-일본과의 관계에서 모두 우호적인 태도를 유지할 필요가 있었기 때문이다. 아울러 명의 일본 정벌이 시행된다면 조선은 이에 개입하건 개입하지 않건 대외관계의 주도권을 잃을 위험성이 있었고, 정치·경제적으로도 타격을 받을 수 있었다. 명의 일본 정벌 시도를 저지함으로써 조선은 관련된 불안 요소를 사전에 제거할 수 있었다.

명의 일본 정벌을 막기 위해 대마도 정벌이 필요하다는 견해는 이미 고려 말부터 제기되었다. 홍무제는 고려에서 파견했던 사신을 통해 왜적이 양국에 해를 끼친다며 정벌 의사를 밝혔다. 동시에 명은 바닷길을 잘 모르므로 고려에서 안내자를 제공하라고 지시했다.[118]

우왕 13년(1387)에 정지(鄭地)는 중국이 왜국 정벌을 성언(聲言)하고 있다며 동정(東征)의 시행을 건의했다. 그는 명이 정벌을 시행할 경우 고려에서 명군을 지원하는 상황의 곤란함을 지적했다. 동시에 명이 정벌을 시행하면서

---

118 『高麗史』 권135, 열전 48 신우 11년 12월.

고려의 허실을 엿보는 상황도 우려했다. 따라서 먼저 대군을 동원해 대마도와 일기도를 공격해 근거지를 전복하고 패잔병을 귀순시킨다면 왜적 문제를 근절하는 동시에 명의 정벌 명분도 사라질 것이라는 점을 지적했다.[119]

『고려사』의 기록을 통해 홍무제가 이미 일본 정벌 의사를 가지고 있었다는 점과, 대응을 위해 대마도 왜구 세력에 대한 정벌을 건의하는 사람이 있었다는 점을 확인할 수 있다. 그렇다면 창왕대에 시행되었던 대마도 정벌 역시 위력의 과시를 통해 고려의 심각했던 왜구 문제를 해결하는 동시에 명의 일본 정벌 명분을 없애기 위한 목적이 포함되어 있었다고 추측해볼 수 있을 것이다.

조선은 왜구 정보 제공과 정벌을 통해 대마도 왜구 세력을 크게 위축시켰고, 명의 피해를 실제로 감소시켰다. 이는 조선이 명의 우환을 해결하는 데 크게 기여한 것일 뿐만 아니라, 앞으로의 국제관계 속에서 조선의 외교 목표를 추진하고 달성하기 위한 기반을 마련했던 것으로 평가할 수 있다. 또한 세종대 이후 명이 일본 정벌을 언급하지 않았던 것은 조선이 명의 일본 정벌을 막는다는 목표를 달성한 것이라 생각한다.

당시 조선의 중요한 대외 목표는 영토 확장과 여진 지역에 대한 영향력 확대였다. 이를 위해서라도 조선은 명의 일본 정벌 시도를 사전에 방지할 필요가 있었다. 세종이 태종대에 비해 여진 지역에서 보다 적극적인 활동을 전개할 수 있었던 바탕도 이러한 관계에서 비롯된 것이라 판단한다.

여진 지역에 대한 정보수집이나 관심 표현은 이미 태종대부터 본격화되었지만, 대마도 정벌을 전후한 시기에는 상대적으로 관련 활동이 적게 나타났다. 이는 대마도 정벌 이후 악화된 일본·대마도와의 관계가 회복되기를

---

119 『高麗史』 권113, 열전 26 정지.

기다리면서 조선의 국력을 북방 지역으로 기울일 수 있는 때를 준비하는 기간이었을 것이다. 조선의 대외적 관심은 명과 여진 지역에 집중되어 있었기 때문에, 일본·대마도와의 관계 악화는 결코 원하는 바가 아니었다. 이들과의 관계가 불안정해진다면 조선은 남부 지역에 대한 불안 요소 때문에 북방 지역에 전력을 기울이기 어려운 상황이 초래될 것이기 때문이었다.

3부

세종대 대외정벌 정책의 본격화와 파저강 정벌

1장
파저강 정벌 이전의 국제정세

명이 본격적으로 여진 지역에 대한 초무(招撫)에 나서면서 영향력을 확대했던 시기는 영락제 재위기였다. 당시 명은 타타르(韃靼), 오이라트(瓦剌) 세력과 전쟁을 거듭했고, 그 여파는 요동은 물론 만주 지역까지 미쳤다. 세종대 이만주(李滿住) 세력이 파저강(婆猪江) 일대로 이주해 왔던 것은 이러한 정세와 관련 있었다.

영락제는 단순히 여진 세력들을 초무하는 수준을 넘어 이들을 명의 위소(衛所) 체제에 편입시키고자 했다. 여진 세력에 대한 위소 체제 편입 시도는 명이 해당 지역에 대한 지배권을 확보하기 위해 본격적으로 움직이기 시작했음을 의미했다. 여진 세력에 대한 지배권을 확보하려는 명의 시도는 북방 지역으로 진출하면서 여진 세력에 대한 영향력을 확대하고자 했던 조선과의 충돌을 가져올 수밖에 없었다.

영락제 집권 시기 몽골 지역에서는 동부의 타타르부(韃靼部)가 여러 부족을 다시 규합하여 세력을 넓히고 북원을 대신하고자 했다. 반면 서북 지역을 근거지로 하고 있던 오이라트부(瓦剌部)는 원래 쿠빌라이 칸의 통치에 반대하는 세력이었기 때문에 북원을 멸망시킨 명에 대해 우호적이었다. 오이라트 역시 타타르의 움직임에 대항하며 자신들의 세력을 키우고 있었다.

영락제는 양 세력의 불화를 이용해 이들을 이간시켰을 뿐만 아니라 정벌을 통해 제압하고자 했다. 명의 첫 번째 정벌은 몽골 세력 회유를 위해 보냈던 사신을 타타르부의 지도자 분야시리(本雅失里)가 살해한 사건에서 비롯되었다. 영락 7년(1409) 대장군 구복(丘福)은 10만 대군을 이끌고 타타르부를 공격했지만 대패했다. 이에 분노한 영락제는 다음 해 2월 50만 대군을 동원해 다시 정벌에 나섰다. 이때 명군은 타타르부의 중심지였던 카라코룸(和林)을 함락했고, 분야시리도 사로잡아 처형했다. 전쟁의 패배로 타타르부는 큰 타격을 입어 세력이 쇠퇴한 반면 오이라트부는 강성해졌다.

그런데 세력이 커진 오이라트가 오히려 명의 변경을 공격하는 상황이 벌어지게 되었다. 영락제는 1414년(영락 12) 다시 50만 대군을 직접 인솔하고 오이라트 정벌에 나섰다. 영락제의 친정은 오이라트에 큰 타격을 주었지만 명군 역시 큰 손실을 입었다. 하지만 세력이 약해진 오이라트는 다시 명과 관계 개선을 위해 노력했는데, 이러한 움직임에 위기감을 느낀 타타르는 다시 명의 변경을 공격하기 시작했다.

영락제는 1424년(영락 22)부터 3년간 세 차례에 걸쳐 타타르 정벌을 단행했지만 전과는 오히려 줄어들었다. 반면 명은 출정 때마다 50만에 이르는 대군과 20~30만 석에 이르는 군량미를 동원했기 때문에 재정적 한계에 봉착한 상황이었다. 결국 영락제는 1424년의 마지막 정벌에서 몽골의 유목천(楡木川)까지 들어갔다가 동사하고 말았다.[01]

요동의 봉주(鳳州)에서 함께 거주하고 있던 건주위(建州衛)와 건주좌위의

---

01 이상의 명·타타르·오이라트에 관련된 국제정세는 다음 글에 바탕을 두고 서술했다. 김구진, 「세종 시대 대외 정책」, 『세종문화사대계』 3, 세종대왕기념사업회, 2001, 839~840쪽 참조.

여진들이 각각 파저강과 아목하 지역으로 이주한 시기는 세종 5년(1423, 영락 21년)이었다. 이들의 이주는 영락제의 몽골 친정에 따른 타타르의 대응과 침입 등으로 봉주에서 생활하기 어려워지면서 이루어졌다. 이때 여진 천호(女眞 千戶) 양목답올(楊木荅兀)도 개원 지역을 대대적으로 약탈하고 동맹가첩목아와 함께 두만강 일대로 이주해 왔다. 따라서 홍희제와 선덕제대의 명에서는 양목답올 등을 초유하여 이들이 약탈해 간 포로들을 돌려받는 것이 최대 관심사가 되었다.[02]

영락제 사후 명은 홍희제와 선덕제 재위기를 거치며 내정에 힘쓰게 되었다. 두 황제의 재위 기간은 후대에 '인선(仁宣)의 치(治)'라고 평가되는 안정된 시기였다. 특히 선덕제 재위기에는 대외정책에서 확실한 변화가 나타났다. 명은 영락제 재위 기간 동안 충돌을 거듭했던 타타르·오이라트와의 관계 회복에 힘썼다. 또한 방어 위주의 전략을 채택하면서 정벌 등의 군사행동을 자제했고, '정화출사(鄭和出使)'로 대표되는 대규모 해양원정도 중지했다. 뿐만 아니라 재정 부담과 경제 손실 등의 이유로 안남(安南) 경영에서 손을 떼고 철수를 단행했다. 이와 같은 조치들은 백성들의 부담을 덜어주는 동시에 사회적 안정을 이룩하는 데 큰 도움이 되었고, 명의 사회경제적 성장의 바탕이 되었다.[03]

이러한 정세에서 조선은 여진에 대한 지배력을 공고히 하기 위해 파저강 이만주 세력에 대한 두 차례의 정벌을 단행했다. 세종대 조선은 압록강 일대의 여진 세력에 대한 군사행동을 전개했고, 명은 두만강 지역의 여진

---

02 박원호, 「宣德年間 明과 朝鮮間의 建州女眞」, 『明初朝鮮關係史研究』, 一潮閣, 2002, 203~204쪽.

03 박원호, 「15세기 東아시아의 정세」, 『明初朝鮮關係史研究』, 一潮閣, 2002, 241~242쪽 참조.

들을 초무하기 위해 노력했다. 따라서 여진 지역에 대한 주도권 문제를 두고 양국이 대립하는 양상이 직접적으로 나타나지는 않았다. 태종의 노력으로 양국의 관계가 크게 개선되어 세종대에 이르러 안정 단계에 접어든 이후 서로가 상대를 자극할 수 있는 외교적 행동을 자제했던 것도 하나의 원인이라 할 수 있다.

하지만 조선과 명의 대여진 활동에는 양국의 이해관계가 엇갈릴 조짐이 나타나고 있었다. 특히 조선과 명은 각각 두만강 북변 일대와 압록강 북변 일대를 자신들의 주도권이 확실히 보장되는 지역으로 판단했던 것 같다. 태종대 명에게 공험진(公嶮鎭) 이남의 10처에 대한 귀속권을 인정받았던 조선과 동맹가첩목아와 이만주 등의 이주를 허락했던 명은 각각 해당 지역에 대한 주도권이 자신들에게 있다고 생각했을 가능성이 높다. 조선이 압록강 일대의 건주위 지역을 두 차례나 공격했던 것이나, 명이 양목답올 등 두만강 일대의 여진 추장들을 초무하기 위해 상당히 노력했던 상황들은 서로의 입장을 잘 보여준다.

조선과 명의 이해관계가 첨예하게 대립하게 되는 건주위는 영락제가 즉위했던 1403년에 설치되었다. 조선이 건주위로 명명되는 지역의 여진에 대한 주도권 문제를 놓고 명과 대립할 것이라는 점은 다음의 기사를 통해서 확인된다.

> 영춘추관사(領春秋館事) 하륜(河崙), 지춘추관사(知春秋館事) 권근(權近)에게 명하여 사고를 열고 전조(前朝) 『예종실록』에서 예종조 시중 윤관(尹瓘)이 동여진(東女眞)을 공격하고 경계 위에 비석을 세웠던 일을 상고하게 했다. 황제가 왕가인(王可仁)을 여진에 보내 건주위를 설치하려고 했기 때문에 이것에 의거하여 대응하

고자 한 것이다.[04]

기사에서 태종은 고려 『예종실록』의 기록을 확인해 윤관이 동여진을 정벌했던 상황과 그가 세웠던 선춘령비(先春嶺碑)에 관한 내용을 조사하도록 지시했다. 태종의 지시는 명이 여진 지역에 건주위를 설치하는 일에 대응하기 위한 조치였다. 당시 조선은 태종의 집권 후 사대를 보다 강조하면서 국정의 안정을 도모하고 있었다. 그럼에도 여진 지역에 대한 명의 움직임에 민감한 반응을 보였던 것이다.

명초 유기(劉基)의 건의를 통해 시행되었던 위소 제도는 명 군사 제도의 중심이었다. 특히 '위(衛)'와 '소(所)'는 군사 편제상 가장 핵심적인 단위가 되었다. 위소는 전국의 군사요충지에 설치되었는데, 상황에 따라 천호소(千戶所)가 설치되거나 '위'가 설치되었다. 홍무 26년(태조 2, 1393)까지 명은 전국적으로 329개의 위와 65개의 독립된 수어천호소(守禦千戶所)를 설치했다.[05]

영락제는 즉위년(1403)부터 영락 7년(1409)까지 송화강과 흑룡강 일대를 중심으로 115개의 위소를 설치했다. 이후 영락 7년부터 정통 12년(1447)까지 68개의 위가 설치되었다. 영락 시기에만 168개의 위가 설치되었다. 이 중 130개의 위가 영락제의 몽골 친정이 시도되기 이전에 설치되었다. 이는 여진 위소의 설치 목적 중 한 가지가 몽골 정벌을 대비하여 배후 세력을 확보하려는 의도와 연관된 것이었음을 보여준다.[06]

조선과 명은 모두 압록강과 두만강 일대의 여진 세력에 대한 지배권을

---

04 『太宗實錄』 권7, 太宗 4년 4월 27일 정유.

05 박원호, 「鐵嶺衛의 位置에 관한 再考」, 『동북아역사논총』 13, 2006, 117쪽.

06 남의현, 『明代遼東支配政策硏究』, 강원대학교출판부, 2008, 195쪽.

확보하고자 했다. 이 같은 양국의 인식은 여진 지역에 대한 주도권 문제를 두고 대립할 수밖에 없는 상황을 조성했다. 결국 세조대에 이르러서 양국은 이 문제를 두고 보다 직접적으로 대립하게 된다. 조선의 대외정벌이 지속적으로 추진되었던 근본적인 배경에는 바로 여진 세력에 대한 지배권 문제가 결합되어 있었다.

2장
여연 사건과 파저강 정벌의 결정

대마도 정벌 이후 조선은 외부 출병을 자제하고 있었다. 하지만 북방 지역에 대한 활발한 정보 활동을 통해 여진 세력에 관한 정보를 광범위하게 수집 중이었다. 특히 여진 세력의 근거지나 주요 추장의 동향 관련 정보들을 집중적으로 수집하며 해당 지역에 대한 높은 관심을 유지했다.

그런 와중에 건주위의 유력 추장이었던 이만주가 명의 승인을 받고 압록강의 지류였던 파저강 일대로 이주해 오게 되었다. 조선은 사실상 자국의 영역에 속해 있다고 생각했던 파저강 일대로 이주해 온 이만주 세력이 명과의 관계를 더욱 중시하자, 이들을 제압하는 동시에 해당 지역에 대한 주도권을 확보할 필요가 있었다. 결국 조선은 여진 세력의 여연(閭延) 침입 사건을 계기로 파저강 일대 이만주 세력에 대한 대규모 정벌을 단행했다. 당시 조선은 여연을 침입했던 여진 세력의 정체를 정확하게 파악하지 못했다. 그럼에도 세종이 정벌을 추진했다는 것은 외부 세력의 침입이 출병의 근본적 원인이라기보다는 정벌의 명분으로 활용되었음을 의미한다.

세종대 파저강 정벌을 처음으로 다룬 연구자는 강성문이었다. 그는 파저강의 여진이 다른 여진 세력과는 달리 조선에 위협적인 세력이 되었고,

이 때문에 조선의 대여진 정책의 일대 변화를 가져오게 되었다고 주장했다. 조선은 대마도 정벌 이후 외부 세력에 대한 회유에 집중했지만, 여진의 빈번한 침입이 조선의 보복적 대응을 야기했다는 것이다. 아울러 조선의 파저강 재정벌 역시 여진의 대규모 침입에 대한 대응이었다고 파악했다. 그리고 파저 여진에 대한 1차 정벌 결과 압록강 유역 여진에 대한 조선의 우위가 입증되었고, 이에 명이 불만을 품고 이만주 세력을 비호했다고 설명했다. 이후 조선과 명의 양속관계에 있었던 이만주 역시 조선보다는 중국 측으로 편향하게 되었다고 주장했다.[07]

강성문의 연구는 세종대 파저강 정벌의 과정과 의미 등을 처음 규명하고자 했다는 점에서 의의가 있다. 또 정벌을 통해 압록강 유역의 여진 세력에 대한 조선과 명의 주도권 문제를 설명하고자 했던 시도는 의미가 크다고 생각한다. 하지만 조선 초기의 대외정벌을 외부 세력의 침입과 대응, 회유책과 강경책의 전환이라는 단순한 구도로 설명했던 점은 재고의 여지가 있다. 조선의 대외정벌에 대한 전통적 설명 구도에서 벗어나지 못했기 때문이다.

당시 파저강 여진의 침입 횟수는 매우 적었을 뿐만 아니라 조선이 입었던 피해 역시 제한적이었다. 더욱이 당시 조선은 여연 등지를 침입했던 여진의 정체를 정확하게 파악하지 못한 상황에서 정벌을 단행했다. 이 상황을 생각해본다면 정벌을 단순하게 외부 세력의 침입에 대한 보복전의 성격으로 파악하기는 어렵다. 또한 파저강 정벌 이후에도 조선은 관직과 선물 등을 하사하며 내조를 장려하는 동시에, 여진 지역에 대한 정벌을 지속하려는 의사를 가지고 있었다. 이 같은 사실을 고려한다면 조선의 여진 정책을 회

---

07 姜性文,「世宗朝 婆猪野人의 征伐硏究」,『陸士論文集』30, 1986, 155쪽, 157쪽, 169쪽, 175쪽.

유 실패가 강경책의 원인이 되었다는 구도로 설명하는 방식은 많은 한계가 있다.

특히 이만주가 1차 파저강 정벌 이후 조선보다는 명과의 관계를 강화했다는 설명에는 동의하기 어렵다. 이만주는 정벌 이전에는 조선과의 관계에 대한 관심이 적었지만 이후에는 조선과의 관계를 개선하기 위해 노력했기 때문이다. 또한 이만주는 파저강 일대로 이주해 오기 이전부터 명과 돈독한 관계를 맺고 있었다. 이 점은 조선이 이만주 세력에 대한 정벌을 단행하고 끝까지 그를 제거하고자 했던 중요한 원인으로 판단된다. 따라서 이만주와 명의 관계가 조선의 정벌 이후에 더욱 깊어진 것으로 보기는 어렵다.

반면 노영구는 태종 초까지 북방 영토를 둘러싸고 나타났던 명과의 긴장관계가 세종대에는 완전하게 해소되었다고 주장했다. 하지만 압록강 및 두만강 일대에 대한 조선의 경략 움직임으로 인해 여진과의 갈등이 더욱 고조되어 침입과 조선의 정벌이 시행된 것으로 보았다. 그리고 세종대의 파저강 정벌은 여진 침입에 대한 소규모 방어전이 아니었고 치밀한 계획과 준비에 따라 대규모로 진행되었다는 점을 지적했다.[08]

이 연구는 조선의 대외정벌에 대한 논의를 한 단계 발전시켰으나, 이와 관련된 논증이 보다 자세히 이루어지지 못했던 점은 과제로 남아 있다. 게다가 세종대에 북방 지역을 둘러싼 명과의 긴장관계가 완전히 해소되었다는 설명에는 동의하기 어렵다. 조선 초기의 대외정벌과 북방정책은 여진 지역에 대한 주도권 문제를 두고 명과의 이해관계 충돌을 일으켰기 때문이다. 실제로 조선과 명의 여진 지역에 대한 주도권 다툼은 세종 이후에도 계속

---

08 노영구, 「세종의 전쟁수행과 리더십」, 『오늘의 동양사상』 19, 예문동양사상연구원, 2008, 140쪽.

되었다. 당시 조선은 여진 세력에 대한 영향력을 확대하기 위해서는 명과의 충돌을 감수해야 했음에도 결코 피하지 않았다.

따라서 세종대 파저강 정벌에 대한 논의 과정을 통해 조선의 의도를 보다 깊게 살펴볼 필요가 있다. 이를 통해 조선의 대외정벌이 단순하게 외부 세력의 침입에 대한 대응 차원에서 시행된 것이 아니라 대외정책의 일환으로 준비되어 시행되었다는 점을 설명할 수 있기 때문이다. 아울러 여진의 침입이 정벌의 근본적 원인이 아니라 명분으로 활용되었다는 점도 규명할 수 있을 것이다.

세종 14년(1432) 12월 평안도 감사는 여진 4백여 기가 여연을 공격해 상당한 피해를 입혔다는 사실을 긴급하게 보고했다. 세종은 이들의 침략이 여진 지역에서 도망온 인원들을 돌려보내지 않았던 일에 원한을 품었기 때문이라고 판단했다. 동시에 조선군이 침략한 여진을 끝까지 추격하지 못한 것은 중국의 국경을 함부로 넘어갈 수 없기 때문이었다며 여연의 피해 상황을 황제에게 주문하겠다는 의사를 밝혔다. 하지만 대신들의 의견이 찬반으로 갈리며 주문 여부는 결정되지 못했다.

다음 날 세종은 대신들과 함께 여연 사건의 주문 여부를 다시 의논했는데, 찬반 의견이 여전히 비등했다. 이 논의 과정에서 주목되는 부분은 최윤덕(崔閏德)과 황희(黃喜)의 의견이다. 최윤덕은 군사를 일으키는 어려움을 설명하며 거사를 중지하도록 건의했다. 또한 황희는 가까운 곳에 있는 여진을 공격하면 먼 곳에 있는 여진이 이들과 협력해서 싸울 것이니 반드시 후환이 있을 것이라고 지적했다.[09]

---

09 "閏德以爲 臣曾知其處 行兵甚難 雖得奏準 難以制之 且不準 則彼人聞之 必更肆毒 宜停此擧 喜以爲 此輩烏合之衆 制之甚難 且唇亡齒寒 古人所戒 攻初面野人 則深處野人 必來扶援 同

최윤덕과 황희의 의견이 어떠한 논의 과정을 거쳐 나온 것인지는 실록에 구체적으로 기록되어 있지 않아 정확한 사정을 파악하기 어렵다. 하지만 두 사람이 사실상 출병에 반대하는 의사를 밝혔던 점으로 미루어볼 때, 세종이 여연 사건에 대해 황제에게 주문한다는 것은 단순히 여진의 침입 상황을 보고하는 것이 아니라 정벌의 시행까지 염두에 둔 것이었음을 보여준다. 신료들의 의견을 들은 세종은 일단 승문원에 주문의 초안을 작성하도록 지시했다. 그리고 주문 여부를 다시 대신들과 의논하겠다고 했다.[10]

여연이 공격당한 사건에 대해 명에 대한 주문 여부를 논의하는 과정을 살펴보면, 세종은 사건 직후부터 여진에 대한 정벌 의사를 직접적으로 밝히고 있었던 것으로 보인다. 이는 세종이 외부 세력에 대한 군사행동을 이미 계획하고 있었음을 의미한다. 대외정벌이라는 대규모 정책이 한 건의 국지적 침입 사건으로만 결정되었다고 보기는 어렵다. 특히 여연 사건 이전 세종의 재위기 동안 여진인들의 조선 공격은 매우 제한적으로만 이루어졌다. 침입 사례도 적었을 뿐 아니라 침입 규모나 조선의 피해 역시 크지 않았다.[11] 이러한 상황에서 세종이 여연에 대한 침입만으로 갑자기 정벌 의사를 밝혔다고는 생각되지 않는다.

더욱이 이 시점은 여연을 침략한 여진의 정체가 정확하게 파악되지 않은 상황이었다. 침략한 적의 실체를 아직 파악하지 못했음에도 세종이 정벌 의사를 신료들에게 밝혔다는 것은, 그가 이미 대외정벌의 추진과 실행을 염

力戰攻 必有後患." 『世宗實錄』 권58, 世宗 14년 12월 10일 을미.

10 『世宗實錄』 권58, 世宗 14년 12월 10일 을미.

11 여연 지역에 대한 여진의 마지막 공격은 10년 전의 일이었다. 『世宗實錄』 권18, 世宗 4년 12월 17일 경자.

두에 두고 있었음을 추측할 수 있게 해준다.

얼마 후 평안도 도절제사는 이만주의 관하에 있던 올량합 천호 유을합(劉乙哈) 등이 전한 말을 보고했다. 그들은 이만주가 사냥을 하러 간 동안 홀라온 올적합(忽剌溫 兀狄哈)이 군사 1백여 명을 거느리고 여연·강계 지방을 공격했다고 주장했다. 아울러 홀라온 올적합이 조선인 남녀 64명을 사로잡아 가던 것을 이만주가 6백 명의 군사를 거느리고 빼앗아 보호하고 있다는 내용도 전달했다.

세종은 대신들을 불러 문제를 논의했다. 논의 내용은 두 가지였는데, 이만주에게 사람을 보내는 일과 명에 주문하는 일이었다. 먼저 전자에 대해 대신들은 거의 대부분 관리를 파견해 포로를 데리고 와야 한다고 주장했다. 후자에 대해서는 대부분의 신하들이 여연 사건의 실상을 보다 자세하게 파악하고 주문해야 한다고 주장했다. 하지만 세종은 빨리 주문하는 것이 상책이라며 상호군 김을현(金乙玄)을 주문사로 임명했다. 주본에는 영락제가 태종대 여진 정벌을 치하했던 칙서의 내용과 함께 파저강 등지의 여진인들이 조선을 공격했다는 사실을 적었다. 그리고 다시 여진인들이 조선을 공격할 경우 쫓아가 잡도록 해달라는 요청도 포함되었다.[12]

그런데 이 주본의 내용에는 두 가지 인상적인 부분이 있다. 우선 조선은 여연·강계 지방을 침략했던 세력을 파저강 등지의 여진으로 특정했다. 이 시점까지 조선에 보고된 정보에 따르면 여연을 공격했던 여진은 홀라온 올적합이었다. 그럼에도 주문에서는 여연을 침략한 주체를 파저강 여진으로 지목했다. 한 가지 더 주목되는 부분은 조선에서 태종대의 정벌 사례와 영락제의 선유(宣諭)를 언급하며 여진에 대한 추격을 허락해달라고 요청했다

12 『世宗實錄』 권58, 世宗 14년 12월 21일 병오.

는 점이다. 이는 사실상 여진에 대한 정벌을 허락해달라고 요청한 것이라고 볼 수 있다. 세종이 여연 사건의 보고 직후부터 대부분의 신하들과 달리 명에 주문을 서두른 이유가 바로 정벌 시행에 대한 명의 동의를 얻고자 했기 때문이었음을 짐작할 수 있다.

사실 세종은 여연 사건이 일어나기 몇 년 전부터 파저강 올량합의 근거지를 파악하기 위해 체탐(體探)[13] 활동을 전개했다. 조선은 체탐을 통해 이만주가 도망한 노비들을 돌려보내지 않았던 조치에 대해 분개했다는 정보 등을 파악했다. 또한 이만주의 거처와 가호(家戶), 병력 규모에 관한 정보 등도 확보할 수 있었다.[14] 세종은 체탐 활동의 목적을 다음과 같이 설명했다.

> 처음에 체탐하고자 한 의도는 국가에서 만약 정토의 거사가 있게 되면 적의 소굴의 형세와 도로의 험하고 평탄한 것을 알지 않을 수 없기 때문이었다.[15]

세종의 설명에 따르면 체탐 활동은 곧 정벌을 위한 정보수집 활동이었다. 이는 세종대의 적극적 체탐 활동이 대외정벌과 직접적으로 관련되어 있었음을 보여준다. 다시 말하자면 세종이 체탐군을 파견해 이만주의 주거지나 병력에 대한 정보 등을 수집하게 했던 것은 이미 정벌 의사가 반영된 것이었다. 때문에 세종은 여연을 침략한 여진인들의 정체를 정확하게 파악하지도 못했고, 이만주가 보호하고 있다던 포로를 데려오지도 않은 상황에서

---

13 체탐(體探) 활동은 척후(斥候)보다 적지에 깊이 들어가 수행했던 수색정찰 활동으로서 조선 초기에 시행되었던 대표적 정보수집 활동이었다. 체탐 활동의 개념에 대해서는 이규철, 「조선 초기 대외정보의 수집 활동과 보고경로」, 『軍史』 65, 2007, 178~180쪽 참조.

14 『世宗實錄』 권39, 世宗 10년 3월 25일 정미.

15 『世宗實錄』 권77, 世宗 19년 6월 9일 정묘.

명에 주본을 보내 정벌을 공인받고자 했던 것이다. 당시 조선이 가지고 있던 정보수집 능력과 활동 규모 등을 감안해본다면 여연 침입의 주체를 밝히는 것이 크게 어려운 일은 아니었을 것이다.

주본을 보내기로 결정한 다음 날 예조판서 신상(申商)과 총제 정초(鄭招) 등은 명 태종의 선유를 상고하면 되기 때문에 따로 주문할 필요가 없다고 주장했다. 이들은 황제가 조선의 요청을 들어줄지 여부가 확실하지 않은 상황에서 주문했다가 거절당한다면 국익에 해로울 뿐이라고 주장했다. 아울러 적변(賊變)이 있어 이들을 추적하기 위해 강을 건너가는 행동에 대해 명도 책임을 묻지 않을 것이라고 주장했다. 이에 세종은 마음을 바꿔 주문하지 않기로 결정했다.[16] 그리고 평안도 도절제사에게 사람을 보내 포로들을 데려오도록 지시했다.[17]

다음 해 1월 이만주는 조선인 포로 64인을 돌려보냈다. 동시에 홀라온 여진의 동정에 대한 정보와 자신들이 조선인 포로를 탈환했던 경위를 알려왔다.[18] 그 과정에서 이만주는 여연을 공격했던 세력과 자신이 관계가 없다는 점을 다시 한 번 강조했다. 한편 평안도 감사는 여연·강계 전투에서 전사자와 포로가 75명이 발생했는데, 이 중 전사자가 48명이었다고 보고했다. 평

---

16 세종과 신료들의 논의 과정에서 조선의 자의적 대명의식이 잘 나타난다. 전대 황제의 선유가 있기 때문에 현재 황제에게 주문을 하지 않아도 괜찮다는 논리는 군신관계에서 통용될 수 없다. 이러한 논리는 조선에서 어떤 신하가 태종의 지시가 예전에 있었기 때문에 세종에게 보고하지 않고 중요한 사안을 자의적으로 처리할 수 있다는 것과 같기 때문이다. 당시 조선은 여진 문제에 대해 군신관계에서 절대로 용납될 수 없는 논리를 적용하고자 했다. 당시 조선이 강조했던 사대명분과 대명의식의 실체가 잘 나타나는 논의 내용이라 하겠다. 『世宗實錄』 권58, 世宗 14년 12월 22일 정미.

17 『世宗實錄』 권58, 世宗 14년 12월 22일 정미.

18 『世宗實錄』 권59, 世宗 15년 1월 8일 임술.

안도 감사가 보고한 추핵 문안을 본 세종은 여연 지역을 공격한 것이 이만주의 행동이라는 점에 의심의 여지가 없다고 말했다. 그리고 사람을 보내 이만주를 문책할지 여부를 신료들에게 물었다. 황희 등은 여연 사건을 조사하기 위해 파견했던 홍사석(洪師錫)이 곧 복귀할 것이므로 그를 기다렸다가 사람을 보내는 것이 좋겠다는 의견을 냈고 세종은 이를 받아들였다.[19]

평안도 감사가 보고했다는 추핵 문안이 함께 기록되어 있지 않기 때문에 정확한 내용을 파악하기는 어렵다. 하지만 평안도 감사는 자체 조사 결과 여연을 침략한 일에 이만주가 깊이 관련되어 있다고 보고했던 것 같다. 다만 평안도 감사의 보고에 따르면, 여연·강계 지역에서 조사된 사망자와 포로수가 총 75명이고 전사자가 48명이므로 포로는 27명이었다는 설명이 된다. 그렇다면 이만주가 보호하고 있다고 주장했던 포로 64명과는 인원 차이가 제법 난다. 평안도 감사의 보고 내용에 정확성이 떨어지는 부분이 있었음을 추측할 수 있다.

생각해보면 조선인 포로 64명을 홀라온 올적합에게서 빼앗아 보호하면서 조선에 연락을 취했던 이만주가 실제로 조선을 공격했을 가능성은 낮아 보인다. 64명이나 되는 포로가 실제로 여연에서 잡혀간 조선인들이었는지 여부는 금방 확인될 문제였다. 만약 이만주가 이들을 홀라온 올적합에게 빼앗은 것이 아니라 여연 공격을 통해 잡아간 것이었다면, 포로들의 증언을 통해 그의 거짓말이 쉽게 확인되었을 것이다.[20]

---

19 『世宗實錄』 권59, 世宗 15년 1월 9일 계해.

20 세종은 파저강을 토벌하기 위해 대신들에게 죄를 성토(聲討)할 말과 토벌 계책 등을 진술하게 했다. 이에 영의정 황희는 올적합을 포위하고 조선 포로를 빼앗아 왔다는 이만주의 설명과는 달리, 그들이 만났을 때 서로 친목을 표시하고 술과 고기를 함께 먹었다는 포로들의 증언에 따라 성토할 것을 건의했다. 『世宗實錄』 권59, 世宗 15년 2월 15일 기해. 이 증언에 따르

만약 이만주가 여연을 공격했다면 64명이나 되는 포로를 확보해놓은 상황에서 이를 돌려주겠다고 조선에 연락하지도 않았을 것이다. 또 이만주가 홀라온 올적합을 사주하거나 함께 여연을 공격했는데 조선에 연락을 취하면서 침입의 주체를 알려줬다면, 이는 연합했던 세력과 원한을 맺는 행동이 된다. 홀라온 올적합에 비해 조선이 훨씬 강한 힘을 가지고 있었다는 점을 고려해도 쉽게 이해할 수 있는 상황은 아니다.[21]

조선은 이만주가 여연 침입과 관련이 있다는 명백한 증거를 확보하지 못했다.[22] 우선 여연을 침략했던 여진의 정체에 관해서는 사건을 조사하기

면 이만주는 조선 포로를 물리력을 동원해서 탈환한 것이 아니라 홀라온 올적합을 설득해서 인도받았던 것으로 보인다. 이만주는 자신의 공적을 조선에 인정받기 위해 실제를 과장했던 것 같다. 하지만 이만주가 여연을 공격해 이들을 포로로 데려가지 않았던 점도 확실해 보인다. 여연 침입의 주체가 이만주라는 점을 조선에서는 결국 증명하지 못했기 때문이다.

21 가와치 요시히로는 여진의 여러 부족에 대한 많은 정보를 보유하고 있던 조선의 수비군이 여연을 공격해 온 여진의 정체를 파악하지 못했다는 점과, 침입과 관련된 정보를 이만주가 조선에 제공해주었다는 점, 관련자들의 증언 등을 근거로 당시 여연을 공격했던 주체는 이만주 세력이 아니라 홀라온 올적합이었다는 점을 논증했다. 河內良弘, 「第八章 忽剌溫兀狄哈の朝鮮來朝」, 『明代女眞史の硏究』, 同朋舍出版, 1992, 269~275쪽 참조. 그의 분석은 타당하다고 생각한다. 특히 여연을 침입했던 여진인들이 이만주 세력이 아니었다는 점에 전적으로 동의한다. 다만 당시 여연을 침입했던 세력이 홀라온 올적합이었는지 여부는 조금 더 고민이 필요한 부분이다. 당시 조선에서도 이 부분을 확정하지는 못했기 때문이다.

22 연산군 2년에 삼위경차관(三衛敬差官)으로 파견되었던 동청례(童淸禮)는 이만주의 손자였던 이달한(李達罕)과의 대화 내용을 보고했다. 이달한은 이만주가 화라온 등이 조선의 변경을 약탈해 데려가던 포로를 빼앗아 조선에 돌려보내 사신이 와서 잔치를 베풀고 물건을 하사했지만, 얼마 후 조선에서 대군을 동원해 공격해왔던 상황을 설명했다. 당시 이만주는 죄가 없다고 생각해 피하지 않았다가 아내가 살해당하고 자신도 몸에 9군데 상처를 입고 간신히 도망갔는데, 곧 조선에 대한 원한을 풀고 자중했다는 것이었다. 『燕山君日記』 권19, 燕山君 2년 11월 1일 갑진. 이달한의 진술이 모두 진실이라고 믿기는 어려울 수 있다. 하지만 건주위 여진이 세종대 여연 사건을 이유로 정벌의 대상이 되었던 것을 매우 억울해 하고 있었다는 점만은 확인할 수 있다. 특히 이만주가 살해당했던 세조대의 정벌보다 세종대의 정벌을

위해 파견했던 홍사석의 보고에도 정확하게 나타나지 않았다.[23] 또한 여연을 침입했던 여진의 정체를 알 수 없다는 논의가 나왔을 뿐만 아니라,[24] 이만주가 전했던 정보들의 진위를 확인하기 위해 관리까지 별도로 파견했다.[25]

세종은 대신들과 파저강 여진에 대한 정벌 여부를 논의했는데 결론을 내리지 않았다.[26] 일주일 후 세종은 대신들과 다시 이만주를 힐책할 방안과 군관을 파견하는 일 등을 논의했다. 이조판서 허조(許稠)는 여연에 침입한 여진의 정체를 확인하지 못한 상황이므로 이를 확인한 뒤 출병해야 한다고 했다. 당시 허조는 "성상(聖上)이 마음속으로 이미 큰일을 정했다"고 언급했다.[27] 이를 통해 당시 세종이 정벌 시행을 이미 결정했음을 확인할 수 있다. 그는 이만주의 근거지가 험난하다는 점, 여진의 전투력이 뛰어나다는 점과 정벌로 인해 국경의 분쟁이 그치지 않을 것이라는 점을 들어 출병을 강하게 반대했다.

세종은 침략당하고 문책하지 않는다면 오히려 적들이 조선을 업신여겨 침입이 계속될 것이라고 주장했다. 비록 여진을 이기지 못하더라도 위력을

굳이 이야기했던 것을 미루어볼 때, 그들이 이 사건을 얼마나 마음 깊이 담아두고 있었는지 짐작할 수 있다.

23 『世宗實錄』 권59, 世宗 15년 1월 11일 을축.

24 정보수집 책임자는 보통 최고책임자의 관심과 목적에 맞추어 정보를 수집하는 경향이 있다. 폴 토드·조너선 블로흐, 이주영 옮김, 『조작된 공포』, 창비, 2005. 그렇다면 평안도 감사가 세종의 파저강에 대한 관심과 정벌 의지를 파악한 상태에서 이에 부합하는 보고서를 작성했을 가능성도 있다. 만약 평안도 감사가 명확한 증거를 확보한 상황에서 여연 사건의 주체를 이만주로 지목하는 보고서를 조정에 보냈다면 여연을 침입했던 여진의 정체를 밝히는 문제가 쉽게 해결되었을 것이기 때문이다.

25 『世宗實錄』 권59, 世宗 15년 1월 18일 임신; 『世宗實錄』 권59, 世宗 15년 2월 10일 갑오.

26 『世宗實錄』 권59, 世宗 15년 1월 11일 을축.

27 『世宗實錄』 권59, 世宗 15년 1월 18일 임신.

보여서 마음을 굴복시킬 수 있다며 정벌 의지를 강하게 표명했다.[28] 세종은 다음 날 평안도로 부임하는 도절제사 최윤덕과 도진무 김효성(金孝誠) 등을 인견하면서 다시 한 번 파저강 정벌 의사를 명확하게 밝혔다.[29] 그리고 전 소윤 박호문(朴好問)과 호군 박원무(朴原茂)를 이만주 등에게 파견해 이들이 약탈한 정황의 진위를 파악하는 동시에 지형에 대한 정보를 수집하도록 지시했다.[30]

2월 중순 세종은 대신들을 불러 여진을 접대하는 방법과 정벌 계획 등을 제시하도록 지시했다. 특히 정벌에 관한 사안들이 본격적으로 논의됐는데, 찬성과 반대의견이 모두 있었지만 전체적으로는 정벌에 반대하는 분위기가 우세했다. 정벌에 반대했던 신하들이 가장 강조했던 부분은 명과 관련된 것이었다. 건주위 여진이 이미 사건에 관한 내용을 명에 알렸다는 점과 건주위가 명의 영역에 속한다는 점, 이만주가 황제의 관직을 받았다는 점 등이 주요 근거로 제시되었다. 그리고 병조우참판 황보인(皇甫仁)은 정벌에 앞서 여연 사건에 대한 정확한 진상 조사가 우선되어야 한다고 강조했다.[31]

세종은 신료들에게 파저강 여진의 침략 정황이 매우 분명해 억측이 아니라는 점을 강조했다.[32] 신하들이 파저강 여진 침략의 진위가 밝혀지지 않았기 때문에 이를 먼저 확인해야 한다고 주장했기 때문이다.[33] 다음 날 세종은 대신들을 다시 불러 정벌군의 규모와 군수물자 등을 논의하며 본격적인

---

28 『世宗實錄』 권59, 世宗 15년 1월 18일 임신.

29 『世宗實錄』 권59, 世宗 15년 1월 19일 계유.

30 『世宗實錄』 권59, 世宗 15년 2월 10일 갑오.

31 『世宗實錄』 권59, 世宗 15년 2월 15일 기해.

32 『世宗實錄』 권59, 世宗 15년 2월 20일 갑진.

33 『世宗實錄』 권59, 世宗 15년 2월 15일 기해.

출병 준비에 들어갔다.[34] 세종은 정벌에 대한 대신들의 논의가 결정되지 않은 상황임에도 파저강 토벌이라는 대형 사업을 결정했다.

사흘 뒤 세종은 정벌 문제를 논의하던 중 대신들에게 동쪽과 서쪽을 함께 공격해서 건주위와 모련위의 여진을 모두 섬멸하는 계획에 대한 의견을 물었다. 신하들이 모두 반대하자 세종은 자신의 뜻도 같다며 단지 시험해본 것이라며 물러섰다.[35] 하지만 세종이 이만주뿐만 아니라 모련위 세력까지 정벌할 의사를 지니고 있었다는 사실을 파악할 수 있다. 세종은 파저강 정벌 이후에도 계속 대외정벌을 시행하려는 의도를 가지고 있었다.

---

34 『世宗實錄』 권59, 世宗 15년 2월 21일 을사.

35 『世宗實錄』 권59, 世宗 15년 2월 27일 신해.

3장
파저강 정벌 단행과 조선의 대명의식

세종 15년에 단행된 파저강 정벌은 조선 전기에 시행된 대외정벌 중 가장 큰 전과를 얻은 출병이었다. 출병의 큰 성과는 정책 방향에 결정적 영향을 미쳐서 국왕이 대외정벌을 상시적으로 시행하고 활용하도록 했다.

또 세종대 정벌의 논의 과정과 시행을 전후하여 나타났던 조정의 움직임을 살펴보면, 당시 조선이 가지고 있던 대명의식의 실체가 직접적으로 드러난다. 세종은 누구보다도 사대명분을 강조한 국왕이었다.[36] 하지만 정벌을 준비하고 시행하는 과정에서 사대명분이나 황제의 지시마저 자의적으로 해석하면서 활용하는 모습을 보였다. 특히 정벌 이후 명이 조선과 건주위 여진의 화해를 주선하기 위해 파견했던 사신을 이전과 달리 박대했던 부분에서 당대 대명의식의 실제가 확인된다. 대외정벌을 추진하고 시행하는 과정에서 조선의 국왕과 많은 수의 신료들이 가지고 있던 양면적 대명의식이 드러난 것이다.

---

36 세종의 철저한 사대론에 대해서는 한명기, 「세종 시대 대명관계와 사절의 왕래」, 『세종문화사대계』 3, 세종대왕기념사업회, 2001, 856~858쪽 참조.

세종에게 사대명분은 조선과 명의 관계를 군신 간의 관계에 대입하며 국왕에 대한 충성을 담보 받기 위한 하나의 수단이었다. 만약 사대명분이 조선의 국익이나 국왕의 권위를 제한하는 방식으로 적용된다면, 세종은 언제든지 이를 무시할 생각을 가지고 있었다. 이는 사대명분이 아직 조선에서 절대적 가치로 취급되지 않았음을 의미한다.

세종대의 사대론(事大論)을 제일 먼저 설명했던 연구자는 한영우였다. 그는 태종·세종대에 활약했던 변계량(卞季良)의 사대론이 당시의 대명의식을 대표한다고 주장했다. 변계량 역시 열렬한 사대론자였지만 정도전의 요동 공벌 계획을 강하게 비판했다. 즉 "정도전이 창업의 진취를 대표하는 사대론자라면 변계량은 수성의 보수를 대변하는 사대론자"라는 것이다. 그리고 이를 통해 조선의 창업기와 수성기에 나타난 사대론의 차이를 파악할 수 있다고 주장했다.[37]

세종대의 사대론을 처음 설명하고자 한 것은 의미 있는 시도였지만 당시의 대명의식을 『조선왕조실록』이 아니라 변계량의 개인 문집을 통해 설명하고자 했던 점은 재고의 여지가 있다. 특히 변계량의 주장을 태종과 세종대를 대표하는 사대론이라고 주장했던 점은 동의하기 어렵다. 우선 당시에 변계량보다 정치적으로 더 중요한 위치에 있던 인물들이 있었는데 이들의 사대론에 대한 설명이나 비교가 없었다는 점에서 한계가 있을 수밖에 없다. 무엇보다도 조선에서 가장 중요한 위치에 있던 국왕의 대명의식을 설명하지 못한 상황에서 당대의 사대론을 단편적으로 설명했던 것은 가장 큰 아쉬움으로 남는다.

한편 안정희는 세종대 사대의 예가 군신관계로 인식되었다고 주장했

---

37 韓永愚, 앞의 책, 50~52쪽.

다.[38] 한명기 역시 세종이 황제에 대한 성의를 다함으로써 국내에서 신료들의 국왕에 대한 충성을 요구하기 위한 정당성을 확보하고자 했다고 주장했다.[39]

이 중 안정희가 세종의 사대 의지를 유교적 예론에 의거한 철저한 군신관계를 만들기 위한 것이라고 설명했던 점은 매우 중요한 지적이었다. 이 부분은 한명기도 동의했던 내용이고, 필자 역시 전적으로 동의하는 부분이다. 하지만 두 사람의 연구는 경우에 따라 사대명분을 자의적으로 해석하고 적용했던 세종의 정치적 행동들에 대한 설명이 거의 없다는 점에서 한계를 보인다.

세종 역시 태종처럼 사대의리를 누구보다 강조했지만, 정벌 등의 전쟁과 관련된 사안에 대해서는 자의적인 논리를 사용하는 경우가 많았다. 15세기 초반 조선에서 나타났던 사대의식의 다양한 층위를 설명하지 못한다면 당대의 국제의식을 정확하게 설명하기 어렵다.

반면 계승범은 세종 31년(1449)에 명의 청병을 거절했던 사례를 근거로 당시의 대명의식을 설명하고자 했다. 그는 명의 파병 요청을 놓고 조선이 대명사대 정책과 정치적 이익 사이에서 마찰이 있을 경우 사대의 대상을 언제라도 바꿀 수 있다고 인식했다는 점을 지적했다. 즉 파병이나 전쟁과 같은 사안에서는 누구도 의리론적 사대론을 중시하지 않았다는 것이다.[40] 조선이 중요한 외교적 문제에 대해 사대의리를 가장 중요한 요소로 고려하지 않았다는 사실을 명확하게 지적한 의미 있는 연구였다. 다만 특정 사

38 안정희, 앞의 논문, 24~25쪽 참조.

39 한명기, 앞의 논문, 856쪽, 865쪽.

40 계승범, 앞의 책, 113~114쪽.

례만 가지고 대명의식을 설명하다 보니 세종이 재위 기간 내내 사대명분을 강조했던 의미 자체를 부정하게 된 점은 다소 미흡하게 느껴진다.

선행연구들이 세종대의 대명의식을 이해하는 작업에 중요한 시사점을 주었던 것은 분명하다. 하지만 모두 세종대 대명의식의 특정 부분만 강조했다는 한계도 가지고 있다. 따라서 세종대의 대명의식을 보다 명백하게 설명하기 위해서는 사대론의 양면을 동시에 살펴보면서 이해할 필요가 있다.

조선의 정벌 의도를 숨기고 건주위 여진의 정보를 수집하기 위해 파견된 박호문은 파저강 여진이 조선의 정벌에 대비해 도망갔다고 보고했다. 세종은 여진의 방비를 소홀하게 만들 대책을 대신들과 의논했다.[41] 3월이 되자 세종은 정벌군의 규모를 1만 명으로 결정하고 계획을 더욱 구체화했다.[42] 건주위 여진이 조선의 출병 조짐을 파악했다는 정보에도 불구하고 세종의 정벌 의지에는 흔들림이 없었다.

사흘 뒤 지신사 안숭선(安崇善)과 판승문원사 김청(金聽)에게 파저강 토벌에 대한 성죄방목(聲罪榜目)을 짓게 했다.[43] 3월 14일 진헌사(進獻使) 김을현은 통사 김정수(金精秀)를 먼저 보내 여연 사건에 대해 주문했던 일과 황제의 칙서 내용을 보고했다.[44] 세종은 대신들에게 황제의 칙서에 '도적들이 만약 뉘

---

41 당시 파저강 여진도 조선의 정벌 움직임을 확인했던 것으로 보인다. 정벌을 준비하는 동안 조선의 출병 정보가 유출되었을 가능성이 매우 높다. 짧은 기간 동안 준비해서 시행하는 기습이 아니라 대규모 병력과 물자를 동원하는 군사행동에 대한 정보유출을 완전하게 차단하는 것은 어렵기 때문이다. 따라서 조선으로서는 정벌 의도를 숨기고 파저강 여진의 방어를 완화시킬 수 있는 계획이 필요했을 것이다.

42 『世宗實錄』 권59, 世宗 15년 3월 7일 경신.

43 『世宗實錄』 권59, 世宗 15년 3월 10일 계해.

44 이 기록을 통해 조선에서 여연 사건에 관한 내용을 명에 주문했다는 사실을 확인할 수 있다. 『世宗實錄』 권59, 世宗 15년 3월 14일 정묘.

우치지 않는다면 공격해도 좋다'는 내용이 있다며, 정벌을 시행하면서 명에 주문하는 일에 대한 의견을 물었다.[45]

결국 세종은 정벌군의 규모를 1만 5천으로 결정했고, 명에 정벌을 실행하겠다는 내용의 주본을 보내기로 했다.[46] 처음 3천 명으로 논의됐던 정벌군의 규모는 이 시점에서 5배까지 늘어났다. 이는 세종이 대군을 동원해 상대를 압도하는 방식으로 정벌 계획을 바꿨다는 사실을 보여준다. 또한 짧은 논의 기간에도 불구하고 정벌군의 규모를 크게 증가시킨 것은 정벌에 건 세종의 기대가 그만큼 컸다는 사실을 의미할 것이다.

그리고 진헌사 김을현이 황제의 칙서를 갖고 귀환했다.[47] 그런데 실제 도착한 칙서에는 세종이 언급했던 "왕이 공격해도 좋다(王可打攪)"라는 표현이 없었다. 단지 "왕이 마땅히 기회에 따라 처치하라(王宜相機處置)"라는 표현이 적혀 있을 뿐이었다. 더욱이 황제가 칙서에서 '잘못을 뉘우치지 않는다면 조치'하라고 했던 대상은 이만주가 아니라 홀라온 추장 양목답올(楊木答兀)이었다.[48]

세종은 파저강 정벌을 위해 황제의 칙서 내용을 자의적으로 해석해 자신의 결정에 정당성을 부여했다. 사대명분을 정치적으로 활용하려는 세종의 모습이 잘 나타나는 부분이다. 또한 이 시점은 조선의 파저강 정벌 준비가 거의 끝나가는 단계였다. 설사 칙서가 도착하지 않았다 하더라도 조선의 정벌은 이미 기정사실이었다. 명은 어떠한 자세를 취하더라도 조선의 정벌

45 "賊人 如其不悛 王可打攪 今欲且征且奏 何如." 『世宗實錄』 권59, 世宗 15년 3월 14일 정묘.

46 『世宗實錄』 권59, 世宗 15년 3월 14일 정묘.

47 『世宗實錄』 권59, 世宗 15년 3월 22일 을해.

48 河內良弘, 앞의 책, 151~152쪽.

을 중지시킬 수 없었다.

세종은 김을현을 다시 파견해 파저강 여진 정벌에 대한 내용을 주문하도록 했다. 조선은 주본에서 파저강 여진의 11년 전 소규모 침입 사건까지 언급하며 정벌의 정당성을 강조했다.[49] 출병 날짜가 일주일 정도밖에 안 남은 상황에서[50] 중국에 주문하는 것은 명이 지정했던 위소(衛所) 지역에 대한 군사 활동을 전개하면서 사전 허락을 받을 의도가 없었다는 사실을 입증해준다. 조선이 정벌에 대한 주본을 보낸 것은 면피성 행위에 불과했다.

4월 25일 평안도 감사 이숙치(李叔畤)의 보고를 시작으로 5월 3일까지 정벌의 승전 보고가 이어졌다.[51] 5월 5일에는 평안도 도절제사 최윤덕이 여진 평정에 대한 하례전(賀禮箋)을 올렸다.[52] 이틀 후 최윤덕은 평안도와 황해도의 군사 1만 5천 명을 동원해 7개의 부대로 나누어 4월 19일에 정벌을 단행해서 대첩을 이뤘다고 보고했다. 아울러 정벌 과정과 전과의 자세한 내용을 보고했다.[53]

---

49 『世宗實錄』 권60, 世宗 15년 4월 2일 을묘.

50 평안도 도절제사 최윤덕은 출병 날짜가 4월 10일로 정해졌지만 정보 활동을 조금 더 전개한 후 20일 이후에 출동하겠다고 보고했다. 하지만 세종은 4월 중순 이후에는 대군의 행군이 어렵다는 점 등을 이유로 예정대로 10일에 출병하도록 지시했다. 즉 당시 정벌군의 출병 날짜는 4월 10일로 결정되어 있었다. 『世宗實錄』 권60, 世宗 15년 4월 2일 을묘.

51 『世宗實錄』 권60, 世宗 15년 4월 25일 무신; 『世宗實錄』 권60, 世宗 15년 5월 2일 갑인; 『世宗實錄』 권60, 世宗 15년 5월 3일 을묘.

52 『世宗實錄』 권60, 世宗 15년 5월 5일 정사.

53 최윤덕은 정벌의 전과와 피해 상황을 다음과 같이 보고했다. "今將生擒斬頭 及奪取牛馬軍器數目 竝軍士中箭致死人 及中箭人馬數目 開坐以聞 臣生擒男女六十二名 殺死賊九十八名 角弓二十一 箭四百二十 環刀三 矢箙八 羅韜三 弓帒三 槍刃二十八 小鼓一 馬二十五匹 牛二十七頭 本國軍士中箭死者四 中箭者二十 中箭馬十八匹 中箭死馬二匹 中軍節制使李順蒙 生擒男女五十六 殺死之數 不錄 左軍節制使崔海山 生擒男子一 斬首三 角弓六 箭

최윤덕의 보고에 따르면 3월 17일에 세종의 지시를 받고 파저강 토벌을 준비했던 것으로 나타난다. 그리고 두 도의 병력이 강계부에 모두 집결한 시점이 4월 10일로 되어 있다.[54] 기록을 그대로 받아들인다면 조선에서는 1만 5천 명의 병력을 한 달도 안 되는 기간에 동원한 것처럼 보인다. 하지만 1만 5천 명의 병력과 군량, 작전 계획을 준비할 시간과 부대 이동 시간까지 고려한다면 모든 준비가 한 달 이내에 진행되었을 가능성은 거의 없다. 세종이 정벌 의사를 여러 차례 밝혔고 정벌 준비와 관련된 다양한 지시를 내렸던 사실을 생각해볼 때, 조선은 정벌을 시행하기 위한 준비를 대부분 미리 갖추어놓았다는 점을 쉽게 짐작할 수 있다.

세종은 정벌군의 귀환을 맞이하는 의례와 연회 방식, 정벌군이 잡은 포로 문제 등을 논의했다. 황희는 만약 파저강 여진이 중국에 주청하여 황제가 포로를 돌려주라는 지시를 내린 후 이들을 돌려보내면 은혜가 중국에서 나온 것이기 때문에 조선에 고마워하지 않을 것이라고 지적했다. 따라서 먼저 사람을 보내 토벌 이유를 설명하고 귀순을 조건으로 포로를 돌려보내자고 건의했다. 세종은 이 의견에 바로 동의했다.[55]

황희의 의견에서 주목할 부분은 황제의 지시가 내려오기 전에 조선에서

一百四 矢箙六 羅韜二 環刀一 右軍節制使李恪 生擒男女十四 殺死賊四十三 馬十一匹 牛十七頭 助戰節制使李澄石 生擒壯男十八 壯女二十六 男女兒童各十二 射殺割耳五 甲二 角弓十五 矢箙七 環刀一 箭三百三十 槍二 馬二十五匹 牛三十三頭 鞍子三 助戰節制使金孝誠 生擒男女十六 殺死賊十三 中箭賊七 角弓二 箭十四 馬六匹 牛十二頭 中箭軍士二 中箭馬六匹 一匹卽死 上護軍洪師錫 生擒男女三十一 殺死賊二十一 中箭賊二十八 角弓八 箭一百十二 環刀一 牛二十一頭 中箭軍士三 馬三匹."『世宗實錄』 권60, 世宗 15년 5월 7일 기미. 최윤덕이 보고했던 전과는 조선 초기에 시행되었던 정벌 중 가장 큰 규모였다.

54 『世宗實錄』 권60, 世宗 15년 5월 7일 기미.

55 『世宗實錄』 권60, 世宗 15년 5월 11일 계해.

먼저 여진 포로에 대한 조치를 취하자고 주장했던 점이다. 당시 조선이 여진 지역에 대한 영향력을 확대하면서 명을 의식하고 있었음을 잘 보여주는 사례라 하겠다. 정벌의 주체도, 포로를 돌려보내 위무하는 은혜를 베푸는 주체도 조선이라는 점을 여진에게 보여주겠다는 의도가 담겨 있는 결정이었다. 즉 이는 여진 세력에 대한 명의 영향력을 제한시키고 조선의 영향력을 확대하려는 의도가 반영된 조치였다.

세종은 호조참의 권복(權復)을 주문사로 파견해 정벌 결과를 황제에게 보고하도록 지시했다.[56] 그런데 조선이 명에 보낸 주본에 주목할 부분이 있다. 바로 주본의 내용이 매우 간략했다는 점이다. 조선에서 얼마 전에 정벌 사실을 알리기 위해 보냈던 주본은 내용도 많았을 뿐만 아니라 파저강 여진과 관련된 세세한 내용까지 모두 포함되어 있었다. 심지어 11년 전에 있었던 건주위 여진의 소규모 침략 사실까지 정벌의 근거로 제시했다. 하지만 정벌 결과를 알리는 주본에서 조선은 상당한 전과를 올렸음에도 관련된 내용을 대부분 포함하지 않았다. 조선은 정벌의 구체적 전과를 명에 알리고 싶지 않았던 것이다.[57]

얼마 후 세종은 대신들을 불러 명에서 사신을 파견한 일에 대해 논의했다. 이만주는 조선의 공격으로 큰 피해를 입은 후 이 내용을 명에 알리면서, 조선이 황제가 하사한 고명과 인장까지 빼앗아 갔다고 보고했다. 때문에 정통제는 조선에 사신을 파견해 건주위에서 얻은 전리품 등을 반환하도록 조치하고자 했다.

---

56 『世宗實錄』 권60, 世宗 15년 5월 13일 을축.

57 황희는 주본에 정벌에서 적을 죽인 수와 생포한 수가 분명하게 기록되어 있는데, 토벌이 황제의 명을 받아 진행된 것이 아니므로 참획한 수는 삭제하고 중국인 포로의 수만 밝히자고 건의했다. 세종은 이 의견을 받아들였다. 『世宗實錄』 권60, 世宗 15년 5월 22일 갑술.

황희와 맹사성(孟思誠) 등은 중국의 지시에 따라 다른 전리품을 돌려주면서 고명과 인장을 내놓지 않는다면 오히려 중국의 의심을 받을 것이라며 포로와 우마, 금은만 돌려주고 나머지는 태워버렸다고 대답하자고 주장했다. 세종은 일단 결론을 내리지 않고 명사가 도착하면 다시 논의하기로 했다.[58] 열흘 정도 지난 후 세종은 다시 대신들을 불러 명과 여진 문제에 대한 자신의 생각을 다음과 같이 설명했다.

> 중국 조정의 도독이 본국에서 파저강에 가서 정벌하였다는 것을 주문하여, "조선이 마음대로 군사를 일으켜 변경에 쳐들어갔다"고 했지만 나는 태종문황제가 선유했던 성지(聖旨)가 명백히 믿을 만하다고 생각한다. 하물며 지금 황제께서 칙유하여 이르기를, "기회에 따라 처치하여 야인에게 업신여김을 당하지 말라"고 하셨으니, 이것으로서 황제께서 반드시 가서 정벌한 것을 잘못이라고 하지 않을 것으로 안다. 또 맹날가래(孟捏哥來)와 최진(崔眞) 등이 오는 윤8월에 건주와 본국을 향해 출발해서 두 곳의 포로를 찾아서 각각 본처로 돌려보낸다고 한다. 나는 처음에 건주를 정벌하여 그 위엄과 영험을 보이고자 생각했었다가 저들이 성심으로 와서 투항하면 모두 돌려보내려고 했다. [하지만] 그 악함을 고치지 않고 여연 등지에 여러 번 침범했기 때문에 남도(南道)에 나누어 둔 것이다. 만약 황제의 칙유를 기다린 뒤에 포로를 돌려보내면, 야인이 다만 황제의 덕으로만 생각하고 우리나라의 은혜로는 생각하지 않을 것이다. (…) 저 야인들이 이 말을 듣고 성심으로 와서 투항하고, 우리나라에서 모두 돌려보낸다면 저들이 전일의 위엄과 오늘의 은혜를 알 것이니, 은혜와 위엄이 아울러 행해져 서로 어긋

58 『世宗實錄』 권60, 世宗 15년 6월 18일 기해.

나지 않을 것이다.[59]

세종은 요동의 도독이 황제에게 조선이 마음대로 군사를 일으켜 파저강 일대를 정벌했기 때문에 문죄해야 한다고 건의했다는 정보를 입수했던 것 같다. 그럼에도 불구하고 세종은 조선의 정벌 조치는 전혀 잘못이 아니라는 태도를 보였다. 특히 이전에 내렸던 황제의 칙유 중에 "기회를 보아 처치하여 야인의 업신여김을 당하지 말라"라는 문구를 근거로 황제가 조선의 정벌을 탓하지 않을 것이라고 판단했다.

하지만 명의 고위 관리가 조선의 정벌은 황제의 허가를 받지 않고 임의로 조치한 잘못된 행동이라고까지 하는 상황에서, 세종의 이와 같은 생각은 자의적 판단일 뿐이었다. 그리고 세종은 황제의 조치가 시행되기 전에 먼저 포로들을 돌려보내 여진인들에게 은혜와 위엄을 보이고자 하는 의도를 내비쳤다. 이 역시 사대를 자의적으로 해석하면서 조선의 대외출병을 정당화하려 했던 의도를 잘 보여준다. 또한 여진 문제에 대해서만큼은 명을 경쟁상대로 의식하고 있던 조선의 생각이 반영되었던 것으로도 설명할 수 있다.

세종은 명 사신이 가져온 새로운 칙서의 내용을 확인하고 나서도 같은 태도를 보였다. 명은 조선과 파저강 여진이 정벌에 대해 각각 다른 내용을 보고하자 맹날가래와 최진을 파견해 서로 데리고 있던 포로 등을 돌려주도록 지시했다.[60] 세종은 새로 오는 칙서의 내용에 '서로 침범하지 말라'는 표현이 있다는 사실을 파악했다. 그럼에도 그는 지난 칙령의 '기회를 보아 처치하라'는 뜻이 바뀌지 않았다고 주장했다. 세종의 주장은 먼저 왔던 칙서

59 『世宗實錄』 권60, 世宗 15년 6월 29일 경술.

60 『世宗實錄』 권60, 世宗 15년 6월 17일 무술.

의 내용을 다음 칙서에서 직접적으로 부정하지 않았기 때문에 황제의 뜻이 변하지 않았다는 논리였다.

먼저 왔던 칙서의 내용에 조선에서 직접 조치하라는 지시가 있었고, 다음에 온 칙서의 내용에 서로 침범하지 말라는 내용이 적혀 있었다면, 이는 황제가 정벌 등의 군사행동을 자제하라고 지시한 것으로 생각하는 것이 상식적인 해석이다. 하지만 세종은 자기만의 논리를 적용해 황제가 조선에 여진의 문제가 발생했을 경우 자체적으로 조치하라고 지시했던 내용이 아직까지 유효하다고 주장했다. 다분히 의도적인 해석이라고 볼 수밖에 없다.

물론 여진에 대한 행동의 명분을 모두 황제의 칙서 내용에 의거해 주장했던 점을 볼 때, 조선이 사대명분 자체를 부정했던 것은 아니다. 그럼에도 조선은 황제의 칙서 내용을 자의적으로 해석해서 대외정책에 활용했다. 조선이 가지고 있던 사대의식의 실체가 외교 사안을 통해 드러나고 있다.

윤8월 10일 명사 맹날가래와 최진이 한양에 도착했다. 그들이 가져온 칙서에는 조선에서 이미 파악했던 것처럼 건주 등지에서 얻은 칙유·고명과 포로 등을 돌려보내고 변방 수비를 철저히 해서 서로 침범하는 일이 없도록 하라는 지시가 적혀 있었다. 그리고 명사는 세종에게 자신들의 말이 지쳤다며 파저강 지역을 갈 때 조선의 말을 빌려달라고 요청했다.

세종은 국경 안이라면 요청을 들어줄 수 있지만 국경 밖의 일은 따르기 어렵다며 요청을 거절했다. 최진은 자신들이 칙서를 가지고 가서 여진인들을 타일러 침략하지 않도록 할 것인데 조선에서 말을 빌려줄 수 없다면 걸어서라도 다녀오겠다고 이야기했지만 세종은 생각해보겠다고만 대답했다.[61] 세종은 대신들에게 국경 밖의 일을 함부로 처리할 수 없다는 논리로 명

61 『世宗實錄』 권61, 世宗 15년 윤8월 10일 경신.

사의 요청을 거부하겠다는 의사를 밝혔다.[62] 명사의 요청을 들어줄 생각이 전혀 없었던 것이다.

최진은 건주위에 일행을 최대한 줄여 다녀오겠다는 말까지 했지만 조선에서는 별다른 반응을 보이지 않았다.[63] 같은 날 연회에서 세종은 명사에게 이만주 등의 보고 내용이 허위라는 점을 강조했고, 조선의 정벌은 파저강 여진의 침략에 대한 대응이었다고 설명했다. 아울러 정벌의 목적이 재물을 빼앗는 것이 아니었기 때문에 빼앗은 물건은 모두 태우거나 즉시 물에 던져버려 남아 있지 않고, 칙서나 고명 같은 물건은 가져오지 않았다고 주장했다.[64]

세종은 다시 대신들과 중국 사신을 건주위로 호송하는 문제에 대해 논의했다. 대신들은 대부분 중국의 지시가 없더라도 명사를 걸어가게 할 수는 없기 때문에 그들을 호송해줘야 한다고 주장했다. 다만 예조판서 신상(申商)만이 중국 사신을 한 번 호송해준다면 전례가 되어 큰 폐단이 생길 것이라는 이유로 반대의견을 밝혔다. 세종은 신상의 의견에 따라 결국 명사의 호송을 거부하기로 결정했다.[65]

조선의 결정에 명사 맹날가래는 황제까지 언급하며 반발했지만 조선의 태도는 변하지 않았다.[66] 심지어 세종은 명사들이 여진 지역으로 가려 할 때 조선의 호송을 계속 요청하는 것은 황제의 뜻에 어긋나니 들어주기 어렵다

---

62 『世宗實錄』 권61, 世宗 15년 윤8월 10일 경신.

63 『世宗實錄』 권61, 世宗 15년 윤8월 11일 신유.

64 『世宗實錄』 권61, 世宗 15년 윤8월 11일 신유.

65 『世宗實錄』 권61, 世宗 15년 윤8월 11일 신유.

66 『世宗實錄』 권61, 世宗 15년 윤8월 14일 갑자.

고 하고, 그래도 계속 요청한다면 황제께 아뢰어 허락을 받은 뒤 시행하겠다고 대답하도록 지시했다.[67]

결정사항을 전달받았던 맹날가래는 다시 한 번 조선의 호송을 요청했고, 만약 중국에 알리고자 하면 마음대로 하라며 더욱 반발했다. 반면 최진은 자신들의 말로도 갈 수 있다며 중국 조정에는 연락하지 말 것을 요청했다.[68] 그리고 여진 지역에 갔다가 다른 명사와 함께 조선에 다시 들어오겠다는 계획을 이야기하자 조선에서는 칙서에 없는 내용이라며 역시 거부했다.

명사는 거듭 여진 지역에 파견되었던 명사 왕흠(王欽)과 함께 다시 조선으로 돌아오겠다고 했지만 조선에서는 황제의 지시가 없기 때문에 의리상 대접할 수 없다며 강경한 거부 태도를 유지했다. 결국 중국 사신들은 건주위에 가서 이 문제를 다시 생각해보겠다며 물러섰다.[69] 다음 날 명사 일행은 파저강과 홀라온 지역으로 출발했다.[70] 조선에서는 상호군 허지혜(許之惠)를 주문사로 파견해 황제에게 하사받았던 칙서와 고명을 빼앗은 일이 없다는 점을 해명하고 포로와 전리품 등을 모두 돌려주었다는 내용의 주본을 올리도록 했다.[71]

황제가 파견한 명사를 대하는 조선의 태도는 이전과 달리 상당히 강경했다. 특히 명사가 요구했던 여진 지역으로의 호송 요청을 들어주자는 대신들의 의견에도 불구하고 세종은 이를 끝내 거부했다. 여진 문제에 관해서는

---

67 『世宗實錄』 권61, 世宗 15년 윤8월 20일 경오.

68 『世宗實錄』 권61, 世宗 15년 윤8월 20일 경오.

69 『世宗實錄』 권61, 世宗 15년 윤8월 21일 신미.

70 『世宗實錄』 권61, 世宗 15년 윤8월 22일 임신.

71 『世宗實錄』 권61, 世宗 15년 윤8월 25일 을해.

사대명분이 상황에 따라 자의적으로 적용되었던 조선의 정치 상황을 잘 보여주는 모습이라 하겠다.

사실 세종의 태도는 정벌 시행 여부를 논의하는 과정에서부터 이미 나타나고 있었다. 정벌에 반대했던 신하들의 주장에서 가장 주목되는 부분은 명과의 문제를 제기했던 점이다. 즉 건주위에 대한 출병은 명의 영역에 대한 군사행동을 의미한다고 주장했던 것이다. 또한 이들이 이만주가 명의 관직을 받았기 때문에 조선에서 함부로 처벌할 수 없다고 주장했던 것은 사대명분을 누구보다 강조했던 세종에게 상당히 의미 있는 문제제기였다. 하지만 세종은 이러한 부분을 전혀 개의치 않고 정벌 시행의 부득이함을 강조했다. 다만 중국에 알리지 않고 출병해서 강을 넘었을 때, 명이 문제제기를 할 경우에 대한 대안을 신료들에게 물었을 뿐이다. 또한 세종은 만약 명에서 정벌에 대한 문제를 제기한다면 고황제의 칙서를 근거로 해명하겠다는 계획도 언급했다.[72]

이런 태도는 세종에게 출병에 대한 황제의 승인을 반드시 받겠다는 생각이 없었을 뿐만 아니라, 만약 이를 명에서 문제 삼을 경우 대응할 논리와 방법 등을 생각해두고 있었다는 점을 보여준다. 대외정벌이라는 국가적 사업에서 세종은 사대의리를 가장 중요한 가치로 여기지 않았다. 평소 지성사대(至誠事大)를 강조했던 세종은 국가적 사업의 시행 여부를 논의하는 상황에서 전혀 다른 태도를 보였다. 정벌을 통해 당시 조선이 가지고 있던 대명의식의 실체가 보다 직접적으로 나타났던 것이다.

72 『世宗實錄』 권59, 世宗 15년 2월 17일 신축.

4장
파저강 재정벌의 준비와 단행

세종은 파저강 정벌에서 큰 성과를 올렸음에도 이만주 세력에 대한 재정벌을 계획했다. 1차 토벌 때는 이만주 세력에 대한 출병에 찬성했던 신료들이 제법 있었기 때문에 비교적 무리 없이 정벌을 추진할 수 있었다. 반면 재정벌을 추진할 때는 대부분의 신료들이 세종의 계획에 동의하지 않았다. 신료들의 반대에도 불구하고 결국 세종은 파저강 일대에 대한 재정벌을 단행했다. 이는 1차 정벌의 성과를 통해 세종의 국정 주도권이 더욱 커졌음을 보여준다. 조선의 파저강 재정벌에서 최대 목표는 이만주의 포착이었다. 당시 조선이 이만주 포착을 정벌의 목표로 삼았던 것은 건주위 여진 세력에서 구심점이 되었던 존재를 제거해 조선의 영향력을 확대하려는 의도가 반영된 것이었다.

보다 중요한 문제는 압록강 일대의 여진 세력에 대한 명과의 주도권 다툼이었다. 조선은 사실상 자신의 영향권에 속해 있다고 생각했던 파저강 일대에 이만주 세력이 명의 승인을 명분으로 이주한 상황을 좌시할 생각이 없었던 것 같다. 더욱이 이만주 세력은 조선보다 명과의 관계를 중시했다. 조선은 이만주 세력에 대한 정벌을 통해 압록강 일대에 대한 실질적 지배력을 확보하고자 했다.

강성문은 재정벌의 원인을 이만주가 조선과 명의 관계를 이간하고 변경 지역의 계속된 침입을 주도했음에도 책임을 홀라온 올적합에 돌리는 태도를 보였기 때문이라고 설명했다. 특히 명은 압록강 유역 여진에 대한 조선의 영향력 확대를 우려해 파저강 여진을 지원해 양측의 세력 균형을 맞추고자 했다는 것이다. 또 재정벌의 목표가 이만주의 포착이었다는 점을 지적했다. 다만 당시 조선군이 이만주의 포착에 성공하지 못했다는 점 때문에 재정벌이 실패로 평가될 수 있었지만, 세종은 이를 받아들이지 않고 정벌군의 공훈을 인정했다고 설명했다.[73]

노영구는 기존 연구에서 재정벌에 대한 관심이 적었던 것은 1차 정벌에 비해 적은 성과만을 얻어 완승으로 인식하기 어려웠기 때문이었다고 파악했다. 재정벌의 원인으로는 그 역시 이만주 세력의 침입을 지적했다. 하지만 그는 조선의 정벌이 사실상 실패했다고 보면서, 그 원인에 대해 보다 체계적인 분석을 시도했다. 우선 1차 정벌 때와는 달리 6진 개척에 따른 여진족의 이합집산 현상이 나타났고, 압록강 중·상류 지역과 두만강 하류 지역의 방어를 동시에 고려해야 하는 상황 때문에 2차 정벌에서 군사행동의 제약을 받았다는 점을 지적했다. 아울러 이전과는 달리 정벌의 준비와 시행에 대해 조정의 충분한 토론을 거치지 않고 세종이 일부 신하들과 이를 추진했던 점도 군사행동의 목표를 달성하지 못한 원인으로 지적했다.[74]

두 연구 모두 기존 연구에서 소홀하게 다루어졌던 세종대의 파저강 재정벌을 주목해서 출병의 과정과 결과 등을 설명했다. 이를 통해 조선 초기

73 姜性文, 앞의 논문, 165~166쪽, 168~69쪽, 173쪽, 175쪽 참조.

74 노영구, 앞의 논문, 141, 152~153쪽 참조.

의 전쟁과 대외관계를 규명하는 작업에 도움을 주었다고 생각한다. 특히 명과 건주위 이만주 세력의 관계와 조선의 압록강 일대 여진 세력에 대한 영향력 문제에 주목했던 것은 인상적이었다.

그렇지만 정벌 자체에 대한 설명에 집중하다 보니 조선의 의도와 당시 국제관계를 세밀하게 논증하지 못했던 점은 약간 아쉽다. 특히 정벌의 원인을 이만주 세력의 침입에 대한 대응의 성격을 중심으로만 파악했던 점은 재고의 여지가 있다. 세종은 첫 번째 파저강 정벌을 시행한 후 몇 년 지나지 않아 다시 같은 지역에 대한 출병을 결정했다. 이는 단순히 외부 세력의 침입에 대한 대응이라기보다는 조선의 대외 영향력 확대를 위해 정벌을 상시적으로 준비해서 추진하고자 하는 의도가 반영된 결과였을 것이다.

파저강 재정벌은 언뜻 보기에 건주위 여진의 침입 때문에 촉발된 것처럼 보인다. 따라서 건주위 여진의 침입 기록을 보다 세밀하게 살펴볼 필요가 있다. 세종 17년 1월 평안도 감사는 오량합(吾良哈) 여진 2,700여 기가 여연성을 공격해 왔지만 격퇴했다고 보고했다.[75] 그런데 5개월 뒤 귀화한 파저강 여진이 이만주와 홀라온 올적합이 여연을 침략해 남자 두 명을 살해하고 남녀 7명, 말 6필, 소 5마리를 사로잡아 갔다는 정보를 제공했다. 세종은 즉시 도절제사에게 사실 여부를 확인하도록 지시했는데, 이 정보는 사실로 확인되었다. 여연 지역의 장수들이 정확한 피해 상황을 보고하지 않았던 것이다.[76]

7월에는 평안도 감사가 여진 20여 명이 강을 건너와 소훈두(小薰豆) 지역에서 조선군과 교전 중이라는 소식을 전했다. 이에 세종은 정승들에게 황제

---

75 『世宗實錄』 권67, 世宗 17년 1월 18일 경인.

76 『世宗實錄』 권68, 世宗 17년 6월 13일 계축.

의 조칙에 따라 여진인들을 침벌하지 않고 무휼했는데 봄부터 계속 침범을 하니 사정을 자세하게 적어서 황제에게 보고하겠다고 밝혔다. 동시에 여진에 대한 처치를 일일이 황제에 주청한다면 이것이 전례로 남게 될 거라고 우려하며 신하들의 의견을 구했다. 대신들은 여진이 변경을 침범했던 사유만 갖추어 주청하자는 의견을 냈다.[77]

7월 25일에는 여진 20여 명이 다시 여연을 침략해 조선군 3명이 전사하는 일이 벌어졌다.[78] 결국 조선은 9월에 동지중추원사 이사검(李思儉)을 정조사로 파견하면서 여진의 변경 침입 문제를 함께 주문하도록 했다.[79] 다음 해 2월 이사검은 황제의 칙서를 받아 귀환했다. 정통제는 칙서에서 여진이 다시 침범할 경우 그들의 근거지를 섬멸해서 변방 백성을 보호하고 편안함을 얻게 하라고 지시했다.[80] 여진의 침략이 또 있을 경우 사실상 조선의 군사행동을 허락한 조치였다.

5월에는 올량합 5백여 기가 여연의 조명간 구자(趙明干 口子)를 다시 공격해 조선에 상당한 피해를 입혔다.[81] 다음 달 세종은 신료들에게 태종대의 정벌과 이만주의 침입 사례 등을 언급하며 이만주에 대한 제어책을 건의하도록 지시했다. 97명의 신료들이 세종의 지시에 따라 여진 제어 대책을 보고했다.[82] 세종은 평안도 도절제사에게 신료들이 출병을 건의했지만 흉년 때문에 거사를 진행하기 어렵다며 변방 방어에 힘쓸 것을 당부했다. 동시에

---

77 『世宗實錄』 권69, 世宗 17년 7월 16일 을유.

78 『世宗實錄』 권69, 世宗 17년 7월 25일 갑오.

79 『世宗實錄』 권69, 世宗 17년 9월 21일 기축.

80 『世宗實錄』 권71, 世宗 18년 2월 17일 계축.

81 『世宗實錄』 권72, 世宗 18년 5월 23일 무자.

82 『世宗實錄』 권72, 世宗 18년 6월 20일 을묘.

건주위 여진의 근거지에 대한 정보수집 활동을 전개하도록 지시했다.[83]

실록에는 정확히 나타나지 않지만 세종이 4품 이상의 신료들에게 변방 대책을 보고하라고 지시했던 내용에는 파저강 정벌 계획에 대한 부분도 포함되었던 것 같다. 세종이 변방 제어 대책을 보고하라고 지시하면서 태종대 정벌을 통해 여진을 제압했던 사례를 직접 언급했기 때문이다.[84] 실제 신료들이 제안한 변경 대책에는 출병에 대한 찬반 의견이 섞여 있었지만 반대 의견이 훨씬 많았다.[85] 정벌 시행에 찬성하는 의견은 매우 적었다. 조정의 대부분이 이만주 세력에 대한 정벌을 적극적으로 반대했다. 심지어 다음과 같은 의견까지 제시되었다.

저 이만주란 자는 산간의 조그마한 오랑캐입니다. 그 산세의 험함에 의지하고 홀라온의 세력에 의탁하여, 숲속에 숨어 있다가 몰래 도둑질할 계획을 노리고 있으니 그 죄가 가득 차서 도저히 용서할 수 없습니다. 크게 거사하여 들어가 정벌하여 북방을 돌아보게 하는 우환을 영원히 근절시킬 때가 지금입니다. 그러나 적도들이 이와 같은 까닭은 모두 전일에 [저들의] 죄악을 토벌하는 거사가 있었기 때문입니다. 이제 다시 들어가 정벌하게 되면 그들의 분노가 더욱 깊어지게 되어 보복을 그치지 않을 것입니다. 지금 우리의 변경이 충실하지 못한데 어

---

83 『世宗實錄』 권73, 世宗 18년 윤6월 16일 경진.

84 『世宗實錄』 권72, 世宗 18년 6월 20일 을묘.

85 세종은 4품 이상의 대신들이 건의했던 외구 제어책 두 질을 초출, 등사하여 평안도 도절제사 이천(李蕆)에게 보냈다. 상당히 많은 양의 기록이었는데 이 내용 중 많은 부분이 정벌에 관한 것이었다. 각 의견의 건의자는 기록되지 않았지만 정벌 시행에 대한 부정적 의견이 대다수였던 점으로 미루어볼 때, 당시 조정에서는 출병에 반대하는 분위기가 형성되었던 것 같다. 『世宗實錄』 권73, 18년 世宗 윤6월 18일 계미.

찌 그들을 감당하겠습니까?[86]

위의 기록에 따르면 건의자는 이만주 세력이 조선의 변경을 침입할 기회를 노리고 있어서 대응책이 필요하다는 점을 인정했다. 하지만 여진이 최근 조선의 변경을 침입했던 원인이 조선의 정벌 때문임을 직접적으로 지적하며 출병에 반대했다. 여진의 침입이 증가한 중요한 원인이 오히려 조선의 정벌이었다는 점을 명시적으로 지적했다는 점에서 주목할 필요가 있다.

세종은 함길도 감사 정흠지(鄭欽之)에게 전지를 내려 조선의 변경을 침입했던 여진의 정체에 대한 정보들이 일치하지 않으므로 정보 활동을 통해 확인하도록 지시했다. 이때 세종은 홀라온 올적합이 조선의 변경을 침입했던 것과 자신은 관계가 없으며, 오히려 자신도 공격당했다고 했던 이만주의 진술을 언급했다. 그러면서 조선의 변경을 침입한 세력의 정체를 정확히 파악하기 어렵다는 사실을 인정했다. 또한 김종서(金宗瑞)의 보고를 통해 이만주 세력이 실제로 다른 여진 세력에게 공격당했다는 사실도 확인했다. 동시에 세종은 이만주가 여러 번 침입해 무고한 백성들을 죽이고 사로잡아 갔기 때문에 마땅히 토벌해야 하지만 흉년 때문에 군사를 움직일 수 없어 아직 내버려두고 있다고 했다.[87]

조선의 변경을 침입했던 여진 세력의 정체를 정확하게 파악할 수 없고, 그 주체라고 의심했던 이만주가 다른 세력들에게 공격당했다는 사실을 파악했으면서도, 세종은 이만주 세력에 대한 정벌 의사를 밝히고 있었다. 사실 이만주 세력에 대한 재정벌 의지를 가장 강하게 가지고 있었던 인물이

86 『世宗實錄』 권73, 18년 世宗 윤6월 18일 계미.

87 『世宗實錄』 권74, 世宗 18년 7월 18일 신해.

바로 세종이었다. 앞서 그는 신하들의 의견이라고 말하면서 이만주 세력에 대한 정벌 의사를 표명했다.[88] 하지만 당시 신료들이 실제로 정벌을 건의했던 기록은 찾기 어렵다. 또 파저강 여진의 근거지에 대한 정보를 수집하도록 지시했던 조치를[89] 통해서도 세종의 정벌 의사를 짐작할 수 있다.

이 와중에 홀라온 올적합의 조선 변경에 대한 침입은 계속되었다.[90] 9월 말에는 3천여 명에 달하는 올적합이 경원을 포위하고 공격하는 상황까지 발생했다.[91] 이렇게 되자 세종 역시 이만주가 홀라온 올적합과 연계되어 있다는 생각을 양보하지 않을 수 없었다. 이만주 세력과는 상관없이 홀라온 올적합이 단독으로 변경을 침입했다는 점을 인정할 수밖에 없었던 것이다. 그럼에도 세종은 끝까지 파저강 여진과 홀라온 올적합의 공모설을 부정하지 않았다.[92]

조선의 정벌이 침입에 대한 대응이었다면 당연히 올적합 정벌이 먼저 준비되어야 했다. 조선의 변경을 계속 침입하고 있었던 것은 이만주 세력이 아니라 홀라온 올적합이었기 때문이다. 그러나 세종은 이만주 세력에 대한 정벌 의지를 계속 표명한 반면 올적합에 대한 정벌 의지는 강하게 표현하지 않았다.[93] 이는 조선의 대외정벌이 단순히 외부 세력의 침입에 대한 대응

---

88 『世宗實錄』 권73, 世宗 18년 윤6월 16일 경진.

89 위와 같음.

90 『世宗實錄』 권74, 世宗 18년 9월 7일 기해.

91 『世宗實錄』 권75, 世宗 18년 10월 3일 을축.

92 『世宗實錄』 권75, 世宗 18년 10월 6일 무진.

93 함길도 도절제사 김종서는 세종에게 올적합 정벌을 건의했다. 이에 세종은 재이(災異)와 흉년이 겹치고 북방의 민심이 안정되지 못해 경솔히 군사를 일으킬 수 없다며 정벌 계획을 일단 유보하도록 지시했다. 『世宗實錄』 권75, 世宗 18년 11월 5일 병신. 세종은 이만주 세력 정벌에 강한 의지를 표명했던 것과 정반대의 모습을 보였던 것이다. 이러한 세종의 태도 역시

이 아니라 철저하게 준비되어 시행된 대외정책의 한 가지였음을 의미한다.

다음 해(1436) 5월 세종은 여진이 계속 침범한다면 토벌하지 않을 수 없다며 평안도 변경 지역에 대한 체탐 활동을 통해 이들의 근거지를 파악하도록 지시했다.[94] 이 와중에 함길도 감사 이숙치(李叔畤)는 이만주가 아목하(阿木河) 지방 여진들의 건주위 이주를 허락하는 내용의 칙서를 받아서 국경 근처에 머무르고 있다고 보고했다.

당시 건주좌위 도독이던 범찰(凡察)은 이만주의 세력권으로 이주해 살고자 했지만 조선의 눈치를 보느라 옮겨가지 못하고 있었다. 범찰은 지휘 이올흑(李兀黑)을 명에 보내 이주를 허락해달라고 요청했고, 황제가 이들의 이주를 공식적으로 허락한다는 칙서를 내렸다.[95] 함길도 도절제사 김종서는 이만주가 국경 근처에 와서 여러 날을 머무르니 기회를 봐서 토벌할 것을 건의했다.[96] 하지만 세종은 함부로 움직이지 말도록 지시했다.[97]

그런데 세종은 사흘 후 정승들을 불러 이만주가 성지를 칭탁하여 조선의 국경 근처에 머무르고 있다며 토벌에 대한 의견을 물었다. 황희 등은 이만주가 성지를 받들고 와 있으므로 토벌할 수 없고, 침략하려는 기미가 없는데 명분 없는 군사를 일으킬 수 없다며 반대했다. 또한 토벌에 대한 소식

조선 초기 대외정벌의 원인을 외부 세력의 침입에서만 찾는 시각이 문제가 있다는 점을 잘 보여준다.

94 『世宗實錄』 권77, 世宗 19년 5월 11일 경자.

95 『世宗實錄』 권77, 世宗 19년 5월 12일 신축.

96 이만주가 머물렀던 곳은 실록의 기록에 정확하게 나타나지 않는다. 하지만 함길도 감사 이숙치와 함길도 도절제사 김종서의 보고 내용으로 미루어볼 때 황제의 칙서를 전달하기 위해 아목하 지방까지 직접 와서 머무르고 있었던 것으로 추측된다.

97 『世宗實錄』 권77, 世宗 19년 5월 13일 임인.

이 명에 전해지는 것은 더욱 불가하다고 주장했다. 이에 세종은 다음과 같이 말했다.

> 비록 성지라고 하지만 우리나라에 관계된 것이 아니니, 성지가 왔든 오지 않았든 진실로 논할 것이 없다. 하물며 전에 성지가 있어, "야인에게 만약 성과를 올릴 만한 형세가 있거든 비록 그 처소에 들이닥쳐 사로잡아 오더라도 오히려 가하다"고 했다. 지금 이유 없이 갑자기 국경 근처에 이르렀으니 어찌 토벌하지 않을 수 있겠는가? 또 저들이 혹여 우리 땅에 더욱 가까워진다면 역시 명분 없는 군사라 생각하여 군사를 일으켜서 쫓아버릴 수 없다는 것인가?[98]

위의 기사에서 세종은 이만주가 아목하 지역의 여진들에게 황제의 칙서를 전하기 위해 와 있다는 사실을 무시하면서, 칙서의 내용은 조선과 관련이 없다는 점을 강조했다. 즉 세종은 다른 국가나 세력에게 내린 황제의 지시는 조선이 따를 필요가 없다는 논리를 주장했던 것이다. 심지어 세종은 이만주가 이유 없이 국경에 이르렀기 때문에 토벌하지 않을 수 없다고까지 주장했다.

이만주가 황제의 칙서를 전달하라는 황명(皇命) 때문에 이 지역에 와 있다는 것을 세종은 분명하게 파악하고 있었다. 이만주 역시 황명을 전하러 온 자신을 조선에서 공격하거나 잡으려 하지 않을 것이라는 확신이 있었기 때문에 직접 조선의 국경 근처까지 칙서를 가지고 왔을 것이다. 하지만 세종은 자기만의 논리를 강변하면서 이만주에 대한 정벌을 정당화시켰다. 뿐만 아니라 세종은 조선에 내렸던 칙서의 내용 중에 "야인에게 만약 성과를

---

98 『世宗實錄』 권77, 世宗 19년 5월 16일 을사.

올릴 만한 형세가 있거든 비록 그 처소에 들이닥쳐 사로잡아 오더라도 오히려 가하다"라고 한 부분을 근거로 이만주 토벌의 정당성을 강조했다.

세종은 황제의 지시를 필요에 따라 이용하거나 무시하고 있었다. 특히 이만주에 대한 토벌이라는 국가적 목표 앞에서 사대명분까지도 중요하게 취급하지 않는 모습이 다시 한 번 확인된다. 그러나 세종은 새로 설치된 4진이 안정되지 않았다는 점 등을 지적하며 정벌 계획을 중지시켰다.[99] 일단 신하들의 정벌 반대의견을 수용했던 것으로 보인다.

한편 평안도 변경 지역에서는 체탐 활동을 강화하면서 파저강 여진에 대한 정보를 폭넓게 수집하는 등 긴박한 움직임이 있었다.[100] 세종은 평안도 도절제사에게 내린 전지에서 체탐 활동의 강화가 정벌을 위해 적의 형세와 지형을 파악하고자 함이었음을 설명했다. 다만 지나치게 잦은 활동은 오히려 적에게 발각될 위험이 있으니 이전과는 다른 방식으로 정보를 수집하도록 지시했다.[101] 세종은 체탐 활동과 정벌의 연관성을 직접적으로 표명했다.

결국 평안도 도절제사 이천은 체탐 활동을 통해 수집한 정보를 바탕으로 파저강 정벌 계획을 상언했다.[102] 세종은 계축년(세종 15년, 1433)에 파저강을 정벌한 이후 다시 거사할 계획이 있었다는 점과, 황제의 칙서에 여진의 소굴을 추궁하라고 한 내용이 있었다는 점을 강조했다. 또한 파저강 정벌에 대한 뜻이 오래 전부터 있었다고 말하며 정벌 계획에 적극적으로 동의했고

99 『世宗實錄』 권77, 世宗 19년 5월 20일 기유.

100 『世宗實錄』 권77, 世宗 19년 5월 21일 경술; 『世宗實錄』 권77, 世宗 19년 5월 28일 정사.

101 『世宗實錄』 권77, 世宗 19년 6월 9일 정묘.

102 『世宗實錄』 권77, 世宗 19년 6월 11일 기사.

가을에 출병하겠다는 생각을 밝혔다.[103]

이 과정을 살펴보면 세종은 재정벌 의사를 확정해놓았고, 신료들과 출병 여부를 깊게 논의할 생각이 없었던 것 같다. 세종은 이천에게 내릴 전지의 초고를 직접 작성했을 뿐만 아니라 이 내용 역시 국왕의 최측근이라 할 수 있는 도승지 신인손(辛引孫)과 좌부승지 김돈(金敦)에게만 보여주었다. 아울러 보안을 이유로 다른 신료들에게 정벌 사실을 이야기하지 말도록 지시했다. 그리고 예전 논의에서 정벌에 적극적으로 찬성했던 찬성 신개(申槪)에게 두 승지를 보내 용병 계획을 논의해서 보고하도록 지시했다.[104]

세종은 재위 전반기에는 비교적 많은 토론을 거쳐 국정을 운영하는 모습을 보였다. 물론 국정 주도권을 국왕이 가진 상태에서 진행되는 논의였지만, 대신들의 의견을 많이 묻고 또 그들의 의견을 정책에 반영하고자 노력했다. 그러나 파저강 정벌이라는 국가적 대사를 결정하는 일에서 세종은 대신들의 의견을 거의 수용하지 않았다. 더욱이 신료들의 논의가 정벌을 반대하는 방향으로 형성되자 이를 전적으로 무시하고 소수 측근의 지지를 기반으로 정벌 시행을 결정했다.[105]

이는 세종이 앞으로의 국정운영에 자신의 의도를 보다 많이 반영할 것임을 의미하는 상징적 행동이었다고 생각한다. 또한 태조대 요동 정벌 추진 과정과 같이 국왕과 최측근 신하들이 국정의 중심에서 정책 결정을 주도하

103 『世宗實錄』 권77, 世宗 19년 6월 14일 임신.

104 위와 같음.

105 실록의 기록에서 파저강 재정벌을 지지했던 것은 승지들과 신개 정도만 확인된다. 하지만 세종의 최측근이라 할 수 있는 김종서가 함길도 도절제사로 있으면서 홀라온 올적합에 대한 정벌을 계속 건의했던 점을 생각해본다면, 그 역시 세종의 파저강 정벌 추진을 지지하는 입장이었을 것이라고 추측할 수 있다.

는 운영 방식이 작동하고 있었다는 점도 파악할 수 있다.

세종의 국정운영 방식 변화에는 여러 원인이 있었을 것이다. 그 가운데 가장 중요한 원인은 바로 세종 15년에 단행했던 파저강 정벌의 성공이었다고 생각한다. 세종은 정벌의 성과를 통해 대외적으로 조선의 영향력을 확대하는 데 성공했음은 물론, 국내 정치에서도 주도권을 확보할 수 있었다. 상당한 반대를 무릅쓰고 시행해서 얻은 성과였던 만큼 세종은 정벌의 성공을 통해 국정운영에 자신감을 갖게 된 것으로 보인다. 이를 바탕으로 세종은 정벌이라는 큰일을 거의 독단적으로 판단해서 결정했다. 다시 한 번 대외정벌을 시행해 이를 바탕으로 파저강 일대에 대한 조선의 영향력을 공고히 하고 국내 정치의 주도권을 더욱 확대하고자 했던 것 같다.

세종의 대명의식도 같은 방식으로 설명할 수 있다. 세종은 집권 전반기 동안 누구보다 지성사대를 강조했다. 그리고 이 가치를 지키기 위해 많은 노력을 기울였다. 하지만 앞에서 설명했던 것처럼 파저강 정벌을 준비하면서 세종은 양면적 대명의식의 실체를 여과 없이 드러냈다. 그리고 한 발 더 나아가 황제의 지시를 입맛에 맞게 편의적으로 해석하면서 자신의 결정에 대한 명분으로 활용했다. 사대가 반드시 지켜야 하는 가치가 아니라 국왕의 편의에 따라 다양한 방식으로 활용할 수 있는 하나의 수단이 되었던 것이다.

세종의 태도는 파저강 2차 정벌을 준비하는 과정에서 더욱 노골적으로 나타났다. 정벌을 통해 조선과 세종이 가지고 있던 대명의식의 실체가 드러난 것이다. 결국 사대명분의 가치는 국왕의 권위를 넘어설 수 없었던 것이 당시 조선이 가지고 있던 대명의식의 실제였다.

조선의 재정벌 목표 중 중요한 한 가지가 이만주의 포착이었다는 점은 기존의 연구를 통해 충분히 설명되었다. 하지만 조선에서는 이만주의 정확한 위치를 파악하지 못하고 있었다. 우승지 김돈은 이만주의 위치를 파악하기 위해 당시 한양에 와 있었던 범찰의 수하 고치(古赤)에게 정보를 얻을 것을 제안했다.[106] 조선은 결국 고치에게서 이만주의 위치에 대한 정보를 얻었고, 이를 평안도 도절제사에게 전달했다. 당시 세종은 이만주가 정벌군을 피해 도망가거나 이주하는 상황을 가장 우려했다.[107]

조선이 정벌을 통해 이만주를 포착하고자 노력했던 원인은 크게 두 가지로 판단된다. 우선 건주위 여진의 구심점 역할을 하던 이만주를 제거하기 위함이었다. 조선은 여진에 대한 실질적 지배력을 확대하고자 했다. 그러려면 여진 세력이 경제와 군사 등의 문제에서 조선에 의지하도록 만들 필요가 있었다. 능력 있는 추장을 중심으로 여진 세력을 규합해 주변국의 도움을 필요로 하지 않게 된다면 조선의 통제력은 감소할 가능성이 높았다.

보다 중요한 원인으로 생각되는 것은 당시 조선에서 이만주가 조선보다는 명과 밀접한 관계를 맺고 있는 추장이었다고 판단했을 가능성이 높다는 점이다. 이만주는 파저강 일대로 이주해 올 때 조선의 허락을 구하기에 앞서 황제의 성지를 받아 왔다는 점을 강조했다.[108] 조선은 이만주가 파저강에 살면서 조선의 영향력 아래에 들어온다기보다는 명의 영향력하에 있으면서 타타르(韃靼) 군의 침입 때문에 파저강 일대로 이주한 것이라고 파악했을 수 있다.

더욱이 이만주는 파저강 일대로 이주해 오고서도 조선과 관계를 개선하기 위해 별로 노력하지 않았다. 조선은 이만주가 파저강 일대, 더 크게는 압

106 『世宗實錄』 권78, 世宗 19년 7월 19일 정미.

107 『世宗實錄』 권78, 世宗 19년 7월 19일 정미.

108 『世宗實錄』 권24, 世宗 6년 4월 26일 신미.

록강 일대에 대한 조선의 영향력을 인정하지 않는다고 생각했을 수 있다. 특히 조선을 상국으로 대접하지 않는 태도 역시 불만을 키웠던 것 같다.[109]

또한 이만주를 명이 압록강 일대에 대한 영향력을 확대하기 위해 보낸 일종의 전초 세력으로 의심했을 가능성도 있다. 이만주는 해당 지역에서 원래부터 생활하면서 조선과의 관계를 유지하다가 명의 관직을 받았던 것이 아니라, 명의 관직을 받은 상태에서 사실상 조선의 영향력 아래에 있다고 여겨졌던 파저강 일대로 이주해왔기 때문이다. 더욱이 이만주 세력이 조선과의 교역이나 교류를 위해 크게 노력하지 않았다는 사실에서, 이들이 명과의 교류를 통해 경제적 수요를 해결했다는 점을 알 수 있다.

이 상황을 그대로 둔다면 압록강 일대의 여진 세력에 대한 명의 영향력이 커지는 것은 물론, 조선의 영향력이 크게 감소될 위험성이 있었다. 따라서 조선은 압록강 일대가 자신들의 영향력 아래에 있는 지역이라는 점을 어떠한 방식으로든 보여줄 필요가 있었다. 이만주 세력이 압록강과 파저강 일대에 거주하면서 조선의 주도권과 지배력을 완전하게 인정하지 않는 한 조선의 정벌은 사실상 예견된 일이었다.

8월 14일 세종은 평안도 도절제사에게 정벌을 통해 적의 괴수 이만주를 사로잡을 수 있으면 좋겠지만 이 때문에 다른 적들을 놓친다면 오히려 둘 다 놓칠 가능성이 있다며 적의 근거지 소탕을 목표로 삼도록 지시했다.[110] 좌찬성 신개는 정벌의 가장 중요한 목표가 적의 괴수를 잡는 것임을 강조

---

109 실제로 이만주가 조선과의 관계 개선을 위해 본격적으로 노력했던 시기가 파저강 1차 정벌 이후였다는 점을 생각해보면 이러한 정황은 더욱 명백해진다.

110 『世宗實錄』 권78, 世宗 19년 8월 14일 신미.

하며, 이에 대해 상등의 공으로 포상할 것을 건의했다.[111] 조선에서는 같은 달에 명에 성절하례사(聖節賀禮使)를 파견했는데, 파저강 정벌에 대한 내용은 주본에 포함되지 않았다.[112] 파저강 정벌을 일단 명에 보고할 생각이 없었던 것으로 보인다.

9월 14일 평안도 감사는 지난 7일 도절제사 이천이 정벌군 8천여 명을 3길로 나누어 압록강을 건넜다는 사실 등을 보고했다.[113] 8일 후에는 다시 정벌군의 교전 상황과 전과, 회군 사실 등을 보고했다. 정벌군은 11일에 고음한(古音閑)을 공격했다. 좌군은 홍타리(紅拖里)로 향했고, 도절제사의 군대는 오자점(吾自岾)에서 강을 따라 내려와 적의 근거지를 공격했다. 파저강 일대에 대한 정벌은 6일간 계속되었는데 여진인들이 미리 알고 숨거나 도망가서 소규모 전투만 진행되었고 큰 전과를 얻지는 못했다. 정벌을 통해 조선군이 죽이거나 사로잡은 적군은 60명에 불과했다.[114]

세종은 정벌의 전공에 따라 이천과 박안신(朴安臣) 등에게 벼슬을 하사했다. 이들은 조선 건국 이후 최초로 외임을 가지고 있는 상황에서 경직을 겸하는 파격적 대우를 받았다.[115] 하지만 정벌의 최대 목표였던 이만주 포착에 실패했을 뿐만 아니라 지난 파저강 정벌에 비해 획득한 전과도 매우 적었

111 『世宗實錄』 권78, 世宗 19년 8월 22일 기묘.

112 『世宗實錄』 권78, 世宗 19년 8월 28일 을유.

113 『世宗實錄』 권78, 世宗 19년 9월 14일 신축.

114 『世宗實錄』 권78, 世宗 19년 9월 22일 기유.

115 "以尹延命爲嘉靖海平君 李蕆正憲戶曹刑書 兼平安道都節制使 沈道源中樞院使 鄭甲孫藝文提學 金孟誠戶曹參判 禹承範禮曹參判 朴安臣嘉靖工曹參判 兼平安道都觀察使 姜籌同知中樞院事 李宣中樞院副使 時無以京職帶外任者 李蕆安臣 以征伐之功 特拜是職 蓋寵異之也." 『世宗實錄』 권78, 世宗 19년 9월 25일 임자.

다. 비록 정벌군의 규모가 지난 정벌에 비해 절반 정도에 불과했다는 점을 감안하더라도, 대규모 정보 활동 등을 통해 상당 기간 준비해서 시행한 군사행동의 성과로는 부족함이 많았다. 이만주의 포착이나 적지의 소탕이라는 두 가지 정벌 목표가 모두 충족되지 못했기 때문이다.[116] 그러나 세종은 이번 정벌을 통해 이만주를 잡지 못했지만 당류(黨類)를 많이 잡았고, 우마와 곡식 등을 모두 태웠으니 거의 징계한 것이라고 주장했다.[117] 부족한 전과에도 불구하고 세종은 정벌 결과를 성공이라고 주장했다.

정벌의 성과를 성공으로 정리했던 세종의 견해는 논공행상 과정에서 대신들의 반발을 야기했던 것 같다. 세종이 정벌의 논공행상에 대한 의견이 분분하다는 점을 언급하며 의견을 구했기 때문이다.[118] 실록에는 자세히 기록되지 않았지만, 논공 과정에서 전공이 적다는 점을 강조하며 포상을 중지하거나 최소한 축소하라는 주장이 대두되었다.

가장 적극적으로 반대의견을 표명했던 것은 우의정 노한(盧閈)이었다. 그는 이천이 토벌한 것은 적의 농막 한두 곳에 불과하며, 적을 구분하지 않고 부녀자까지 모두 죽였던 점도 문제라고 지적했다. 그리고 이천이 얻은 전과는 여연 판관 이종효(李宗孝)가 2~3백 명의 병력만 거느리고 갔어도 충분히 얻을 수 있는 것이었다고 주장했다. 이에 세종은 포획한 인원이 60여 명에 이르고 군사도 온전히 돌아왔다는 점을 강조하는 동시에, 전날에는 정벌의

---

116 노영구는 파저강 2차 토벌의 최대 목표였던 추장 이만주의 제거에 실패했다는 점과, 논공 과정에서 정벌군의 사령관 이천의 승진에 대해 논란이 있었다는 점을 지적하며, 세종 당시에도 2차 토벌전이 성공적인 전쟁으로 평가되지 못했다고 설명했다. 노영구, 앞의 논문, 141쪽 참조.

117 『世宗實錄』 권78, 世宗 19년 9월 29일 병진.

118 『世宗實錄』 권79, 世宗 19년 10월 17일 계유.

승전을 치하했다가 다시 정벌의 성과를 부정하는 태도를 강하게 비판했다. 결국 세종은 노한의 발언을 문제 삼아 그를 파직했다.[119]

세종의 조치는 노한의 발언 내용 자체와 태도 등을 문제 삼은 것처럼 보인다. 하지만 세종이 노한을 파직했던 근본적 원인은 그가 정벌의 성과를 부정했기 때문이었을 것이다. 특히 노한이 재정벌의 전공은 2~3백 명의 병력만으로도 충분히 얻을 수 있는 것이었다고 한 발언이 세종의 심기를 불편하게 했던 것 같다. 즉 노한의 파직 사유는 성급한 발언이나 태도의 문제라기보다는 정벌의 성과를 부정했던 부분에서 근본적 원인을 찾을 수 있다.[120]

한 가지 더 눈여겨볼 것은 노한이 우의정이었다는 점이다. 세종은 정승의 위치에 있는 대신이라 하더라도 정벌의 성과를 부정하는 발언을 하자 쉽게 파직했다. 이 같은 의견을 전혀 받아들일 생각이 없다는 점을 보여준 것이다. 이는 정벌 성과의 평가가 국왕의 권위와 직접 연관되어 있다고 생각했기 때문으로 보인다. 우의정 노한이 파직된 이후 조정에서는 정벌의 성과를 부정적으로 평가하거나 전공 포상 조치를 반대하는 의견 자체가 전혀 나타나지 않았다.

이러한 정국은 1차 파저강 정벌의 성과를 통해 세종이 국왕 중심의 정국 주도권을 더욱 공고하게 만들었다는 점을 확인시켜준다. 명백한 패배가 인정되지 않는 한, 신료들이 대외정벌에 대한 평가에서 결코 실패를 언급할 수 없는 분위기가 형성되었다. 이 분위기는 세조대까지 이어지고, 성종대가 되면서 조금씩 변하기 시작한다.

---

119 『世宗實錄』 권79, 世宗 19년 10월 17일 계유.

120 노한은 파직 이후 조정에 복귀하지 못했다.

대외정벌을 적극적으로 활용해 국외·국내 정치에서 큰 성과를 얻었던 세종의 경험은 후대의 국왕들에게도 해당 정책을 적극적으로 활용해야 한다는 교훈을 남겼다. 실제로 세조와 성종, 연산군은 물론 중종, 명종 등 조선 전기의 국왕들은 모두 대외 영향력 확대와 국내 정치의 주도권 확보를 위해 대외정벌을 적극적으로 활용하고자 노력했다.

5장
영토 확장과 대외정벌의 위험성

앞서 세종대의 대외정벌이 외적의 침입에 대한 보복의 성격보다는 조선의 정치적 목표에 따라 준비되고 시행되었음을 설명했다. 그리고 정벌의 목적이 대외 영향력 확대와 국내 정치에서 국왕권의 확대를 도모하기 위한 것이었음도 설명했다. 이 중 대외 영향력에 관련된 부분을 보다 깊게 생각해볼 필요가 있다. 이를 통해 조선이 얻고자 했던 성과가 무엇이었는지 설명되어야 하기 때문이다.

이 부분은 세종대 역점 사업이었던 북방 문제를 통해 설명할 수 있을 것이다. 4군의 정식 설치는 조선의 파저강 정벌이 준비되고 단행되었던 시기와 일치한다. 4군의 본격적인 설치 시기가 조선의 대외정벌 시기와 비슷하다는 사실은 정벌과 영토 확장 문제의 연관성을 잘 보여준다.

비록 6진이 설치되었던 두만강 지역은 세종대에 정벌이 시행되지 않았지만, 결국 세조의 재위기에 단행되었다. 더욱이 세종대에도 두만강 일대에 대한 정벌 의사가 있었다는 점을 생각해본다면, 조선의 정벌과 영토 확장 문제의 연관성은 더욱 깊어진다. 조선 초기의 대외정벌과 영토 확장은 모두 건국 직후부터 계획해 세종의 재위기에 실행해서 성과를 얻었던 사업이라

볼 수 있다.

대외정벌은 성공할 경우 조선의 국위를 높이고 국왕 자신의 권위와 정치적 주도권을 확보하는 데 큰 도움이 되는 정책이었다. 하지만 반대로 정벌이 실패로 끝날 경우 조선의 국위나 국왕의 권위에 미칠 부정적 영향 또한 적지 않았다. 그럼에도 조선 초기의 국왕들은 적극적으로 정벌을 추진해서 시행했다. 국왕의 권위 신장과 정치 주도권의 확대를 위해 국내뿐만 아니라 국외까지 포함한 보다 광범위한 대상에 영향력을 미칠 수 있는 정책이 필요했기 때문이다. 여기에 해당하는 정책이 바로 대외정벌이었다.

세종대에는 상당한 준비를 갖추어 오랫동안 4군6진을 설치했다. 4군6진의 설치는 북방으로 영토를 확장한 것일 뿐만 아니라 압록강과 두만강을 조선의 실제 영토 경계선으로 만들었다.

4군의 신설은 세종 15년에 본격적으로 시작되었다. 이조에서는 시번강(時番江)의 자작리(慈作里)가 여연과 강계 사이에 있는 요충지이므로 따로 군읍을 설치하고 이름을 자성(慈城)으로 하자고 건의했다. 세종이 이를 받아들여 자성군이 설치되었다.[121] 자성군의 설치는 4군 신설의 시작이었다. 여기서 주목할 점은 자성군의 설치 시점이 1차 파저강 정벌 직후였다는 점이다. 자성군의 설치가 조선의 정벌과 관련이 있다는 점은 기존의 연구들을 통해 충분히 지적되었다. 하지만 기존 연구들은 이만주의 여연 침입이 조선의 정벌을 야기했고, 정벌을 계기로 4군의 설치가 본격화되었던 것으로 설명했다.[122]

---

121 『世宗實錄』 권60, 世宗 15년 6월 1일 임오.

122 이와 관련된 대표적 연구들을 소개하면 다음과 같다. 宋炳基, 「3. 東北·西北界의 收復」, 『한국사』 9, 국사편찬위원회, 1981, 163쪽; 方東仁, 「4. 4군 6진의 개척」, 『한국사』 22, 국사편찬위원회, 1995, 147쪽; 오종록, 「세종 시대 북방 영토 개척」, 『세종문화사대계』 3, 세종대왕기념

그러나 앞에서 살펴봤던 것처럼 조선의 파저강 정벌은 여진의 침입을 명분으로 사용했을 뿐 조선의 정치적 목표에 따라 준비되고 시행된 정책이었다. 그렇다면 대외정벌처럼 4군의 설치도 북방의 영토를 확장하고 압록강을 경계로 삼고자 했던 조선의 북방 진출 계획에 포함되어 있었다고 추정할 수 있다. 세종대 대외정벌과 영토 확장 계획의 연관성은 다음의 기사를 통해 보다 명확하게 확인된다.

> 임금이 여러 신하들에게 이르기를, "고려의 윤관은 17만 병력을 거느리고 여진을 소탕하여 주진을 개척해 설치했으므로, 여진이 지금에 이르기까지 모두 우리나라의 위령(威靈)을 칭송하니 그 공이 진실로 적지 않다. [윤]관이 주를 설치할 때 길주(吉州)가 있었는데, 지금의 길주가 예전 길주와 같은가? 고황제께서 조선 지도를 친람하시고 조서를 내리기를, '공험진 이남은 조선의 경계다'라고 하셨다. 경들은 참고하여 아뢰라" 했다. 상께서 이때 바야흐로 파저강 정벌에 뜻이 기울었기 때문에 이 같은 전교가 있었다.[123]

세종은 고려대 윤관의 주진 개척과 설치를 언급하며 조선의 경계가 공험진이 된다는 점을 강조했다. 특히 해당 지시가 파저강 정벌을 의욕적으로 추진하고 있던 세종의 뜻이 반영된 것이었다는 점을 언급한 사관의 기록은, 당시 정벌이 조선의 북방 영토 문제와 밀접한 관련이 있었다는 점을 보여준다. 또한 세종이 공험진을 언급한 부분을 통해 당시 그가 생각했던 조종구지(祖宗舊地)가 공험진까지를 포함하고 있었다는 점 역시 확인할 수 있다.

사업회, 2001, 809쪽.

123 『世宗實錄』 권59, 世宗 15년 3월 20일 계유.

공험진에 대한 조선의 의식은 세종 이전 시기부터 나타난다. 태종은 건주위 설치 문제 때문에 명이 압록강 북변 일대 지역에 대한 지배권을 주장할 것을 우려해 이에 대응하기 위해 윤관이 세운 비석의 내용을 조사하도록 지시했다.[124] 결국 태종은 공민왕의 재위 당시 원과 홍무제가 공험진 이남에 대한 고려의 관할을 인정했다는 점을 강조하며, 해당 지역과 여기에 속한 10처 인원에 대한 조선의 관할권을 요청했다.[125]

명은 칙서를 보내 조선의 요청 중 10처 인원에 대한 관할권만을 인정해주었다.[126] 공험진 이남의 관할권에 대한 명 측의 정확한 태도는 기록에서 찾기 어렵다. 이는 명에서 조선의 공험진 이남에 대한 관할권을 모두 인정해주려고 하지 않았기 때문으로 추정한다. 하지만 홍무제에게 이미 관련 지역의 관할권을 인정받았던 조선은 당연히 공험진까지를 자국의 영역으로 생각했다.

파저강 일대에 대한 두 차례 정벌을 마친 세종은 함길도 도절제사 김종서에게 공험진의 정확한 위치와 선춘령비의 위치·내용 및 동북 9성의 위치 등을 조사하도록 지시했다.[127] 두 차례에 걸친 정벌의 성과를 바탕으로 공험진의 정확한 위치를 파악한 뒤 조선의 영향력을 이 지역까지 확대하려는 세종의 의도가 반영된 지시였을 것이다.

두만강 유역의 6진 설치도 4군 설치와 비슷한 방식으로 진행되었다. 세종의 최측근이었던 김종서를 함길도 도절제사로 파견해 6진 설치를 주도하

---

124 『太宗實錄』 권7, 太宗 4년 4월 27일 정유.

125 『太宗實錄』 권7, 太宗 4년 5월 19일 기미.

126 『太宗實錄』 권8, 太宗 4년 10월 1일 기사.

127 『世宗實錄』 권86, 世宗 21년 8월 6일 임오.

도록 했는데, 이 시기는 4군을 본격적으로 신설하기 시작했던 시기와 겹친다.

6진 설치가 완성된 시기는 4군 설치보다 늦었다. 하지만 조선에서 4군과 6진의 신설을 시작해서 완성하기까지의 시기는 대부분 겹치고 있다. 또한 두만강 유역의 유력한 추장이었던 동맹가첩목아가 여진 세력 간의 다툼 속에서 살해되어 모련위 여진인들의 구심점이 약해지자, 조선은 이 기회를 활용하고자 했다.[128] 두만강 지역의 영토 확보 역시 조선의 북방 계획에 포함되어 있었다.

두만강 유역에서는 압록강 유역과는 달리 세종대에 정벌이 시행되지 않았다. 정벌과 북방 영토 확장의 연관성을 설명하는 데 의문이 제기될 수 있는 부분이다. 하지만 세종은 이 지역에 대한 정벌 의사를 분명하게 가지고 있었다. 세종은 함길도 변경 지역 여진인들의 정보 제공에 대한 파격적 포상 규정을 만들어 시행하는 등, 정보수집 활동을 강화했다.[129] 조선 초기의 대외 정보 활동 강화는 해당 지역에 대한 관심의 정도를 반영하는 현상이기도 했지만, 정벌 시행을 위한 사전 준비의 성격도 있었다는 점을 주목할 필요가 있다.

실제로 세종 19년(1437) 3월 김종서는 혐진 올적합 정벌을 건의했다. 이에 대해 세종은 파저강 여진을 정벌했을 때와 비교하며 당장의 정벌 시행은 무익하다고 강조했다.[130] 그렇지만 세종은 다음 달 김종서에게 홀라온에

128 『世宗實錄』 권62, 世宗 15년 11월 19일 무술.

129 『世宗實錄』 권75, 世宗 18년 11월 27일 무오; 『世宗實錄』 권75, 世宗 18년 12월 22일 계미.

130 『世宗實錄』 권76, 世宗 19년 3월 11일 신축.

대한 간첩 활동과 정보수집을 강화하도록 지시했다.[131] 그리고 당장은 아니지만 천시(天時)를 기다리자며 올적합에 대한 출병 의사를 직접적으로 밝혔다.[132] 세종이 두만강 유역의 여진 세력에 대한 정벌 의사를 가지고 있었음을 잘 보여주는 기록들이라 하겠다. 김종서는 세종 20년(1438)에도 이 지역에 대한 정벌을 건의했고,[133] 두만강 유역 여진의 동정에 대한 정보 활동 역시 계속되었다.[134]

세종대에 시행되지 않았던 모련위 정벌은 결국 세조대에 단행되었다. 세조대의 정벌은 모련위에서 가장 큰 세력을 가지고 있던 낭발아한(浪孛兒罕) 부자 등을 조선에서 처형한 일에서 비롯되었다. 자연스럽게 낭발아한의 남아 있던 일족들은 조선을 공격했고, 세조는 이를 명분으로 모련위 정벌을 단행했다. 전후 사정은 크게 다르지만, 조선에서 낭발아한 부자를 제거해서 모련위 여진의 구심점을 없애는 데 그치지 않고 굳이 정벌을 단행한 중요한 원인 중 한 가지는 바로 조선의 북방 진출 문제와 직접적으로 연결되어 있었던 것으로 판단한다.

조선은 여진 정벌을 통해 해당 지역에 대한 실질적 지배력을 확보하고자 했던 것으로 보인다. 따라서 수직(授職)·내조(來朝) 정책이나 변경 지역의 무역을 통해 여진을 통제할 수 있었음에도 많은 비용과 시간, 인원을 동원해 정벌을 단행했던 것이다.

4군6진의 설치로 설명되는 조선의 북방 영토 확장은 처음에는 크고 작

---

131 『世宗實錄』 권77, 世宗 19년 4월 3일 계미.

132 『世宗實錄』 권77, 世宗 19년 4월 13일 임신.

133 『世宗實錄』 권80, 世宗 20년 1월 19일 갑진.

134 『世宗實錄』 권89, 世宗 22년 5월 6일 정미.

은 요새인 진(鎭)과 구자(口子)를 설치하는 방식으로 시작되었다. 그리고 남방 지역 백성들의 대규모 이주와 그들에 의해 진행된 농경지 개간을 통해 뒷받침되었다. 아울러 진과 구자들을 연결하는 행성을 축조함으로써 압록강과 두만강이 가지고 있는 국경선으로서의 성격을 더욱 분명히 했다.[135]

세종대 대외정벌에 대해 마지막으로 살펴볼 부분은 정벌 실패의 위험성에 관한 부분이다. 대외정벌의 성공은 조선의 국위를 높이고 국왕 자신의 권위와 정치적 주도권을 확보하는 데 큰 도움이 된다. 하지만 상당한 병력과 물자 등을 동원해 시행하는 만큼, 정벌이 실패할 경우 조선의 국위나 국왕의 권위에 미칠 부정적 영향력 또한 만만치 않았을 것이다. 그렇다면 조선은 왜 높은 위험성에도 불구하고 대외정벌을 계속 시행했는지에 대한 고민이 필요하다.

세종은 태조나 태종처럼 자신의 능력으로 왕위를 승계받은 인물이 아니었다. 더욱이 후계자 순위에 앞서 있는 두 형을 대신해 왕위에 올랐다. 양평대군과 효령대군이 여전히 살아 있었고, 셋째로서 왕위에 오른 세종은 태조나 태종과 같은 강력한 정치적 권위를 확보하기에 한계가 있었다. 사실 태종이 굳이 상왕으로 남으면서 세종에게 왕위를 승계했던 이유는 다양한 정치적 해석이 가능하겠지만, 자신의 후계자였던 세종이 국왕의 역할에 보다 잘 적응하도록 배려하는 차원의 의미가 있었다고 생각한다. 그리고 이 방식은 세종이 문종에게 왕위를 넘기는 과정에서도 거의 비슷하게 활용되었다.

대마도 정벌의 시행 역시 같은 방식으로 의미를 부여할 수 있다. 명의 일본 정벌 계획과 왜구 문제 때문에 대마도 정벌을 미리 계획하고 준비하고 있었다는 점은 앞에서 살펴보았다. 그렇다면 대마도 정벌이라는 대규모 정

---

135 오종록, 앞의 책, 817쪽.

책이 세종의 즉위년에 시행되었다는 사실이 무엇을 의미하는지 생각해볼 필요가 있다. 대마도 정벌은 자신의 권위를 높이는 동시에 세종의 왕위 안착을 돕고자 했던 태종의 정치적 목적이 반영된 계획이었을 것이다. 즉 대마도 정벌의 성과를 통해 국체 상승과 국왕권 확대를 이미 계획했을 가능성이 높다. 당시에 신료들이 정벌의 실패를 함부로 이야기할 수 없는 상황이었다는 점도 대외정벌이 지닌 정치적 의미와 의도를 보여준다.

태종이나 세종 역시 대외정벌의 실패가 가져올 위험성을 충분히 인지하고 있었을 것이다. 다만 특정 시점에는 정치적 결단을 통해 국정 장악력을 확보하고 국왕권을 확보하는 조치가 필요했다. 물론 국내의 사안으로도 정치적 결단을 통해 국왕권 확대나 정치 주도권 확보가 가능하다. 하지만 국내에서 시행하는 정책들은 설사 성공하더라도 미치는 영향력이 제한적이었다. 따라서 국왕이 주도해서 보다 광범위한 대상에 영향력을 미칠 수 있는 정책이 필요했고, 이것이 대외정벌이었다.

대외정벌은 군사력을 동원해 외부 세력을 공격하고 성과를 활용하기에 가장 좋은 정책이었다. 대외정벌을 통해 국내뿐만 아니라 국외 세력에게도 영향을 미칠 수 있었기 때문이다. 그렇다면 대외정벌은 국왕이 정치적으로 다양하게 활용할 수 있는 정책으로 평가할 수 있다. 실패의 위험성에도 불구하고 성공할 경우 얻을 수 있는 성과가 훨씬 크다고 판단했기 때문에 세종은 신료들의 강한 반대에도 정벌을 주도적으로 추진하고 시행했다.

특히 파저강 2차 정벌의 결정 과정과 정벌 이후 논공행상 과정에서 보였던 세종의 태도나 독단적으로까지 보이는 국정운영 방식은 세종이 정벌의 성과를 어떠한 방식으로 활용하고 있었는지 잘 보여준다. 이러한 세종의 국정운영 방식은 재위 말년까지 그대로 이어졌다. 따라서 세종에게 대외정벌은 반드시 성공해야 하는 정책이었다. 이 때문에 세종은 정벌의 성공을 위해 누구와도 비교되지 않을 정도의 대규모 정보 활동을 전개했다. 그리고 많은 준비를 거쳐 정벌 실패의 위험성을 최소화했다. 실제로 대외정벌의 성공은 큰 성과를 가져왔고, 이를 통해 세종은 국가에서 보다 중심적인 위치를 확보할 수 있었다. 그리고 세종이 대외정벌을 이용했던 방식은 후대의 국왕들에게 절대적 영향을 미쳤다.

세종의 의도는 정벌을 준비하고 추진하는 과정에서 사대명분을 자의적으로 활용했던 모습에서도 확인된다. 그에게 사대는 어디까지나 국왕이 통제할 수 있을 때 유효한 개념이었다. 세종은 사대가 국왕의 권위를 넘어서는 것을 결코 허용하지 않았고, 실제로 필요에 따라 자주 변용했다. 세종은 조선에서 가장 존중받아야 할 가치를 군주권이라고 생각하고 있었던 것이다. 바로 이 같은 의식이 대외정벌이라는 국가의 전쟁 행위를 통해 보다 직접적으로 드러났다.

4부

세조대 대외정벌 정책의 계승과 대명의식

1장
모련위 정벌의 의미와 대명의식

1. 건주위 통교에 대한 명의 견제와 조선의 태도

세조대는 여진 지역에 대한 주도권 문제를 두고 조선과 명의 대립이 더욱 격화된 시기였다. 세조는 세종대의 대외정책을 계승해 여진 세력과의 관계를 확대하는 동시에 대외정벌을 통해 이들을 제압하고자 했으며, 세종대까지 확보했던 영토를 확정하고자 했다. 명은 조선의 여진 정책을 견제하려 했다.

명은 세종대까지 조선의 정벌 등에 대해 제한적으로 반응했다. 하지만 세조 재위기에도 여진과의 관계가 계속 확대되자 조선의 여진 정책을 견제하기 시작했다. 조선의 대외 활동이 명의 여진 지역에 대한 지배권 확정에 방해가 된다는 점을 보다 명확하게 의식했던 것이다. 명은 조선과 여진의 교류를 제한하기 위해 노력하는 동시에 해당 지역에 대한 지배권을 강화하고자 했다. 이 상황은 여진 세력에 대한 조선과 명의 대립을 격화시켰다. 양측의 대립 과정에서 당시 조선이 가지고 있던 대명의식의 실체가 보다 분명하게 드러났다.

세조는 계유정난(癸酉靖難)을 통해 실권을 장악한 이후부터 여진인들의 내조를 적극적으로 권장했다. 정책의 성과로 건주위 이만주 세력의 내조가 다시 시작되었다. 조선과 이만주의 관계는 세종대 두 차례에 걸친 정벌과 동창(童倉), 범찰(凡察)의 이주 문제 등으로 크게 악화되어 있었다. 이만주와의 관계 단절은 문종대까지 계속되었는데, 관계 단절의 주체는 바로 조선이었다.

이만주는 문종대에 관하인을 보내 조선에 내조할 뜻을 전달했었다. 하지만 문종은 조선과 이미 혐극(嫌隙)이 있고 상국에 죄를 얻었다는 이유로 내조를 허락하지 않았다.[01] 반면 세조는 왕위에 등극하기 이전부터 이만주 세력의 내조를 적극적으로 장려했다.[02]

물론 신하들이 세조의 계획에 모두 동의했던 것은 아니었다. 예컨대 좌의정 한확(韓確)은 통교 사실이 중국에 알려질 위험성과 평안도 지역의 보안 문제를 이유로 내조를 반대했다. 이에 세조는 명의 지시에 따라 여진과 교통하지 않는 것은 중국의 술책에 빠지는 것이라며, 이두리(李豆里, 이만주의 아들)의 내조를 허락했다.[03] 5개월 뒤 세조는 이만주와 동창 등이 평안도 경내(境內)의 길을 통해 내조하러 올 수 있도록 요구할 경우 이를 허락해주도록 했다.[04]

세조 4년(1458)에도 건주위 여진의 내조는 계속되었고,[05] 조선도 이들을

---

01 『端宗實錄』 권1, 端宗 즉위년 5월 21일 계축.

02 『端宗實錄』 권14, 端宗 3년 윤6월 5일 기유.

03 『世祖實錄』 권3, 世祖 2년 2월 18일 정사.

04 『世祖實錄』 권4, 世祖 2년 7월 12일 기묘.

05 『世祖實錄』 권13, 世祖 4년 6월 1일 정사.

후대했다.[06] 이에 대한 보답으로 이만주는 여진의 공격 계획과 같은 중요 정보들을 제공했다.[07] 교류 횟수가 점차 증가함에 따라 양측의 움직임은 명에 알려지게 되었다.

세조 5년 광녕 백호(廣寧 百戶) 황영(黃英)은 조선에 중요한 정보를 제공했다. 내용은 건주위의 이올합(李兀哈)과 동화니치(童火爾赤) 등이 요동 총병관에게 동창이 조선에 가서 후대를 받았다고 보고했다는 것이었다. 또한 총병관은 이 내용을 바로 황제에게 주달했고, 명에서는 사실 여부를 확인하기 위해 경력(經歷) 동성(佟成)을 파견한다고 했다.[08] 하지만 세조는 이 문제를 심각하게 받아들이지 않았던 것 같다. 정보의 내용이나 명의 반응에 대한 별다른 언급이 없었다. 뿐만 아니라 신숙주(申叔舟)를 함길도 도체찰사로 파견해 추진했던 여진 세력들 간의 화해 주선도 계속 진행시켰다.[09]

그 와중에 주문사로 중국에 갔던 김유례(金有禮)는 명사가 칙유를 가지고 북경을 출발했다고 알려 왔다.[10] 명에서 여진을 초무하기 위해 사신을 파견한 것이다. 다음 날 세조는 신숙주에게 여진 세력의 화해에 대한 일을 도절제사에게 맡기고 복귀할 것을 지시하면서도, 상황이 여의치 않다면 계속 남아서 일을 진행하라고 했다.[11] 세조는 명사의 파견 목적이 조선의 여진 초무를 견제하기 위한 것임을 알았지만, 여진 세력 간의 화해를 주선하던 일을 멈출 생각이 전혀 없었다. 당시 세조가 가지고 있던 대명의식의 한 단면을

---

06 『世祖實錄』 권13, 世祖 4년 8월 1일 병진.

07 『世祖實錄』 권13, 世祖 4년 8월 5일 경신.

08 『世祖實錄』 권13, 世祖 5년 2월 16일 기사.

09 『世祖實錄』 권15, 世祖 5년 3월 10일 임진.

10 『世祖實錄』 권15, 世祖 5년 3월 12일 갑오.

11 『世祖實錄』 권15, 世祖 5년 3월 13일 을미.

보여주는 기록이라 하겠다. 특히 세조가 의정부에 내렸던 어서(御書)의 내용을 보면 이러한 의식이 더욱 잘 나타난다.

> 중국 조정에서 지금 야인들이 [조선에] 귀순하는 것을 싫어하니, 이징거(伊澄巨) 등을 박하게 대접할 것인가? 칙서가 아직 이르지 않았는데 무슨 이유를 가지고 박대하겠는가? 구례(舊例)에 따라 후대할 것인가? 만약 중국 조정의 사신이 마침 건주에 이르러 [이 사실을] 보고 듣는다면 혐의가 없을 수 있겠는가? 야인들에게 후하게 하사하는 것은 본래 꺼릴 것이 아니다. 칙서도 또한 이르지 않았으니, 후하게 하사해서 그들을 보내라. [이렇게 한다면] 우리에게는 후한 은혜가 있는 것이지만, 중국 조정에 대해서는 원망하게 되어 틈이 생길 것이다.[12]

조선은 칙서의 내용이 여진 초무를 중지하라는 황제의 지시였음을 파악하고 있었기 때문에 명에서 여진인들이 조선에 귀순하는 것을 싫어한다는 점을 언급했고, 내조해 있는 이징거에 대한 접대 문제를 논의했던 것으로 보인다. 사료에서 보다 주목되는 부분은 세조가 여진인들을 후대해서 돌려보내면 조선에는 후한 은혜를 느끼겠지만 내조를 막았던 명은 원망하게 되어 틈이 생길 것이라고 언급한 것이다. 세조는 명과 여진 사이에 틈이 생기도록 해야 한다는 의도를 직접적으로 표현했다. 그러면서도 칙서의 내용을 여진인들의 내조를 거부하는 명분으로 사용할 뜻을 밝혔다.

이는 조선 초기에 자주 나타났던 양면적 대명의식의 전형적 모습이다. 이후 이루어진 조치들에서도 조선의 태도는 변하지 않았다. 세조는 평안도 관찰사 원효연(元孝然)과 평안도 도절제사 구치관(具致寬)에게 여진이 와서

12 『世祖實錄』 권15, 世祖 5년 3월 14일 병신.

복종하는 것이 조선에 가장 이익이 되지만 중국에서 싫어하니 내조를 허락하지 말고 행량(行糧) 등을 주어 돌려보내도록 했다.[13] 세조는 명의 지시를 따르는 것도 아니지만 거부하는 것도 아닌 애매한 조치를 취했던 것처럼 보인다. 하지만 행량 등을 제공하면서 건주위 여진과 관계를 계속 유지하도록 했다는 점에서 사실상 명의 지시를 거부한 것이라 할 수 있다.

명 사신이 가지고 도착한 칙서는 건주 삼위의 도독 이고납합(李古納哈)과 동창 등에게 상사를 내려준 일을 질책하는 한편, 외인(外人)과의 교통을 끊고 이들이 스스로 찾아온다 하더라도 마땅히 거절해야 한다고 적고 있었다. 명사 진가유(陳嘉猷)는 세조에게 조선이 여진인들에게 관직과 궁검(弓劍), 안마(鞍馬) 등을 내려준 의도가 의심된다고 말했다. 세조는 이고납합과 동창 등은 일찍이 조선의 관직을 받았다는 점과, 이들의 내조를 금지할 경우 변경의 흔단이 생길 것이기 때문에 막을 수 없었다는 점을 밝히며 대응했다. 진가유는 여진이 변경의 흔단을 일으킬 가능성에 대해서는 동의했지만 명의 관직을 받은 사람들에게 다시 조선의 관직을 하사하는 행동이 문제라고 지적했다. 결국 세조는 여진인들을 접대하는 것은 부득이한 사정 때문이라며, 이를 해명하는 내용의 주본을 올릴 것을 약속하면서 긴 대화를 마무리했다.[14]

대화를 살펴보면, 세조는 조선의 잘못을 전혀 인정하지 않았다. 뿐만 아니라 여진을 접대하는 것은 변경의 문제를 해결하기 위한 부득이한 조치였다고 강조했다. 하지만 세조는 왕위에 오른 후 적극적으로 여진의 내조를 장려했다. 그리고 이들에게 관직을 하사하는 일이 전적으로 조선의 의도에

---

13 『世祖實錄』 권15, 世祖 5년 3월 25일 정미.

14 『世祖實錄』 권16, 世祖 5년 4월 8일 기미.

달려 있었다는 점을 생각해본다면 세조의 해명을 그대로 받아들이기는 어렵다. 이는 명의 견제에도 불구하고 세조가 여진과 교류를 끊을 생각이 없다는 점을 우회적으로 표현한 것이었다.

명사가 한양에 머무르는 동안 신숙주는 올량합과 알타리의 여러 추장들을 불러 모아 화해시키는 데 성공했다고 보고했다.[15] 세조는 신숙주에게 칙서의 내용을 등사해 내려보내면서 다음과 같이 언급했다.

> 내가 생각하기에 중국은 많은 계책이 있더라도 우리를 달랠 뿐이다. 위협하려고 해도 위협할 수 없으며, 내버려두고 싶어도 내버려둘 수 없으니 형세가 진실로 그러한 것이다.[16]

위의 기록에는 조선을 압박하는 명의 태도에 대한 세조의 인식이 잘 나타난다. 사실 명이 사신을 파견한 목적은 조선에 대한 질책이었다. 하지만 칙서의 내용과 진가유의 태도 등을 살펴볼 때, 명에게는 건주위 통교 문제로 조선과의 관계를 극단적인 상황으로까지 몰고 갈 의도는 없었던 것 같다.

이틀 뒤 세조는 신숙주와 양정(楊汀)에게 어찰(御札)을 내려 명에서 사신 무충(武忠)을 건주위에 파견해 조선과의 내왕을 금지시켰다는 정보를 전달했다. 아울러 여진에게는 중국이 싫어하기 때문에 대접하고 싶지만 그렇게 할 수 없다는 점을 설명하도록 지시했다.[17] 다음 날에는 명에 주본을 보내 조

---

15 『世祖實錄』 권16, 世祖 5년 4월 13일 갑자.

16 『世祖實錄』 권16, 世祖 5년 4월 13일 갑자.

17 『世祖實錄』 권16, 世祖 5년 4월 15일 병인.

선에서 여진의 내조를 권장한 것이 아니라 그들이 스스로 온 것을 거절하기 어려워 대접했을 뿐이라는 취지의 해명을 시도했다.[18]

하지만 조선의 본심은 한 달도 지나지 않아 드러났다. 세조는 강계 절제사 홍흥조(洪興祚)에게 찾아오는 여진인들을 후하게 대접하고 이들에게 왔던 명사의 행동과 대화 내용 등을 파악하도록 지시했다. 이와 함께 조선의 은혜를 강조하고 명에서 싫어하기 때문에 내왕이 어렵다는 점을 설명하도록 했다. 또한 여진인들이 양식과 소금 등을 요청하면 일단 칙서를 근거로 거절하고, 다시 요청한다면 후하게 지급해주도록 했다.[19] 여진의 내조를 거부하는 책임이 조선이 아니라 명에 있다는 것을 강조하려는 태도가 확인된다. 조선은 명과의 충돌을 피하기 위해 칙서의 지시를 따르는 것처럼 행동했지만 여진과 교류를 끊을 생각이 없었다.

한편 이만주는 명사 무충과 동성(佟成) 등이 건주위에 와서 나누었던 대화 내용과 명의 조치 등을 조선에 알렸다.[20] 이만주 역시 명의 의도와는 달리 조선과의 교류를 끊을 생각이 없었던 것이다. 오히려 양측의 관계를 더욱 확대하고 싶어 했던 것으로 보인다. 조선의 요구를 충실하게 수행한 건주위 여진에 대해 세조는 조선을 향모(向慕)하는 뜻을 알았다며 후대하도록 지시했다.[21]

명도 조선의 해명을 그대로 받아들이지는 않았다. 명은 주문사 조석문(曹錫文)과 권지(權摯)가 복귀할 때 함께 보낸 칙서를 통해 조선의 태도를 더

---

18 『世祖實錄』 권16, 世祖 5년 4월 16일 정묘.

19 『世祖實錄』 권16, 世祖 5년 5월 8일 기축.

20 『世祖實錄』 권16, 世祖 5년 5월 20일 신축.

21 『世祖實錄』 권16, 世祖 5년 5월 22일 계묘.

욱 강하게 질책했다. 정통제는 조선이 여진과의 교류를 잘못으로 여기지 않는다는 것, 중국에서 관직을 제수한 자에게 다시 관직을 제수하는 것은 명 조정에 대항하는 행동이라는 점을 지적했다.[22] 조선은 명의 견책에 대해 자신의 과실을 깊이 반성한다는 내용의 사은표문(謝恩表文)을 보냈다.[23] 이때 보낸 조선의 표문과 전문(錢文)이 내용과 글씨가 훌륭하다는 명 관료들의 칭찬을 받게 되면서,[24] 조선과 건주위 통교 문제에 대한 명의 압박은 일단락된다.

명의 관리들이 표전문을 칭찬했던 것은 일정 부분 진심이었을 것이다. 그렇지만 두 차례나 조선의 태도를 질책한 뒤였기 때문에 정치적 의미를 함께 고려할 필요가 있다. 명 관리들의 언급은 단순한 칭찬이라기보다는 조선이 자신의 과실을 전적으로 인정하는 태도를 보인 데 대한 만족의 표시로 봐야 한다. 그리고 조선의 태도를 통해 건주위와의 교류 의도에 대한 의심을 일정 부분 해소했기 때문에 나온 반응이었을 것이다.

명이 조선과 여진의 통교를 문제 삼으며 압력을 가하는 상황에서 가장 인상적인 것은 조선의 양면적 태도였다. 조선은 명의 견책에 대해 정성을 다해 해명했다. 뿐만 아니라 더욱 강한 견책이 가해지자 스스로의 잘못을 모두 인정하는 태도를 표명함으로써 명의 의심을 해소했다. 하지만 명이 실질적으로 요구했던 여진과의 교류 중지 지시는 사실상 거부했다. 명에 대한 사대명분 자체를 부정하거나 정면충돌을 야기할 수 있는 행동은 자제하면서도 국익을 위한 여진과의 교류는 유지했다.[25] 이러한 조선의 행동은 대명

22 『世祖實錄』 권17, 世祖 5년 7월 19일 무술.

23 『世祖實錄』 권17, 世祖 5년 7월 27일 병오.

24 『世祖實錄』 권18, 世祖 5년 11월 1일 기묘.

25 『世祖實錄』 권18, 世祖 5년 10월 21일 기사; 『世祖實錄』 권18, 世祖 5년 11월 26일 갑진.

의식에 대한 기존의 설명들로는 쉽게 이해되지 않는다. 이 부분에 대한 이해가 가능할 때 당시 조선이 가지고 있던 대명의식을 보다 정확하게 파악할 수 있을 것이다.

2. 낭발아한 제거와 모련위 정벌의 원인

모련위 정벌은 세조대 단행된 첫 번째 대외 군사 활동이며, 세조대 여진 정책 중에 가장 중요한 의미를 갖는 사건이었다. 특히 대외정벌이라는 군사 활동은 단순히 조선과 여진의 관계에만 국한된 것이 아니라 자동적으로 명과의 관계에도 영향을 미칠 수밖에 없었다. '모련위'라고 명명된 지역은 이미 명에서 설정한 위소 체제에 포함되어 있는 곳이었고, '모련위'나 '건주위'에 대한 군사행동은 사실상 명의 영역을 침범한 것으로 파악될 수 있는 문제였기 때문이다.

모련위 정벌의 원인을 이해하기 위해서는 조선이 낭발아한(浪孛兒罕) 부자 등을 처형했던 사건과 그의 아들 아비거(阿比車)의 조선 공격을 살펴볼 필요가 있다. 기존 연구들은 모두 낭발아한 일족에 대한 처형과 여기서 파생된 아비거의 침입을 모련위 정벌의 주요 원인으로 제시했기 때문이다.

우선 이인영은 조선이 낭발아한 부자 등을 처형했던 원인을 다음과 같이 설명했다. ① 낭발아한의 아들 낭이승가(浪伊升哥)가 조선을 속이고 명에 입조하고자 했던 일이 조선을 자극했다. ② 낭발아한이 정벌에 관한 거짓 소문을 내서 여러 여진 부족들을 동요시켰다. ③ 조선에서 파견한 통사를 활로 겨누며 위협했다. ④ 여진 세력 간의 관계를 조정하면서 이들을 화해시키고자 했던 조선의 부름에 응하지 않았다. ⑤ 양측의 감정 대립이 악화되어 파생된 사건이었다. 이상의 5가지가 이인영이 선구적으로 지적했던 낭발아한 일족의 처형 원인이었다. 특히 조선이 여진 세력을 정복자로서 교만하게 대하면서 경멸했던 것이 양측의 극단적 대립을 불러왔던 것으로 설명했다.[26]

이인영이 제시했던 낭발아한 처형의 원인들은 후속 연구에서도 거의 그대로 받아들여졌다.[27] 이인영의 설명 중 가장 주목되는 것은, 자국 중심적 사고에서 벗어나 조선이 정복자의 태도로 여진 세력을 멸시했다는 점을 지적한 부분이다. 그가 제시했던 5가지 원인 중 앞의 4가지는 실록에 직접 기록되어 있는 내용이었다. 이인영은 낭발아한 일족의 처형 원인을 실록의 기록으로만 설명하기에는 부족하다고 지적하면서 5번째 원인을 제시했다. 이는 실록 기록의 한계를 잘 파악한 뛰어난 견해였다고 생각한다. 하지만 관련된 내용에 대한 논증이 제한적으로 이루어졌을 뿐만 아니라, 낭발아한이라는 강대한 세력의 추장을 제거하는 정치적 행위의 의미를 지나치게 소략하게 설명했다는 점에서 다소 미흡하게 느껴진다. 낭발아한 일족을 처형했던 조치는 당시 조선이 계획하고 추진했던 여진 정책의 흐름 속에서 나온 것이기 때문이다.

다음으로 검토해야 할 것은 아비거의 조선 공격과 모련위 정벌의 원인과 목적에 관한 내용이다. 세조대 모련위 정벌의 원인을 제일 먼저 설명했던 연구자 역시 이인영이었다. 그는 아비거 등 여진의 침입과 함길도민의 적개심, 조선의 군사력에 대한 신뢰, 명에게 조선의 국위를 보이려는 의도

26 이인영, 『韓國滿洲關係史의 研究』, 乙酉文化社, 1954, 89쪽, 93~94쪽 참조.

27 黃善熙, 「世祖 초기의 女眞關係와 北征」, 서강대학교 사학과 석사학위논문, 2007, 20쪽, 24~25쪽 참조; 한성주, 「5장 世祖代 毛憐衛 征伐과 수직정책의 활용」, 『조선 전기 수직여진인 연구』, 景仁文化社, 2011, 160~162쪽 참조.

를 북정(北征)의 원인으로 설명했다. 그리고 삼수(三水)·갑산(甲山) 방면의 방어가 충실해진 것과 허수라천(虛水羅川) 개척에 착수하게 된 것을 북정의 결과로 제시했다.[28]

오종록은 북정의 목적이 여진 세력에게 군사력을 과시해서 조선의 정책을 따르게 하는 것, 조선이 명에 버금가는 동아시아 사회의 중심 국가임을 확인하여 위상을 높이려 한 것 등이었다고 보았다. 특히 세조가 정벌의 성과를 강조해서 왕권과 왕실의 권위를 높이려 했다고 해석한 점은 의미가 크다.[29] 황선희는 세조대 북정이 군사력을 앞세워 추진한 패권적 여진 정책의 일면을 드러냈다고 강조하며, 정벌 원인으로 근경(近境) 여진인의 저항과 조선과 여진의 관계를 계속 저지했던 명에 대한 불만을 지적했다.[30] 마지막으로 한성주는 조선이 자주적 입장과 국위를 과시하고자 한 것, 조선과 명의 외교적 마찰이 정벌이 원인이 되었다고 설명했다.[31]

이 중 오종록은 모련위 정벌의 원인과 목적에 대해 이전의 연구들에 비해 보다 자세한 논증을 시도했다. 특히 조선의 정벌을 여진의 침입과 대응이라는 구도에서 벗어나 보다 넓은 시각에서 설명하고자 했던 점이 인상적이었다. 그럼에도 논문의 주제 자체가 신숙주의 군사정책과 경론(經論)에 관련된 것이다 보니, 정벌의 의미에 대한 보다 자세한 논증이 이루어지지 못했다. 다른 연구자들의 정벌에 대한 언급은 더욱 간략했다. 때문에 정벌의 원인과 목적이라는 중요한 부분이 소략하게 취급되었다. 한성주의 경우 조

---

28 이인영, 앞의 책, 99~100쪽, 125~126쪽 참조.

29 吳宗祿, 「申叔舟의 軍事政策과 宰相으로서의 經論」, 『역사학논총』 3·4, 2003, 183~184쪽, 186쪽 참조.

30 黃善熙, 앞의 논문, 10쪽, 33쪽, 37~38쪽 참조.

31 한성주, 앞의 책, 155~156쪽 참조.

선의 여진 정벌을 단순히 여진의 침입과 대응이라는 시각으로만 보기 힘들다는 의미 있는 지적을 했다.[32] 하지만 관련된 논증이 이루어지지 않았다는 점은 아쉽다.

기존 연구들은 모두 모련위 정벌의 원인을 여진의 침입과 명에 대한 대응이자 국위 과시를 위한 군사행동으로 파악했다. 하지만 세조가 낭발아한 부자 등을 처형하기 전까지는 해당 지역 여진의 침입이 전혀 없었다는 점과 이후에도 아비거 등의 침입 횟수가 매우 적었다는 점, 조선의 피해가 제한적이었다는 사실 등을 생각해볼 때 정벌의 원인을 침입에서 찾는 데는 한계가 있다. 더욱이 정벌이라는 대외 군사행동이 가져올 주변 국가에 대한 영향 등을 고려하면, 외부 세력의 제한적 침입 때문에 1만에 달하는 군사를 동원해 상대 영역의 중심부를 타격한다는 것을 쉽게 수긍하기 어렵다.

앞에서 제시했던 문제들을 설명하기 위해서는 먼저 조선이 낭발아한 부자 등을 처형했던 사건의 원인과 의미를 살펴볼 필요가 있다. 낭발아한은 단종대 여진 지역의 세력과 분포 등을 조사했던 이사철(李思哲)의 보고서에서[33] 1등급으로 분류된 추장 중 한 명이었다. 특히 보고서에 기록되어 있던 낭발아한의 자식들과 가족, 관하로 분류된 추장들까지 고려한다면 그의 영향력은 매우 컸던 것으로 보인다. 조선에서는 그를 우대해야 할 추장으로 인식했다.[34] 실제로 그는 조선에서 파격적인 대우를 받고 있었다. 다른 추장의 휘하에 있던 여진인들은 낭발아한의 휘하처럼 대우해주지 않는다며 불

---

32 위의 책, 155~156쪽 참조.

33 단종대 이사철의 여진 세력 보고서에 대한 자세한 분석은 다음의 논문이 참조된다. 한성주, 「두만강 지역 여진인 동향 보고서의 분석—『端宗實錄』 기사를 중심으로」, 『史學研究』 86, 2007.

34 『世祖實錄』 권14, 世祖 4년 9월 4일 무자.

만을 표시하기도 했다.[35]

그에 대한 문제가 심화된 것은 세조 5년(1459) 6월이었다. 이때 신숙주는 세조의 지시를 받아 여진 세력들 간의 화해를 주도하고 있었다. 다른 추장들은 모두 왔는데, 낭발아한 혼자 병을 칭하면서 부름에 응하지 않았던 것이 문제가 되었다. 신숙주는 통사를 보내 그를 설득했다. 그러나 낭발아한의 족인(族人)들이 통사에게 화살을 겨누며 위협했을 뿐만 아니라 조선의 정벌 의도가 의심된다는 말을 하면서 문제가 더욱 커졌다.[36] 세조는 낭발아한 등이 무례했던 것은 사실이지만 일일이 법으로써 다스릴 수는 없다며, 이들을 진정시키도록 지시했다.[37] 결국 낭발아한 등은 함길도 경차관 강효문(康孝文)을 만나 자신의 잘못을 해명했고, 강효문은 통사에게 활을 겨눠 구속되었던 월랑가(月郞哥) 등을 석방했다.[38]

이처럼 해결되는 듯했던 사건은 최적(崔適)이 '낭이승가(낭발아한의 아들)가 중국에 가려고 미리 행장을 갖춘 지 며칠 되었다'라는 낭이승가 아내의 말을 비밀리에 전달하면서 파국을 맞게 된다. 세조는 낭발아한 부자를 가두고 죄상을 알린 후, 다른 추장들에게는 죄가 미치지 않을 것임을 설명하라는 지시를 내렸다.[39] 낭발아한 부자에 대한 처리 방향이 결정되었기 때문에 내린 지시였던 것으로 보인다.

결국 양정과 오백창(吳伯昌)은 낭발아한 부자와 그의 친족들을 회령에 가

---

35 『世祖實錄』 권13, 世祖 4년 6월 27일 계미.

36 『世祖實錄』 권15, 世祖 5년 6월 11일 신유.

37 『世祖實錄』 권15, 世祖 5년 6월 11일 신유.

38 『世祖實錄』 권17, 世祖 5년 7월 17일 병신.

39 『世祖實錄』 권17, 世祖 5년 8월 3일 임자.

두고 심문했다.[40] 추장들은 낭발아한 부자가 구속되자 크게 놀라면서,[41] 중국의 높은 관직을 받았고 나이가 많다는 점을 들어 선처를 요청했다.[42] 여기서 주목되는 점은 추장들이 낭발아한 부자의 용서를 청하는 근거 중 한 가지로 중국의 높은 관직을 받았음을 언급했다는 것이다. 조선에서 낭발아한에게 죄를 준다면 이는 곧 명이 관직을 하사한 관리를 처벌하는 일이 된다는 점을 강조하려는 의도였을 것이다.

그러나 명의 높은 관직을 받았으니 처벌하지 말아야 한다는 논리는 별다른 영향을 주지 못했다. 세조는 낭발아한과 낭이승가 등의 죄를 결코 용서할 수 없다는 의지를 강하게 밝혔다.[43] 나흘 뒤 신숙주는 낭발아한 부자의 참수형을 건의했다. 세조는 근거 없는 소문으로 여진의 여러 부락들을 혼란스럽게 만들고 조선의 사자를 활로 쏘려 했던 것, 신숙주의 부름에 응하지 않았던 것, 아들 낭이승가와 함께 모반을 획책했다는 것 등을 죄목으로 이들 부자와 함께 왔던 족친들까지 모두 참수형에 처했다. 모련위에서 가장 강한 세력을 가지고 있던 추장이자 명의 관직까지 받았던 인물을 조선이 참수형에 처한 사건은 파급이 클 수밖에 없었다.

낭발아한 부자 등을 처형한 조선의 조치는 쉽게 이해되지 않는 부분이 많다. 우선 조선의 사자에게 활을 겨누었다는 부분은 낭발아한의 행동이 아니었기에 그의 죄목이 될 수 없다. 또한 그의 부하들이 조선의 통사를 활

---

40 『世祖實錄』 권17, 世祖 5년 8월 23일 임신.

41 사실 낭발아한 본인도 조선의 조치를 예상하지 못했던 것 같다. 그렇기 때문에 다른 추장들과 함께 도절제사와 경차관의 부름에 응해서 왔던 것으로 보인다. 이러한 상황에서 조선의 강력한 조치는 자연스럽게 다른 추장들의 동요를 불러일으켰을 것이다.

42 각주 40과 같음.

43 『世祖實錄』 권17, 世祖 5년 8월 24일 계유.

로 겨눈 것은 공격 의도보다는 추장을 보호하려는 의도가 더 강하게 반영된 행동이었다고 추측된다. 낭이승가가 조선을 배신하고 낭발아한과 함께 중국으로 가려고 했다는 점도 사형에 처할 정도의 죄목으로는 부족해 보인다. 왜냐하면 이들은 이미 명과 통교하고 있었을 뿐만 아니라 명의 관직까지 받는 관계였다. 더욱이 여진 세력들의 중국 입조를 막지 말라고 지시했던 세조의 태도로 볼 때, 이 같은 이유로 사형을 결정했다는 것은 쉽게 수긍되지 않는다.

실록의 기록을 조금 더 자세히 살펴보면 의문에 대한 실마리를 찾을 수 있다. 낭발아한 문제에서 조선 측이 가장 많이 언급했던 것이 무엇이었는지가 중요하다. 낭발아한의 행동에서 가장 크게 문제가 되었던 부분은 조선이 모련위를 공격하려 한다는 소문을 냈다는 점이었다. 낭발아한은 조선이 실제로 정벌 의도를 가지고 준비하고 있다고 파악했던 것 같다. 그는 신숙주가 자신을 설득하기 위해 통사를 보냈을 때, "조선에서 장차 군사를 내어 우리를 공격하려고 너희들을 보내어 나의 출처(出處)를 염탐하는 것이다"라고 말했다. 또한 태종 10년(1410)에 있었던 정벌 사례를 들어 조선 측의 의도를 의심했다.[44] 그가 조선의 정벌을 의심했던 판단 근거는 함길도 경차관 강효문의 보고 내용에서도 찾을 수 있다.

> 낭발아한이 말하기를, "너희 나라에서 내 자식을 먼저 죽였는지 어찌 알겠는가? 이 전에 부령(富寧)의 병마가 허수라(虛水剌)의 도로를 살피므로 우리들이 모두 의심하고 걱정하는 마음을 품게 되어서 군사를 나누어 망을 보았었다. (…) 모두 처자들로 하여금 [도망가서] 산에 올라가도록 할 뿐이다" 하고 결국 오지

44 『世祖實錄』 권16, 世祖 5년 6월 11일 신유.

않았습니다. 이보다 앞서 신숙주가 부령부사 오익창으로 하여금 허수라의 적로(賊路)를 살펴보게 했기 때문에 낭발아한이 이를 가져다 구실로 삼은 것입니다. 양정이 여러 번 사람을 보내어 그들을 불렀지만 역시 오지 않았습니다.[45]

이 기사는 실제로 신숙주가 부령부사 오익창(吳益昌)에게 허수라 지역의 도로를 살피도록 지시했음을 보여준다. 태종대에 정벌을 당했던 데 더하여 세종대 파저강 일대 정벌까지 지켜본 낭발아한이 허수라 지역의 도로 탐지를 모련위에 대한 정벌 준비로 파악했던 것은 충분히 근거가 있는 추측이었다. 더욱이 허수라 지역은 후일 신숙주가 세조에게 정벌 계획을 보고할 때 실제로 정벌군의 진지를 만들고자 했던 곳일 뿐만 아니라 정벌군이 행군하는 과정에서 지나가야 하는 지점이었다.[46] 낭발아한은 조선의 군사행동 움직임을 파악했기 때문에 다른 부족들에게 관련 정보를 전달했던 것으로 보인다.

만약 조선에서 모련위를 정벌할 의사가 없었다면 이 지역에서 상당한 영향력을 가지고 있었던 낭발아한의 의심을 풀어주고 상황을 안정시키기 위해 노력했을 것이다. 그런데 조선은 정반대로 낭발아한 일족을 제거하는 방식으로 문제를 해결하려 했다. 조선의 태도를 보았을 때 낭발아한은 조선의 의도를 정확하게 파악하고 있었던 것으로 판단된다.

낭발아한 제거에 대해 한 가지 더 생각해볼 것이 있다. 건주위와 모련위의 유력 추장들이 통제 범위를 벗어날 경우 이들을 제거하는 것이 조선의

45 『世祖實錄』 권16, 世祖 5년 6월 11일 신유.

46 『世祖實錄』 권20, 世祖 6년 4월 10일 병진; 『世祖實錄』 권20, 世祖 6년 4월 26일 임신.

정책이었을 가능성이 높다는 점이다.[47] 예컨대 세종대 두 차례에 걸친 파저강 정벌 중 두 번째 정벌의 최대 목표는 이만주의 포착이었다. 때문에 세종은 정벌 직전에 이만주와 그의 족친들의 근거지를 파악하기 위해 대규모 정보 활동을 전개했다.[48]

조선의 의도는 동속로첩목아(童速魯帖木兒) 사례에서도 파악할 수 있다. 동속로첩목아 역시 조선에서 낭발아한과 같은 관직을 받을 정도로 영향력이 큰 추장이었다.[49] 그는 낭발아한 일족의 처형 소식을 듣고 조선이 자신도 해치지 않을까 심각하게 우려했다. 세조는 동속로첩목아를 일단 설득하고자 했다. 하지만 도망간다 하더라도 건주위로 갈 뿐이라며 적극적으로 회유하지 않았다. 뿐만 아니라 한양에서 시위하고 있던 그의 아들 청주(靑州)를 이용하는 계획도 언급했다.[50]

그런데 강효문이 동속로첩목아의 침입이나 반역 등은 의심할 필요가 없고, 낭발아한의 아들 아비거는 복수를 위해 조선을 침략하고자 한다는 우려와는 달리 내투(來投)할 뜻을 지니고 있다는 정보를 보고하자, 세조는 이들을 후하게 대접하라고 지시했다.[51] 이후 조선에서는 그를 포섭하기 위해 노력했다.[52]

---

47 황선희는 조선이 여진 세력 간의 화해를 주도하는 데 낭발아한이 부정적 역할을 했던 것이 그의 제거 원인 중 한 가지였다고 주장했다. 황선희, 앞의 논문, 24~25쪽. 일리 있는 견해이다. 황선희가 지적했던 부분 역시 조선의 통제를 벗어나고자 했던 낭발아한의 행동으로 설명할 수 있을 것이다.

48 『世宗實錄』 권78, 世宗 19년 7월 1일 기축; 『世宗實錄』 권78, 世宗 19년 7월 17일 을사.

49 『端宗實錄』 권12, 端宗 2년 12월 20일 병신.

50 『世祖實錄』 권18, 世祖 5년 12월 7일 을묘.

51 『世祖實錄』 권19, 世祖 6년 1월 11일 기축.

52 『世祖實錄』 권19, 世祖 6년 2월 7일 갑인; 『世祖實錄』 권19, 世祖 6년 2월 11일 무오.

동속로첩목아는 낭발아한 부자의 처형을 계기로 조선을 신뢰하지 않게 되었던 것 같다. 그의 아들 청주가 한양에서 시위를 하고 있는 상황임에도 아비거 등을 도와 조선을 공격했고 죽을 때까지 조선에 투항하지 않았기 때문이다.[53] 특히 동속로첩목아는 당시 몸이 많이 아픈 상태로 알려져 있었다.[54] 그런 상황에서도 군사공격을 감행하고 끝까지 회유를 거부했던 것은 조선이 모련위의 유력 추장들을 제거하려 한다고 판단했기 때문이었을 것이다.

훗날의 일이기는 하지만 신숙주는 정벌군을 출동시키면서 명사 마감(馬鑑)의 부름에 따라 모였던 모련위의 추장 90여 명을 모두 잡아서 참수했다.[55] 이 역시 조선에서 통제를 거부하는 여진 추장들을 제거한다는 목표를 가지고 있었음을 보여준다. 조선이 추장들을 제거한 가장 큰 이유는 여진의 구심점이 될 수 있는 지도자를 제거해서 통합을 방해하고 조선에 더욱 의지할 수밖에 없는 상황을 조성하기 위해서였을 것이다.[56]

낭발아한 일족이 처형된 후 그의 아들 아비거는 군사를 모아 조선을 공격하기 시작했다.[57] 세조 즉위 이후 단 한 번도 없었던 여진의 군사 공격이 다시 시작된 것이다. 조선은 여진과 관련된 다른 사안들과는 달리 첨지중추원사 이흥덕(李興德)을 명에 파견해 아비거 등의 침입 상황을 알렸다.[58] 여진과의 교류를 문제 삼았던 명에 대한 선제 조치였던 것으로 보인다. 또한 출

53 『世祖實錄』 권19, 世祖 6년 1월 25일 계묘; 『世祖實錄』 권21, 世祖 6년 7월 7일 신사.

54 『世祖實錄』 권19, 世祖 6년 3월 8일 을유.

55 『世祖實錄』 권21, 世祖 6년 9월 4일 정축.

56 吳宗祿, 앞의 논문, 2003, 168쪽 참조.

57 『世祖實錄』 권19, 世祖 6년 1월 28일 병오.

58 『世祖實錄』 권19, 世祖 6년 2월 10일 정사.

병의 명분을 쌓기 위해서이기도 했을 것이다. 아비거는 다시 1백여 기를 인솔하여 조선을 공격했지만 오히려 요격되어 전사했다.[59]

일반적으로 아비거의 조선에 대한 공격은 모련위 정벌의 직접적 원인으로 설명되었다. 하지만 아비거 등의 공격으로 조선이 입은 피해는 거의 없다고 할 만큼 적었다. 더욱이 이들은 대부분 변경 지역에서 요격당해 조선의 영역 안으로 들어오지도 못했을 뿐만 아니라 침입 횟수도 매우 적었다. 심지어 대장이었던 아비거는 조선을 공격한 지 한 달여 만에 전사했다. 그럼에도 불구하고 세조와 대신들이 정벌을 쉽게 언급했던 것은 당시 조선이 모련위에 대한 출병 의도를 이미 가지고 있었다는 점을 보여준다.

특히 이조판서 구치관은 북방의 병력이 강하지만 최근에 휴식한 지가 오래되어 공적을 이루고자 할 것이라는 언급을 통해 정벌의 필요성을 설명했는데, 세조 역시 동의했다.[60] 조선 조정에는 대외정벌이 필요한 시점이라는 공감대가 형성되어 있었던 것으로 보인다. 또한 조선에서 낭발아한 부자 등을 제거하기 전까지는 세조의 재위기 동안 여진의 침입이 전혀 없었다는 점도 아비거의 침입만으로 모련위 정벌이라는 초대형 사업이 결정되었다고 보기 어려운 근거가 된다.

사실 아비거 등의 침입에 원인을 제공했던 것은 그 누구도 아닌 바로 조선이었다. 아비거의 침입이 가족의 죽음에 대한 복수 차원에서 시작되었다는 점을 생각해본다면, 조선이 이를 보복한다는 명분으로 정벌군을 일으킨 것은 정당한 행동이라 평가하기 어렵다.

정벌은 당연히 준비기간이 필요하다. 뿐만 아니라 정벌을 시행할 경우

---

59 『世祖實錄』 권19, 世祖 6년 3월 1일 무인.

60 『世祖實錄』 권19, 世祖 6년 2월 24일 신미.

파생될 여러 문제들을 깊이 고민해야 한다. 특히 정벌의 실패는 국가와 국왕의 권위에 심각한 타격을 줄 수 있는 위험성을 항상 내포하고 있다. 이러한 정책을 외부 세력의 제한적 침입에 따라 즉각적으로 준비해서 시행한다는 설명은 쉽게 받아들이기 어렵다.

이런 시각에서 본다면 아비거 등의 침입은 정벌의 원인이라기보다는 정벌의 명분으로 활용되었다고 볼 수 있다. 특히 세조가 여진의 침입을 틈타 공격을 가해야 하며 기회를 놓칠 수 없다고 언급했던 것과,[61] 건주위 토벌에 대한 의견을 밝히면서 이들의 죄가 없어 군사를 내는 명분이 없으니 기다렸다가 죄를 지으면 토벌하는 것이 좋겠다고 했던 사례[62] 등은, 조선이 여진의 침입을 정벌의 명분으로 사용하고자 했음을 잘 설명해주는 기록이다.

한편 조선은 아비거의 침입 사실을 신속하게 명에 알렸던 것과는 달리 낭발아한 등의 처형에 관해서는 먼저 알릴 생각이 없었던 것 같다. 낭발아한 일족을 처형한 일이 명에 알려지면 외교적 마찰을 가져올 것임을 예상했기 때문일 것이다. 그러나 낭발아한 정도의 위치에 있는 추장을 처형한 사실은 명에 전달될 수밖에 없었다.

정조사 함우치(咸禹治)는 명에서 사신을 파견해 낭발아한 등을 죽인 이유를 묻도록 했다고 보고했다.[63] 조선에 도착한 명사 장녕(張寧)과 무충(武忠)은 낭발아한 등 16인을 불러 처형한 일에 대한 해명을 요구했다. 특히 장녕은 낭발아한이 명 조정의 대관(大官)임에도 조선이 함부로 처형한 점을 지적했다. 세조는 낭발아한 등은 대대로 우리나라 지방에 살았기 때문에 편맹(編

61 『世祖實錄』 권19, 世祖 6년 3월 2일 기묘.

62 『世祖實錄』 권22, 世祖 6년 윤11월 15일 정사.

63 『世祖實錄』 권19, 世祖 6년 2월 6일 계축.

氓)과 다름없으며, 증거가 명백한 도적들이었으므로 처리를 늦출 수 없었다고 해명했다. 하지만 장녕의 추궁이 계속되자 세조는 여진이 변경에서 문제를 일으킬 때 명에 알리지 않고 처벌했던 전례와 이를 허락했던 예전 황제들의 지시를 근거로 조선의 행동에는 문제가 없다고 주장했다. 세조의 강경한 태도에 한 발 물러난 장녕은 명이 모련위 여진을 편드는 것이 아니며, 조선을 극진히 대접하고 있다고 했다. 아울러 황제의 조치는 여진의 군사행동을 금지시키려는 의도임을 설명했다.[64]

사실 조선에서 낭발아한을 처형했을 때 명과 외교 문제가 발생할 것을 예측하지 못한 사람은 없었을 것이다. 더욱이 명에서 건주위 여진과의 통교 문제를 제기한 것이 바로 얼마 전이었음을 감안하면 낭발아한 처형이 외교 문제로 비화되는 것은 피할 수 없는 일이었다. 이 같은 위험성에도 조선이 낭발아한 부자 등을 처형했던 것은 여진의 유력 추장들을 제거하려는 조선의 의지가 반영된 결과였다. 특히 세조가 명사 장녕과의 대화에서 강경한 태도를 보였던 점은 조선의 결정이 상당 부분 의도되고 준비된 것이었음을 의미한다. 같은 날 세조는 올량합과 알타리를 공격해 멸망시켜야 한다며 명백한 정벌 의사를 표명했다.[65]

세조가 모련위 정벌을 직접 지시했던 것은 함길도 도절제사 양정이 7~8명의 적이 부령 석막리(石幕里)를 침입해 백성 한 명을 죽였다고 보고한 직후였다. 보고를 받은 세조는 신숙주와 의논해서 북정을 결정했다.[66] 이 내용만 보면 세조대 정벌 역시 조선의 변경을 자주 침략했던 여진에 대한 대응

64 『世祖實錄』 권19, 世祖 6년 3월 2일 기묘.

65 『世祖實錄』 권19, 世祖 6년 3월 2일 기묘.

66 『世祖實錄』 권19, 世祖 6년 3월 22일 기해.

차원에서 결정된 것처럼 보인다. 그러나 정벌을 결정한 계기라 하기에는 침입한 병력의 숫자뿐만 아니라 피해 규모 역시 매우 적었다. 결국 세조가 신숙주와 의논하여 북정을 결정했다는 기록은 당시 조선이 여진에 대한 정벌 의사를 이미 가지고 있었다는 점을 보여주는 것이다.

이후 조선은 정벌 준비에 더욱 매진했다.[67] 정벌을 위해 파견된 함길도 도체찰사 신숙주는 1460년 4월 15일 5천여 명의 병력을 동원해 출격하겠다는 계획을 보고했다.[68] 조선 조정에서 모련위 정벌이 진행되는 동안 주문사 이흥덕이 칙서를 가지고 돌아왔다. 칙서에는 증거 없이 명에서 관직을 준 낭발아한 등을 죽인 일은 조선에서 먼저 변경의 흔단을 일으킨 것이라고 적혀 있었다. 또 조선 스스로 반성하여 아비거 등 여러 여진인들과 강화를 맺으라는 지시도 있었다.[69] 그러나 조선은 정벌을 중지하지 않았다.

한편 신숙주는 강물이 불어 도강이 어렵기 때문에 정벌 시기를 뒤로 늦추자는 의견을 올렸다. 그는 칙서의 내용을 언급하며 다시 출병할 때는 상황에 따라 변명할 말을 만들면 된다고 주장했다.[70] 세조 역시 신숙주의 의견에 반대하지 않고 정토(征討) 계획을 계속 추진하도록 지시했다.[71] 당시 조선은 명의 화해 지시를 따를 의사가 전혀 없었던 것이다.

같은 해 6월 사은사 김순(金淳)은 복귀하면서 다시 황제의 칙서를 가져왔다. 역시 여진과의 화해를 종용하는 내용이었다.[72] 조선은 다시 사은사를 파

---

67 『世祖實錄』 권20, 世祖 6년 4월 1일 정미; 『世祖實錄』 권20, 世祖 6년 4월 8일 갑인.

68 『世祖實錄』 권20, 世祖 6년 4월 10일 병진.

69 『世祖實錄』 권20, 世祖 6년 4월 25일 신미.

70 『世祖實錄』 권20, 世祖 6년 4월 26일 임신.

71 『世祖實錄』 권20, 世祖 6년 4월 29일 을해.

72 『世祖實錄』 권20, 世祖 6년 6월 9일 갑인.

견해서 낭발아한 문제에 대해 해명하고자 했다.[73] 7월에는 명에서 마감을 모련위에 파견해 조선과 화해하는 일을 처리하도록 했다. 이 정보를 보고 받은 세조는 마감이 가져온 칙지는 모련위에 해당하는 것이지 조선과는 관계가 없다며, 명사가 찾아오더라도 받아들이지 말도록 지시했다. 그리고 만약 칙서에 조선과 직접적으로 관련된 부분이 있다 하더라도 사신들이 왕래하는 길이 아니기 때문에 들여보낼 수 없다는 논리로 명 사신의 입경을 막도록 지시했다.[74]

만약 조선이 여진 세력과 진정한 화해를 원했다면 명이 사신을 파견해 화해를 중재하는 데 대해 고마움을 느꼈을 것이다. 하지만 낭발아한 문제와 아비거 등의 침입을 명분으로 대외정벌을 단행하려던 조선에게 명의 화해 주선은 방해가 될 뿐이었다.

3. 정벌 성과의 정치적 활용과 대명의식

조선은 외부 세력의 침입에 대한 대응으로 정벌을 추진·시행했던 것이 아니라 대여진 정책의 일환으로 정벌을 치밀하게 준비하고 있었다. 조선 초기의 대외정벌을 주도적으로 추진했던 존재는 항상 국왕이었다. 이는 조선의 국왕들이 정벌을 통해 대외 영향력을 확대하는 동시에 정벌의 성과를 국내 정치에 적극적으로 활용하고자 했다는 점을 설명해준다.

명사 마감은 양측의 화해를 주도하기 위해 온 자신의 입경을 거부하는

---

73 『世祖實錄』 권20, 世祖 6년 6월 19일 갑자.

74 『世祖實錄』 권21, 世祖 6년 7월 5일 기묘.

조선에 대해 큰 불쾌감을 드러냈다.[75] 그는 여진 추장들과 조선 관리들을 함께 불러 황제의 뜻을 전하고자 했으나, 여진인들이 변란을 일으킬 가능성 때문에 조선의 관리들은 부르지 않았다고 했다.[76] 그러나 사실은 조선에서 자신의 지시를 거부할 것을 우려했던 마감이 여진 추장들에게만 칙서의 내용을 전달했을 가능성이 높다. 조선에서 마감을 대하는 태도가 호의적이지 않았기 때문이다.

한편 세조는 7월 27일에 신숙주와 함께 북정 계획을 결단했다. 그리고 여진인들이 놀라서 도망할 것을 우려해 신숙주를 선위사(宣慰使)라 칭하도록 하고, 명사를 직접 만나 접대하도록 지시했다.[77] 세조는 명에서 보낸 사신이 조선과 모련위의 화해를 위해 활동하는 동안 오히려 정벌을 결단했다. 심지어 가을에 군대를 출동시키고자 했던 계획을[78] 앞당기기까지 했다.[79] 조선이 갑작스럽게 정벌 시기를 앞당겼던 이유가 설명된다면 세조가 정벌을 정치적으로 어떻게 활용하고자 했는가와 당시 조선이 가지고 있던 양면적 대명의식을 설명할 수 있을 것이다. 이 부분은 세조가 신숙주에게 내렸던 어찰에서 잘 나타난다.

제1조. 동창·[동]화니치 등 2백 인 중에서 만약 싸움을 돕는 자가 있거든 모

---

75 『世祖實錄』 권21, 世祖 6년 7월 19일 계사.

76 『世祖實錄』 권21, 世祖 6년 7월 25일 기해.

77 『世祖實錄』 권21, 世祖 6년 7월 27일 신축.

78 『世祖實錄』 권21, 世祖 6년 7월 19일 계사.

79 기존 연구들은 이 부분을 설명하면서 명의 개입이 조선의 정벌을 촉발한 것으로 설명했다. 그러나 조선은 이미 4월부터 출동이 가능할 정도로 정벌 준비를 갖추고 있었다는 점에 대한 고려가 부족했다. 또한 양면적 대명의식의 실상을 설명하지 못한 채 명의 개입을 정벌을 촉발한 원인 중 한 가지로 해석하는 것은 당시의 대외의식을 정확하게 설명하지 못한 것이다.

조리 섬멸하라. 그렇지 않다면 공격하지 말라. [그들에게] 명 사신을 공경하는 뜻을 효유(曉喩)하고, 그중 동창·도리(都里) 등에게 나의 인휼(憐恤)하고 잊지 않는 뜻을 개별적으로 효유하라.

제2조. 내가 생각해보니 양덕(陽德)·맹산(孟山)의 길을 따라 오는 것이 좋겠다. 내가 장차 순행(巡幸)을 일찍 출발하여 평양에서 그(명사—인용자)를 접대하고, 아울러 건주를 진압할 모책을 계획하고자 한다. 만약 명사가 우리나라를 경유하고자 하지 않거든, 마땅히 강청하여 말하기를 '저 도적들이 반드시 천사(天使)를 죽이고, [혐의를] 우리나라에 미룰 것이다'라고 하라.[80]

위의 기록에서 우선 주목되는 점은 정벌 중 적을 돕는 여진 추장들이 있다면 모조리 섬멸하라고 지시한 것이다. 이들은 명사 마감의 부름에 응해 모인 추장들이었다. 그럼에도 조선의 의지에 반하는 행동을 할 경우 가차 없이 제거할 것을 지시했다. 이는 조선이 사대보다 국체를 더 중요시했다는 점을 보여준다. 그러면서도 명사에 대해 공경하는 뜻을 밝힐 것을 강조한 점에서 사대명분 자체를 부정하지 않는 조선의 양면적 태도가 잘 나타난다.

더욱 관심이 가는 내용은 세조가 순행을 앞당겨 시행해서 명사 마감을 평양에서 만나겠다는 계획을 지시한 부분이다. 정벌이라는 국가적 대사를 진행하면서 동시에 국왕의 순행이라는 큰 행사를 동시에 추진하겠다는 세조의 계획이 인상적이다. 특히 입경을 막아왔던 명 사신을 평양까지 데려오도록 조치한 점도 주목된다. 만약 명 사신이 조선에 들어오려 하지 않거든 '도적들이 반드시 천사를 죽이고, [혐의를] 우리나라에 미룰 것이다'라는 근거 없는 말을 해서라도 반드시 평양으로 데려오라고 지시했다. 사료상의 표

---

80 『世祖實錄』 권21, 世祖 6년 7월 29일 계묘.

현은 강청이지만 이는 사실상 강제로라도 명 사신을 평양으로 데려오라는 지시와 다를 것이 없다. 세조는 순행을 실시하면서 평양에서 명사를 접견하고 모련위 정벌의 승전보고 역시 평양에서 받고자 했던 것으로 보인다. 만약 이 계획이 예정대로 이루어진다면 국왕의 순행과 사대지례(事大之禮), 정벌의 성공을 축하하는 세 가지 의례가 평양에서 함께 진행되는 구도를 만들어낼 수 있었다.

이 구도는 조선의 경내에 들어오지 못하게 하던 명 사신을 갑자기 평양까지 데려오고자 했던 것, 가을로 예정된 정벌 시기를 갑자기 앞당긴 것, 평안도와 황해도의 순행을 정벌 기간 중에 갑자기 지시한 이유 등을 모두 설명해준다. 세조는 이 세 가지 의례를 함께 준행함으로써 국왕의 권위를 더욱 확립하는 계기로 만들고자 했던 것이다. 여기서 가장 주목되는 점은 세조 역시 세종처럼 사대명분조차 국왕권 확립을 위한 하나의 수단으로 이용하고자 했다는 점이다. 칙서나 명사의 존재를 조선의 필요에 따라 이용하려는 의도가 드러나고 있다.

동시에 세조는 평안도와 황해도의 순행을 준비하도록 지시했다.[81] 모련위 정벌을 추진 중인 상황에서 북방 지역으로 순행을 하겠다는 지시임에도 대간이나 대신들은 별다른 반대의견을 제시하지 않았다. 순행 실시에 대한 세조의 의지를 잘 알았기 때문일 것이다.[82] 또한 북정을 준비하는 기간에 군

---

81 『世祖實錄』 권20, 世祖 6년 6월 21일 병인.

82 세조는 몇 년 전부터 순수(巡狩)·순행을 시행하려는 의지를 가지고 있었다. 그는 이전에도 순수·순행을 세 차례나 시행하고자 했었다. 『世祖實錄』 권8, 世祖 3년 7월 8일 기사; 『世祖實錄』 권14, 世祖 4년 9월 2일 병술; 『世祖實錄』 권18, 世祖 5년 10월 29일 정축. 다만 신하들의 반대와 가뭄, 중국 배의 표류 문제, 흉년 등을 이유로 한 번도 시행하지는 않았다. 순행을 시행하려는 시도가 세조 3년 이래 매년 있었다는 사실은 그의 의지가 매우 강했음을 시사한다.

이 북방 지역 순행을 지시했다는 것은 정벌과 순행의 관계를 짐작할 수 있게 해준다.[83]

앞에서 제시했던 사료에서 마지막으로 주목되는 부분은 "건주를 진압할 모책을 계획하고자 한다"는 내용이다. 이는 조선이 모련위 정벌을 진행하면서 이미 건주위 정벌을 계획하고 있었음을 직접적으로 보여준다. 건주위는 세조의 즉위 이래 관계가 개선되면서 많은 교류가 이루어졌을 뿐만 아니라, 이만주 등은 조선과의 관계를 개선하기 위해 여진의 동정과 관련된 중요 정보들을 제공했다. 더욱이 이만주 관하의 인원들은 세조 즉위 후 조선의 변경을 침략한 사례가 전혀 없었다. 그럼에도 세조는 건주위 정벌의 의지를 밝혔다. 조선은 대외정벌을 통해 여진을 제압하고 영향력을 확대하려는 계획을 상시적으로 갖고 있었음을 보여주는 중요한 기록이다. 모련위 정벌을 전후하여 건주위 정벌 논의가 계속 등장하는데,[84] 이 역시 조선이 정벌을 여진의 침입에 대한 대응 차원이 아니라 여진 정책의 일환으로 미리 계획하고 있었음을 보여주는 것이라 하겠다.

정벌에 대해 강경한 입장을 표명했던 세조는 한명회(韓明澮)와 구치관 같은 최측근 신하들의 밀계(密啓)를 받고 계획을 조금 수정했다. 이들은 황제가 사신을 보내 양측을 화해시키려 하고, 명 사신이 아직 후문(後門)에 있는데도 여진을 토벌하는 것은 대체(大體)에 문제가 있다는 의견을 제시했다. 의견에 따라 세조는 신숙주에게 명 사신이 불러 모은 사람들을 죽인다면

83 이인영은 세조의 순행이 북정 때문에 앞당겨 졌다고 파악했다. 그러나 세조의 순행 계획이 정벌 이전부터 구체적으로 논의되었다는 점을 생각해보면 시기에 대한 약간의 오해가 있었던 것 같다. 하지만 정벌과 순행의 관계를 짧게나마 설명했던 것은 매우 중요한 지적이었다. 이인영, 앞의 책, 123쪽.

84 『世祖實錄』 권21, 世祖 6년 8월 13일 병진; 『世祖實錄』 권22, 世祖 6년 윤11월 15일 정사.

천자(天子)의 명을 따르는 자들을 죽이는 것이 되므로 주의할 것을 지시했다. 그러면서도 추장들이 황제의 명령을 따르지 않는다면 모조리 섬멸할 것을 지시했고, 기회를 놓칠 수 없다는 점도 강조했다.[85] 순행을 하면서 평양에서 명사를 만나려고 생각했던 세조로서도 칙명에 따라 모인 추장들을 제거하는 것은 여러 위험 요소와 변수가 많다고 보았을 가능성이 높다. 그럼에도 정벌 시행에 대한 세조의 의지는 전혀 변하지 않았다.[86]

그 와중에 평양으로 데려오려던 마감이 먼저 떠나버리는 일이 발생했다. 회령의 군사가 동속로첩목아의 가족을 잡으러 간 일 때문에 명사를 따라왔던 건주위 여진이 놀라 돌아가자 이들을 뒤쫓아 간 것이다. 이극배(李克培)와 양정 등은 명사에게 선위사 신숙주가 도착할 때까지 기다려달라고 부탁했지만, 명사는 조선의 내로(內路)를 경유하도록 해달라는 요청이 거부당하자 떠나버렸다.[87] 세조의 뜻을 변경 장수들이 잘못 이해했던 것이다.

신숙주가 선위사로 파견된 단계에서 세조의 의도는 명사를 반드시 평양까지 오게 하는 것이었다. 이 점에 대한 지시가 변경 장수들에게 제대로 전달되지 않았기 때문에 발생한 일이었다. 이는 세조가 평양으로 순행하면서 명사를 만나 칙서를 받고 정벌의 승전 결과를 보고받으려던 계획을 어긋나

85 『世祖實錄』 권21, 世祖 6년 7월 29일 계묘.

86 함길도 도체찰사 신숙주는 세조에게 여진이 약탈해 갔던 인원과 물건을 조선의 요구에 따라 모두 돌려보낸다면 정벌의 명분이 사라진다는 점을 강조하면서도 그들이 명사 마감을 믿고 조선의 요구를 따르지 않을 것이라고 예측했다. 세조는 이 의견에 적극 동의하며 반드시 공격해야 할 형세이므로 기회를 놓쳐서는 안 된다고 강조했다. 또한 신숙주가 중국 사신이 모은 사람들을 죽일 수 없다는 의견을 내자, 세조는 중국 사신을 어찌 두려워하냐며 문제될 것이 없다는 태도를 보였다. 『世祖實錄』 권21, 世祖 6년 8월 2일 을사. 기록에서 확인되는 세조의 언급을 통해 당시 그가 가지고 있던 정벌 실행 의지를 파악할 수 있다.

87 『世祖實錄』 권21, 世祖 6년 8월 13일 병진.

게 한 것이었으므로 큰 문제가 될 수밖에 없었다. 세조는 격노했고 모련위 여진이 건주위로 옮겨간다는 정보에 따라 건주위 정벌 문제를 다시 논의했다.[88]

세조는 이틀 뒤 신숙주에게 글을 보내 지금까지 보여줬던 태도와는 달리 정벌 시행 여부를 그에게 맡긴다는 유시를 내렸다. 세조는 조선의 공격 조짐을 파악한 모련위 사람들이 건주위로 옮겨 갔기 때문에 정벌 효과가 떨어질 것을 걱정했다. 아울러 조선에 들어오지 못했던 마감이 명에 복귀해서 조선을 모함하는 일도 우려했다.[89]

세조의 태도는 정벌 의지 자체가 없어진 것이라기보다는 자신이 생각했던 평양에서의 계획이 어그러진 것에 대한 실망감의 반영이었다고 생각한다. 사실 신숙주는 당시 신료 중에서 정벌에 가장 강경한 태도를 가지고 있었다.[90] 그런 신숙주에게 정벌 시행의 여부를 맡긴다는 것은 사실상 정벌을 계획대로 추진하라고 한 것이나 마찬가지였다. 만약 세조가 정벌을 정말로 중지시키고 싶었다면 그의 국정운영 방식으로 미루어볼 때, 자신의 뜻을 직접 밝혔을 가능성이 높다. 세조의 정벌 의지는 윤자운(尹子雲) 등을 명에 사신으로 보내 여진 토벌을 의미하는 내용의 주본을 올렸던 일에서도 잘 나타난다.[91]

결국 신숙주는 세조에게 정벌군이 출병했다는 보고를 올렸다. 세조는

---

88 『世祖實錄』 권21, 世祖 6년 8월 13일 병진.

89 『世祖實錄』 권21, 世祖 6년 8월 15일 무오.

90 신숙주는 정벌을 시행해야 하는 다섯 가지 이유를 세조에게 치계(馳啓)했다. 『世祖實錄』 권21, 世祖 6년 8월 5일 무신. 이 내용을 통해 신숙주가 정벌 시행에 대해 누구보다 강한 의지를 가지고 있었다는 점을 확인할 수 있다.

91 『世祖實錄』 권21, 世祖 6년 8월 19일 임술.

이 보고를 받고 매우 기뻐했다. 그리고 다시 북정 계획을 세우겠다는 의지를 표명했다.[92] 조선의 여진 정벌이 일회성 정책이 아니라 앞으로도 계속 활용될 정책임을 알 수 있게 해주는 대목이다. 신숙주는 일주일 후 만여 명의 병력을 동원해 수행한 정벌의 성과를 보고했다. 잡아 죽인 적이 430여 인이었고, 불태워 없앤 집이 9백여 채였으며, 소와 말 천여 마리를 죽이거나 사로잡았다는 내용이었다. 세조는 크게 기뻐하며 북방을 평정한 일을 종묘에 고하고 근정전에 나아가서 신료들의 축하를 받았다.[93]

보고를 받은 직후 세조가 집행한 의례 중 가장 주목되는 것은 정벌의 결과를 종묘에 고한 것이다. 이는 원래 존재하지 않았던 예식이었지만 세종의 의견에 따라 만들어졌다. 파저강 여진 정벌을 성공리에 마친 세종은 승전의 결과를 종묘에 고하겠다는 의사를 밝혔다. 황희 등은 신하들의 생각이 미치지 못했던 부분을 국왕이 먼저 이야기했다며 세종의 의견에 동의했다.[94] 그에 따라 정벌의 결과를 종묘에 고하는 의례가 정식으로 만들어졌다.[95]

정벌의 승리를 종묘에 고하는 의례를 세종이 제안했다는 점에서, 그는 정벌 의례를 집행하고자 하는 의도를 가졌던 것으로 보인다. 특히 조선 초기의 국가 제례 중 국왕의 통치권과 관련해서 가장 중요하게 여겨졌던 것이 바로 종묘 제례였다.[96] 종묘 의례가 지닌 의미를 생각해본다면, 정벌의 결과를 종묘에 고하는 의례 역시 국왕의 통치권과 권위를 강화하기 위한 정

92 『世祖實錄』 권21, 世祖 6년 9월 4일 정축.

93 『世祖實錄』 권21, 世祖 6년 9월 11일 갑신.

94 『世宗實錄』 권60, 世宗 15년 5월 7일 기미.

95 『世宗實錄』 권60, 世宗 15년 5월 13일 을축.

96 韓亨周, 『朝鮮初期 國家祭禮 硏究』, 一潮閣, 2002, 11~12쪽 참조.

치적 행동이었다고 판단된다. 세조 역시 세종의 이런 뜻을 잘 파악했기 때문에 신숙주의 승전 보고를 받은 직후 종묘에 전쟁의 결과를 고하는 의례를 집행했던 것이다.

세조는 김유례(金有禮)를 주문사로 삼아 명에 정벌 결과를 알리도록 했다.[97] 하지만 정벌에 관한 자세한 내용을 보고할 생각은 없었던 것 같다. 건주위 통교 문제나 낭발아한 처형 문제가 불거졌을 때 보냈던 상세한 내용의 주본과 비교해보면 내용이 훨씬 간략했기 때문이다. 건주위와 모련위 여진을 둘러싸고 벌어졌던 조선과 명의 대립은 주문사 윤자운이 앞으로는 군사를 거두어 스스로 지키면서 다시는 흔단을 일으키지 말라는 내용의 칙서를 받아오면서 일단락되었다.[98]

세조는 10월 4일 중궁과 왕세자 등의 왕족과 신료들을 인솔하고 평안도와 황해도 일대로 순행을 실시했다.[99] 처음에 의도했던 것처럼 명 사신까지 만나는 형태는 아니었지만, 정벌의 성과를 활용하기 위해 순행 시기를 조정했던 것으로 보인다. 순행 중에 지나갔던 개성과 황주의 기로와 유생들이 올린 가요(歌謠)에 정벌의 성공을 찬양하는 내용들이 포함되었던 것은[100] 정벌과 순행의 관계를 더욱 직접적으로 보여준다.

세조는 순행 중에 특히 신숙주를 만나서 직접 여러 사안들을 보고받고자 했다.[101] 신숙주가 올적합이 세 길로 군사를 나누어 진군하고 있다는 정

---

97 『世祖實錄』 권21, 世祖 6년 9월 21일 갑오.

98 『世祖實錄』 권22, 世祖 6년 윤11월 16일 무오.

99 『世祖實錄』 권22, 世祖 6년 10월 4일 병오.

100 『世祖實錄』 권22, 世祖 6년 10월 6일 무신; 『世祖實錄』 권22, 世祖 6년 10월 13일 을묘.

101 『世祖實錄』 권22, 世祖 6년 9월 5일 무인.

보를 알렸음에도 다른 장수들에게 방비를 맡기고 내려오도록 지시했다.[102] 신숙주는 평양에 와서 북정의 군공 등급을 보고했다.[103] 이 기록들은 모두 정벌과 순행의 관계를 보여준다. 또한 정벌과 순행을 적극적으로 활용하고자 했던 세조의 의지가 반영된 결과라 하겠다.

조선은 여진과 통교를 계속 유지했다. 그리고 모련위 정벌을 시행하면서도 새로운 정벌 계획을 다시 논의했다.[104] 조선이 이후로도 정벌을 통해 여진 지역에 대한 영향력을 확보하려는 계획을 가지고 있었음을 의미한다. 당시 조선은 주변 세력에게 피해를 입었던 것이 아니라 오히려 군사력으로 외부 세력을 통제하고자 했다.

한 가지 더 살펴볼 것은 조선의 대여진 정책에서 정벌이 가지는 위치이다. 조선은 태종과 세종대부터 다양한 여진 정책을 전개했다. 이를 계승한 세조는 즉위 초부터 적극적으로 힘을 기울여 여진 지역에 대한 영향력을 확대하는 데 성공했다. 세조대 조선은 여진인들의 내조를 장려하고[105] 관직을 수여했으며,[106] 세력 간의 불화를 직접 나서서 중재하기도 했다.[107] 해당 정책들은 복합적으로 이루어졌으며 여진 지역에 대한 조선의 영향력 확대가 목표였다. 이 점은 기존 연구들을 통해 충분히 설명되었다.

---

102 『世祖實錄』 권22, 世祖 6년 9월 22일 을미.

103 『世祖實錄』 권22, 世祖 6년 10월 15일 정사.

104 『世祖實錄』 권21, 世祖 6년 7월 29일 계묘; 『世祖實錄』 권21, 世祖 6년 9월 4일 정축.

105 세조대의 여진 내조 정책에 대한 연구성과로는 다음의 논문이 참조된다. 박정민, 「세조대의 여진관계와 정책—여진인 來朝를 중심으로」, 『한국사연구』 151, 2010.

106 세조대 여진에 대한 수직정책에 대해서는 한성주, 『조선 전기 수직여진인 연구』, 景仁文化社, 2011, 제4장, 제5장 참조.

107 황선희, 앞의 논문, 20~25쪽 참조.

그렇다면 정벌 역시 이 정책들과 하나의 틀로 묶어서 파악할 수 있을 것이다. 대외정벌 역시 여진 지역에 대한 영향력을 확대하려는 조선의 의도를 반영한 대외정책의 하나였기 때문이다. 결국 정벌은 여진 침략에 대한 대응이 아니라, 조선의 계획에 따라 무력으로 이들을 굴복시키려는 군사행동이었다. 조선 국왕은 정벌의 성과를 국내 정치에 적극적으로 활용함으로써 정치적 영향력 확대와 왕권 강화를 추구했다.

다음으로 설명할 것은 이 시기 조선이 가지고 있던 대명의식이다. 조선은 태종의 집권 이래 명에 대한 '지극한 정성의 사대(至誠事大)'를 강조했다. 하지만 15세기 조선은 양면적 대명의식을 보여주는 경우가 많았다. 대표적인 경우가 바로 여진과의 문제, 특히 정벌에 관한 부분이었다.

조선은 누구보다 사대를 강조하면서도 여진 지역에 영향력을 확대하는 일에 대해서는 사대를 우선하지 않았다. 그러나 이와 같은 조선의 대명의식은 선행연구에서 잘 설명되지 않았다.[108] 사대명분을 강조하면서도 다른 한편 사대를 자의적으로 해석하는 양면적 태도는 특히 세종과 세조대에 많이 나타났다. 조선의 양면적 태도는 정벌의 시행 논리와 정벌의 성과를 활용하는 모습들을 통해 설명할 수 있다고 생각한다.[109]

---

108 사대를 설명했던 기존 연구들의 한계를 지적한 연구성과로 정다함의 논문이 주목된다. 정다함, 「'事大'와 '交隣'과 '小中華'라는 틀의 초시간적인 그리고 초공간적인 맥락」, 『한국사학보』 42, 2011. 그는 일국사적 개념과 학문적 틀로 연구되었던 기존의 연구 경향을 비판하고 탈중심적인 시각에서 국제관계의 역동성을 파악해야 한다고 주장했다.

109 허태구는 조선 전기 나타났던 자주적이고 유연했던 중화인식과 이후 나타났던 대명의리에 대한 절대적이고 보편적 지지 현상이 중첩되어 있는 현상을 '특정 국가인 명에 대한 인식'과 '보편 문명인 중화를 상징하는 명에 대한 인식'으로 구분해서 파악할 필요가 있다고 설명했다. 허태구, 『병자호란과 예, 그리고 중화』, 소명출판, 2019, 333~335쪽. 전적으로 동의하는 주장이다. 조선의 대외의식이 하나로 고정되어 있었던 것이 아니라 두 개의 '중국' 혹은

세조는 명에 대한 사대를 단 한 번도 부정한 적이 없었다. 하지만 정벌을 준비하는 과정에서 명의 화해 지시를 모조리 무시해버렸다. 동시에 자신의 순행과 칙서를 가지고 있는 명사와의 만남, 정벌의 승전보를 받는 의례를 평양에서 시행하고자 했다.

주목할 것은 이 세 가지 의례의 중심에 있는 것이 바로 국왕이었다는 점이다. 15세기 중반 조선의 대명의식에서 '사대'의 가치는 중요했지만, 그것은 '왕권'이라는 가치를 위해 언제든지 활용될 수 있어야 했다. 그렇기 때문에 조선의 명에 대한 양면적 태도가 계속 나타날 수 있었다.

당시 조선에게 '사대'는 결국 국왕의 권위를 보장하고 정치적 주도권을 행사할 수 있도록 만드는 중요한 수단 중 하나였다. 따라서 조선의 국왕들은 사대를 절대로 부정하지 않았으며, 누구보다 강조했다. 강력하게 형성된 사대의 가치를 통해 정치적 주도권을 확보하고 자신의 권위도 강화할 수 있었기 때문이다.

특히 국왕들은 조선과 명의 관계를 각기 군주와 신하에 위치시켜 충실히 준행하는 모습을 보여주고자 했다. 그리고 이 구도를 조선의 군신관계에도 그대로 적용시키고자 했다.[110] 그러나 이 가치가 국왕의 권위나 정치 주도권 행사에 대한 반대 논리로 작용할 때는 굳이 지키지 않았다. 조선 초기에 신료들이 사대를 국왕의 정책 결정에 대한 반대 명분으로 사용할 때, 국왕들은 자주 이를 무시하거나 자의적으로 해석하곤 했다.

'중화'가 겹쳐져 있었다는 점을 보다 명확하게 인식할 필요가 있다.

110 안정희, 앞의 논문, 24~27쪽 참조.

2장
건주위 정벌 단행과 명의 출병 요청

1. 모련위 정벌 이후 조선과 여진의 관계

조선이 낭발아한 부자 등을 제거하고 모련위 정벌을 단행하자 여진 세력들은 크게 동요했다. 그들이 가장 우려한 상황은 조선의 정벌이 계속되는 것이었다. 세종대부터 세 차례에 걸친 정벌을 겪으면서 여진 세력들은 조선의 움직임에 주의를 기울일 수밖에 없었다. 조선에서도 정벌 이후 여진 세력의 동요를 막고자 노력했다. 세종대 두 차례나 정벌의 대상이 되었던 이만주 역시 조선과의 관계를 개선하기 위해 더욱 노력했다.

하지만 조선은 대외정벌을 계속 시행하려는 의사를 가지고 있었다. 그 의도를 숨기기 위해서라도 조선은 여진 세력이 품고 있던 정벌에 대한 우려를 해소해줄 필요가 있었다. 만약 여진 세력이 조선의 공격에 대해 준비를 갖춘다면, 성공적인 정벌 효과를 기대하기 어려울 뿐만 아니라 최악의 경우 건주위와 모련위 여진들을 결속시킬 수 있었기 때문이다.

세조는 모련위 정벌의 전과가 보고되자 건주위는 본래 모련위와 관계가 없다며 무휼하도록 조치했다.[111] 또 세조는 평안도 황해도 도체찰사 한명회와 평안도 도절제사 황석생(黃石生)에게 모련위를 정벌하자마자 건주인을 박대한다면 의심하고 두려워하는 마음을 키우는 것이므로 후대하도록 지시했다.[112] 세조는 건주위 지역에 당장 출병하려는 의도는 없었던 것 같다.

이만주는 세조가 집권한 이후 우호적인 태도를 보이며 조선과의 관계를 개선하고자 노력했다. 이만주 자신이 직접 조현(朝見)하고자 했을 뿐만 아니라 여진 세력의 침입에 관한 정보를 제공했다.[113] 또한 아들을 계속 조선에 보냈고,[114] 건주위 여진을 초무하기 위해 파견되었던 명사 무충과 동성의 활동 내용도 알려 왔다.[115] 이 같은 노력은 조선이 명의 요구에 따라 건주위와 교류를 제한한 뒤에도 계속되었다. 조선은 명의 요청을 받아들인 이후 건주위 여진의 내조를 계속 거부했다.[116] 그럼에도 이만주는 아들들을 보내 조선으로의 조현을 계속 시도하는 동시에, 여진의 공격이나 명과의 교류에 대한 고급 정보들을 지속적으로 제공했다.

조선 역시 모련위 정벌이 마무리된 뒤에는 여진의 동요를 막기 위해 신숙주의 건의에 따라 건주위를 무휼했다.[117] 세조는 건주위 여진을 박대하면

---

111 『世祖實錄』 권21, 世祖 6년 9월 11일 갑신.

112 『世祖實錄』 권21, 世祖 6년 9월 21일 갑오.

113 『世祖實錄』 권3, 世祖 2년 2월 23일 임술; 『世祖實錄』 권13, 世祖 4년 8월 5일 경신.

114 『世祖實錄』 권15, 世祖 5년 2월 14일 정묘.

115 『世祖實錄』 권16, 世祖 5년 5월 20일 신축.

116 앞에서도 지적했지만 조선은 이만주 등의 건주위 세력이 제공한 정보를 입수하고 그에 대한 대가로 그들을 후대하는 방식으로 사실상 교류를 유지하고 있었다. 한양으로의 조현을 금지시킨 것은 맞지만 명에서 보다 근본적으로 요구했던 건주위 여진과의 교류 단절은 받아들이지 않았다.

117 『世祖實錄』 권23, 世祖 7년 2월 14일 을유.

틈이 생길 것이라는 신숙주의 의견에 동의하면서도, 명의 금지를 명분으로 이두리 등의 한양 내조를 금지시켰다. 그는 확인되지 않은 정보에 따라 과도한 포상을 할 경우 일시적 환심을 사겠지만 후일의 전례가 될 수 있어 변경 지역의 경제 부담이 커질 것을 우려했다. 또 여진인들이 직접 오지도 않은 상황에서 의복 등의 물건을 주는 것은 약함을 보이는 것이라며, 조관을 파견해 이들에게 국왕을 조현할 수 없는 사정을 설명하고 잔치를 베풀어주도록 지시했다. 그리고 건주위 여진의 내조를 거절하는 원인이 명에서 싫어하기 때문이라는 점을 설명하게 했다.[118] 또한 성균관사예 김영유(金永濡)를 파견해 건주위 여진을 무휼하면서도, 모련위 여진과 연계하거나 도망자를 숨겨주지 말라고 경고했다.[119] 세조는 건주위 여진의 조선에 대한 의구심을 줄이고자 했지만, 이들의 환심을 사기 위한 파격적 조치도 취하지 않았다.

세조 7년(1461) 9월, 이만주는 아들 이두리를 보내 동창의 관하 권적(權赤)과 오을면에 사는 조삼파(趙三波)가 명에 가는 조선 사신을 살해하기 위해 움직였다는 정보를 전달했다. 이만주의 관하에 있던 파탈목(波脫木) 역시 평안도 도절제사 김계손(金繼孫)에게 같은 내용의 정보를 알려 왔다. 김계손은 파탈목에게 권적과 조삼파 등이 조선과 별다른 문제가 없었는데 갑자기 공격하려 하는 이유가 무엇이냐고 물었다. 그는 이들이 낭발아한의 족친으로서 조선에 원한을 품고 보복하려는 계획을 가지고 있었다고 했다.

이에 조선은 사신의 호송 병력을 추가하는 동시에 이만주에게 조삼파의 공격을 중지시키도록 요구했다.[120] 조선은 권적과 조삼파 등이 건주위 영역

118 『世祖實錄』 권23, 世祖 7년 2월 15일 병술.

119 『世祖實錄』 권23, 世祖 7년 2월 15일 병술.

120 『世祖實錄』 권25, 世祖 7년 9월 15일 임자.

내에 살고 있던 세력들인 만큼 이만주가 통제할 수 있다고 판단했던 것 같다. 같은 달 16일에는 평안도 변경 지역을 수색하던 두 부대의 체탐군이 여진 병력과 교전을 벌였으며,[121] 17일에는 15여 기(騎)의 여진이 의주의 조몰정(鳥沒亭)에 침입해 곡식을 불태우고 농민을 잡아가는 사건이 일어났다.[122]

조선은 이만주가 제공한 정보에 따라 의주를 침략한 것이 조삼파 세력이라고 판단했다. 이만주 정보의 진실을 의심하고 있던 조선은 의주 사건을 통해 그의 정보가 정확하다는 점을 확인했다. 이에 세조는 만포 절제사에게 이만주를 치하(致賀)하고 조삼파 등이 약탈해 간 조선 사람과 가축을 돌려보내도록 조치하라고 지시했다.[123]

정확히 파악되지 않았던 의주의 피해 규모는 김계손의 보고를 통해 확인되었다. 의주에서 사로잡히거나 사망한 백성의 수는 182명, 약탈된 것은 말 26필과 소 155두였다. 김계손은 침입을 방어하지 못한 자신의 죄를 자책하면서 도적들에 대한 토벌을 건의했다.[124]

침입한 적의 규모에 비해 조선이 입었던 피해는 매우 컸다. 함길도와 모련위 지역을 중심으로 형성되었던 전선이 평안도와 건주위 지역까지 확대되고 있었다. 대부대의 침입이 아니었는데도 의주에서 제법 큰 피해를 입었던 데는 두 가지 이유가 있었다. 우선 낭발아한 부자 제거와 모련위 정벌을 거치면서 해당 지역의 방어에 더 치중하고 상대적으로 의주 방면의 방어에 소홀해졌다. 또한 이만주 등의 노력으로 조선과 건주위의 관계가 개선되면

---

121 『世祖實錄』 권25, 世祖 7년 9월 23일 경신.

122 『世祖實錄』 권25, 世祖 7년 9월 20일 정사.

123 『世祖實錄』 권25, 世祖 7년 9월 24일 신유.

124 『世祖實錄』 권25, 世祖 7년 9월 28일 을축.

서 여진의 침입이 한동안 없었기 때문에 방어가 소홀해진 것도 원인이 되었을 것이다.

세조는 김계손을 자제시키면서 홍윤성(洪允成)을 도체찰사로 삼아 평안도 지역의 방어 대책과 군무 등을 점검하도록 조치했다.[125] 또 의주를 침범한 여진의 문죄를 언급하고 도체찰사와 무관(武官), 경군사(京軍士) 등을 파견했다.[126] 그러다가 세조는 이러한 조치가 너무 성급하다며 도체찰사 파견 등을 일단 중단했다. 이어서 이만주를 개유해 약탈해 간 인축(人畜)을 쇄환하도록 하고, 중국 조정에 여진인들이 포로를 쇄환하도록 지시해달라는 주문을 올리게 했다. 또한 우부승지 김겸광(金謙光)을 파견해 이만주에게 조선의 의도를 전달하고, 의주를 침입한 여진에 관한 정보를 수집해 오도록 지시했다.[127] 이와 동시에 동지중추원사 매우(梅佑)를 사신으로 파견해 명에 건주위 여진이 의주를 침입한 정황을 알리도록 했다.[128]

세조의 조치들은 사실 여진 정벌을 자주 언급했던 그의 태도를 감안하면 매우 수동적인 느낌을 준다. 하지만 이는 건주위에 대한 정벌 의도가 없었기 때문이 아니라, 당장은 대규모 군사를 출동시킬 시기가 아니라고 판단했기 때문이었을 것이다.

이만주는 다시 이두리를 보내 가창개(加昌介)의 침략 계획을 알리고 조선의 요구에 따라 조삼파 등이 잡아간 인원과 가축을 돌려보내도록 하겠다는 의사를 밝혔다. 동시에 한양으로의 조현을 허락해달라고 요청했다. 세조는

125 『世祖實錄』 권25, 世祖 7년 9월 29일 병인.

126 『世祖實錄』 권25, 世祖 7년 9월 29일 병인.

127 『世祖實錄』 권26, 世祖 7년 10월 1일 정묘.

128 『世祖實錄』 권26, 世祖 7년 10월 10일 병자.

명의 금지 조치를 이유로 역시 상경을 거부하고 단지 후대해서 돌려보낼 것을 지시했다.[129] 김겸광이 조정에 치계(馳啓)했던 서찰의 내용을 살펴보면 당시 조선이 이만주에 대해 가지고 있던 생각이 잘 나타난다.

> 듣건대 이만주 등이 간교한 생각이 남아 있어, 비록 도둑질에 함께 참여했으면서도 죄를 면하고자 하여 먼저 사람을 보내 피로된 인구 약간을 쇄환하여 조삼파와 관계 되지 않았다는 뜻을 보이고자 한다면 어떻게 대처해야 하겠습니까?[130]

여기서 주목되는 부분은 이만주가 제공한 정보를 통해 의주를 침입한 여진의 정체를 확인했음에도 조선이 여전히 이만주와 조삼파의 연관성을 의심하고 있다는 점이다. 그리고 이들의 관계를 확인하는 것이 김겸광을 건주위에 파견했던 중요한 이유 중 하나였다.

김겸광은 서찰에서 자신이 생각한 대처 방안을 함께 보고했다. 만약 적은 수의 포로라도 먼저 쇄환한다면 그 공을 치하하고, 포로의 수가 2백여 명에 이르니 빨리 쇄환하도록 개유하면서 이만주가 보낸 사람을 이전보다 더 후대해서 돌려보내겠다는 것이었다. 이 의견에 의정부가 동의하자 세조도 계획대로 조치하라는 지시를 내렸다.[131] 김겸광이 이만주가 다시 사람을 보내 포로를 돌려보내면서 상경을 간청할 경우 대처 방안을 묻자, 세조는 후

---

129 『世祖實錄』 권26, 世祖 7년 10월 13일 기묘.

130 『世祖實錄』 권26, 世祖 7년 10월 17일 계미.

131 『世祖實錄』 권26, 世祖 7년 10월 17일 계미.

대는 하지만 결코 허락하지 말도록 지시했다.[132]

한 달여가 지나서 여진 7백여 명이 창성진(昌城鎭)을 공격하러 왔다가 성을 포위한 지 3일 만에 후퇴하는 사건이 발생했다. 이들은 구원군이 도착하기 전에 후퇴했기 때문에 본격적인 교전이 벌어지지는 않았다. 당시 조선군은 기후 문제로 추적이 어려운 상황이었다.[133] 보고를 받은 세조는 좌의정 신숙주를 평안도 황해도 도체찰사로 임명해 변경 지역의 문제를 해결하도록 지시했다.[134] 하지만 의주에서 잡혀간 포로들을 쇄환하기 위해 중국에 사신을 보내놓은 상황에서 갑자기 변경에서 일을 일으키는 것은 옳지 않다며, 주문사가 복귀할 때까지 신숙주 등의 파견을 중지했다.[135]

신숙주는 모련위 여진으로서 서울에 있는 자들은 모두 등용했지만 건주위 여진 중에는 등용한 사람이 없었다는 점을 지적하며 이들에게 관직을 하사하여 건주위 여진인들의 신뢰를 얻는 방안을 건의했고, 세조도 이 의견을 채택했다.[136] 세조는 건주위 토벌도 고려했지만[137] 아직은 적당한 시기가 아니라고 판단했던 것 같다. 더욱이 모련위 정벌을 단행한 지 얼마 되지 않았고, 함길도 지역의 여진들과 긴장관계가 형성되어 있는 상황에서 건주위에 대한 군사행동을 쉽게 결정할 수 없었을 것이다.

조선은 건주위 여진이 창성진을 공격한 상황에 대해 의주 조몰정을 공

132 『世祖實錄』 권26, 世祖 7년 10월 27일 계사.
133 『世祖實錄』 권26, 世祖 7년 11월 21일 정사.
134 『世祖實錄』 권26, 世祖 7년 11월 25일 신유.
135 『世祖實錄』 권26, 世祖 7년 11월 27일 계해.
136 『世祖實錄』 권26, 世祖 7년 11월 30일 병인.
137 『世祖實錄』 권26, 世祖 7년 11월 27일 계해.

격당했을 때처럼 명에 알렸다.[138] 다른 침입 사건과 달리 건주위 여진에게 공격당한 일의 자세한 정황을 알렸다. 침입 규모가 크기도 했고, 명의 도움을 받아 외교적으로 문제를 해결하려는 생각도 있었던 것 같다. 또 함길도 변경에서 여진의 침략 정보가 계속 보고되고 있는 상황이었다.[139] 따라서 변경 지역에서 대군을 운용하기가 쉽지 않았을 것이다. 아울러 건주위 여진의 침입 사실을 명에 알림으로써 이미 염두에 두고 있었던 건주위 정벌의 명분을 쌓고자 했던 것으로 보인다.

앞서 조선은 낭발아한 일족을 제거하고 모련위 정벌을 추진하는 과정에서 이해관계에 따라 명과 외교적으로 대립했다. 조선이 사대명분을 완전히 부정하거나 양국의 관계를 극단적으로 악화시킬 생각이 아니라면 또다시 외교적 충돌을 감수하면서 대규모 군사행동을 당장 실행하기는 어려웠을 것이다.

조선은 여진인들의 내조를 적극 권장하고[140] 관직을 제수하면서[141] 관계를 개선·유지하기 위해 노력했다. 특히 세조는 낭발아한의 손자 시랑합(時郎哈)이 내조하자 호군(護軍) 직책을 제수하며 후대했다.[142] 낭발아한 일족을 제거하고 모련위를 정벌해 상당한 타격을 가했던 조선에 낭발아한의 손자가 내조했다는 사실은 큰 의미가 있었다. 조선은 그에게 관직을 제수하면서 특별히 우대하는 모습을 적극적으로 홍보해서 여진의 신뢰를 회복하고자 했

---

138 『世祖實錄』 권27, 世祖 8년 1월 27일 임술.

139 『世祖實錄』 권27, 世祖 8년 1월 12일 정미; 『世祖實錄』 권27, 世祖 8년 2월 13일 무인.

140 『世祖實錄』 권28, 世祖 8년 3월 25일 경신.

141 『世祖實錄』 권28, 世祖 8년 4월 8일 계유; 『世祖實錄』 권28, 世祖 8년 4월 11일 병자.

142 『世祖實錄』 권28, 世祖 8년 3월 25일 경신.

던 것 같다.

그러나 모련위와 관계 회복을 통해 변경 지역을 안정시키려 했던 조선의 의도와는 달리 여진의 침략 정보는 계속 보고되었고,[143] 실제로 부령 등지를 공격당했다.[144] 세조 9년에도 여진의 침략 정보는 계속 보고되었다.[145] 소규모이기는 하지만 교전 상황도 계속 일어났다.[146]

세조는 중국과의 관계 등을 이유로 출병 시기를 기다리도록 지시하면서 변경 장수들의 움직임을 자제시켰다.[147] 같은 해 7월 함길도 도절제사 강순(康純)은 조선의 지시를 따르지 않는 추장들을 잡아다 치죄(治罪)할 수 있도록 허락해달라고 치계했다. 이에 대해 세조는 회령의 군사만 써도 공벌(攻伐)이 가능할 것이라는 강경과 신숙주의 의견보다 한명회 등의 의논에 따라 자중하도록 지시했다.[148]

당시 조선이 가장 우려했던 것은 모련위와 건주위가 연합하는 상황이었다. 세조는 모련위 정벌 이후 그들의 방비가 허술한 틈을 타서 두만강 일대 여진에 대한 재정벌 의사를 표명했다. 이미 함길도 도절제사 박형(朴炯)에게 여진이 반드시 한 번은 크게 침입할 것이니 이를 막을 수 있도록 준비하는 동시에 기회를 봐서 정토할 것을 지시한 일도 있었다.[149] 하지만 박형이 실제로 정벌을 시행하려 하자, 세조는 중국에 보낸 사신이 귀환하지 않았다는

---

143 『世祖實錄』 권28, 世祖 8년 4월 12일 정축.

144 『世祖實錄』 권28, 世祖 8년 7월 26일 기미.

145 『世祖實錄』 권30, 世祖 9년 1월 3일 계사; 『世祖實錄』 권30, 世祖 9년 1월 25일 을묘.

146 『世祖實錄』 권30, 世祖 9년 2월 1일 경신; 『世祖實錄』 권30, 世祖 9년 2월 6일 을축.

147 『世祖實錄』 권30, 世祖 9년 2월 1일 경신.

148 『世祖實錄』 권30, 世祖 9년 7월 15일 임인.

149 『世祖實錄』 권22, 世祖 6년 윤11월 20일 임술.

점과 두만강 일대의 부락들에 주요 추장들이 없다는 점을 들어 출병을 중지하고 형세를 살피도록 했다.[150] 세조는 다음 해(세조 7) 1월에도 순찰사 강효문과 도절제사 박형이 두만강 지류 중 한 곳인 박가별라(朴加別羅) 일대의 여진인들을 정벌하고자 하자 계획을 중지시키고 형세를 관망하도록 했다.[151] 또한 함길도 도체찰사 구치관에게도 여진의 움직임에 대해 신중한 태도를 유지하도록 했다.[152]

세조는 여진의 침입이 계속 보고되자 이들을 개유하는 동시에 올량합과 올적합에 대한 다양한 이간책을 시행하도록 지시했다. 이들이 서로 싸우게 되어 병력 수가 줄어들면 연합의 기회를 막을 수 있을 뿐만 아니라 공격의 기회가 올 것이라는 생각이었다. 아울러 올량합과 올적합이 비록 사이가 나쁘더라도 모두 같은 여진이기 때문에 서로 연합하기 쉬운 만큼 급하게 공격하지 말고 때를 기다리도록 지시했다.[153]

2. 대외정벌 정책의 지속적 추진과 건주위 이만주 세력의 정벌 저지 노력

조선은 지속적 정벌을 통해 여진 세력을 제압하고 영향력을 확대하고자 했다. 모련위 정벌 직후부터 건주위 정벌을 언급했을 뿐만 아니라 여진

150 『世祖實錄』 권22, 世祖 6년 윤11월 27일 기사; 『世祖實錄』 권23, 世祖 7년 1월 17일 무오; 『世祖實錄』 권22, 世祖 6년 윤11월 27일 기사.

151 『世祖實錄』 권23, 世祖 7년 1월 17일 무오.

152 『世祖實錄』 권23, 世祖 7년 1월 21일 임술.

153 『世祖實錄』 권23, 世祖 7년 1월 29일 경오.

정벌 계획을 자주 언급한 데서 이를 알 수 있다. 특히 세조대는 정벌 시행에 대한 신료들의 반대가 가장 적게 나타난 시기였다. 대외정벌에 조정 전체가 동의했건 세조의 권위에 반대의견이 억눌려 있었건, 당시 조선에서 여진 정벌을 위한 준비가 상시적으로 계획·추진되었다는 점만은 분명해 보인다.

낭발아한 세력이 조선에게 회복하기 어려울 정도의 타격을 받은 상황에서, 건주위 이만주는 조선의 공세가 자신들을 향하게 될까 우려했다. 더욱이 세종대부터 공격당했던 이만주로서는 조선이 다시 정벌해 오는 상황을 대비해야 했다. 이만주가 조선과의 관계 개선에 심혈을 기울였던 가장 중요한 원인도 결국 정벌의 대상에서 벗어나기 위한 목적이 제일 컸다.

조선에서는 이미 모련위 정벌 직후부터 정벌에 대한 논의가 여러 차례 나타났다. 건주위 정벌에 대한 언급은 모련위 정벌을 추진하는 과정에서 처음 등장했다.[154] 기록에는 간단하게만 나타나지만, 이를 통해 조선이 모련위 정벌을 추진하면서 동시에 건주위도 정벌의 대상으로 상정하고 있었다는 점을 알 수 있다. 이로부터 보름 정도가 지난 시점에서 세조는 건주위 정토에 대한 계획을 보다 자세하게 논의했다.[155] 뿐만 아니라 신숙주가 정벌군을 출동시켰다는 보고를 받으면서 곧바로 새로운 북정 계획을 언급하기도 했다.[156]

한편 주문사 김유례는 모련위 여진이 조선의 정벌에 원한을 품고 건주위 여진과 함께 변경을 침략하려 한다는 정보를 보고한 적이 있었다. 세조는 도체찰사 한명회에게 이들이 함께 도적질하다 패하면 오히려 두 세력

---

154 『世祖實錄』 권21, 世祖 6년 7월 29일 계묘.

155 『世祖實錄』 권21, 世祖 6년 8월 13일 병진.

156 『世祖實錄』 권21, 世祖 6년 9월 4일 정축.

간의 관계가 깊어질 수 있다며, 침략하기 전에 먼저 제지하도록 유시했다. 다만 건주위는 현재로서는 죄가 없어 군사를 출동시킬 명분이 없기 때문에 지금은 방비하고 있다가 죄를 짓게 되면 곧바로 토벌하라고 지시했다.[157] 모련위 정벌 이후 여진 세력이 조선에 대한 원한을 품고 공격해 오는 상황은 충분히 예상되었을 것이다. 그럼에도 세조는 아직 확인되지 않은 정보만으로 건주위 정벌을 언급했다.

세조 10년(1464) 9월 이두리는 만포진 절제사 홍귀해(洪貴海)에게 처자를 거느리고 황성평(皇城平)으로 이주해서 조선에 의지해 살고 싶다고 요청했다. 조선은 이를 동정을 엿보기 위한 목적으로 파악하여 결국 그의 요청을 거절했는데, 이때 중국 조정에서 금지하는 것을 허락할 수 없다는 논리를 사용했다.[158]

이만주는 조선을 침략하려는 여진인들의 행동을 중지시켰고,[159] 조삼파 등이 약탈해 간 조선인과 가축들을 쇄환하면서 그들을 귀순시키기 위해 노력했다.[160] 하지만 이런 노력에도 불구하고 결코 조선의 신뢰를 얻지 못했다. 조선은 이만주에 대한 의심을 끝내 거두지 않았다. 조선의 의식은 도체찰사 한명회의 보고에 대한 세조의 응답에서 잘 나타난다.

> "의주 백성 김소두미(金少豆未)·김범이(金凡伊) 등이 6월 15일에 오랑캐 속에서부터 도망 와서 말하기를, '조삼파·이만주 등이 항상 조선에서 가을철이 오면 반

157 『世祖實錄』 권22, 世祖 6년 윤11월 15일 정사.

158 『世祖實錄』 권34, 世祖 10년 9월 4일 갑인.

159 『世祖實錄』 권32, 世祖 10년 1월 2일 을묘.

160 『世祖實錄』 권33, 世祖 10년 4월 14일 병신.

드시 입공(入攻)할 것이라고 말했기에 [저는] 가재와 처자를 모두 산막(山幕)으로 옮겨놓고는 매일 해가 뜨면 본가로 내려왔다가 신시(申時)에 산막으로 돌아가며 먼 곳의 전토는 손을 대지[耕穫] 못하고 있습니다'라고 했습니다" 하니, 어서(御書)의 뒤에 이르기를, "이만주는 늙은 오랑캐로서 항상 구멍에 머리만 내밀고 엿보는 쥐 노릇을 할 뿐이다. 이두리는 살펴보는 것을 일삼으며, 스스로 [훌륭한] 계책이라고 이를 것이다. 이것이 매우 재미있는 부분이다."[161]

사료에서 우선 주목되는 점은 이만주가 조선의 정벌을 계속 대비하고 있었다는 점이다. 이만주가 조선에 정보를 제공하고 관하 인원들의 조선 침략을 제지했던 중요한 원인 중 한 가지가 바로 조선의 정벌 계획을 중지시키거나 정벌의 대상에서 제외되는 것이었음을 확인할 수 있다.[162] 또한 이만주가 아들들을 여러 차례 보내 한양으로의 조현을 요청했지만 계속 거절당했던 일도 조선의 정벌을 더욱 경계하게 된 원인이었을 것이다.

다음으로 주목되는 부분은 이만주와 이두리에 대한 세조의 인식이다. 세조는 이만주가 계속 자식들을 보내 정보를 제공하고 한양으로의 조현을 요청했던 의도를 동정을 엿보기 위한 것으로 생각했다. 세조는 건주위 이만주 세력의 우호적 행동을 인정하지 않는 세종대부터의 인식을 그대로 유지하고 있었다.

---

161 『世祖實錄』 권33, 世祖 10년 7월 1일 임자.

162 동창의 아우였던 동충야(童充也)와 이만주의 관하에 있던 왕시을두(王時乙豆) 등은 회령 절제사 이시애에게 조선에서 장차 군사를 일으켜 변경을 침범했던 적들을 토벌한다는 소식을 들었다며, 자신들이 함께 토벌될까 두렵기 때문에 즉시 귀순하여 입조(入朝)하겠다는 의사를 밝혔다. 『世祖實錄』 권33, 世祖 10년 5월 24일 병신. 이들의 발언으로 미루어볼 때 당시 여진인들 사이에 조선의 정벌이 단행될 것이라는 소문이 폭넓게 퍼져 있었음을 알 수 있다.

이두리는 황성평 이주를 허락하지 않았던 조선의 태도에 대해 섭섭함을 표시했다. 조선에 대한 정보 제공 때문에 동창·보하토(甫下土)·조삼파 등과 사이가 나빠져 돌아가기 어려운 실정을 호소하기도 했다. 이에 세조는 이두리를 독촉해서 돌려보내지 말고 생활에 어려움을 호소한다면 소금과 양식을 적당히 지급해주라고 지시했다.[163] 하지만 이두리는 이미 이만주에게 돌아간 상황이었다.

이만주는 만포 절제사에게 만약 조선에서 조삼파를 토벌한다면 자신들을 공격하지 말아달라고 다시 한 번 부탁했다.[164] 이 역시 이만주가 조선의 정벌을 깊이 우려하고 있었음을 보여준다. 동시에 이두리가 황성평 이주를 요청했던 것에는 조선의 반응을 확인해보고 싶었던 의도가 반영되어 있었던 것 같다.[165]

두 달 후 이만주는 관하에 있던 부만호 김납로(金納老)를 만포진에 보냈다. 그는 세종대에 있었던 두 차례의 정벌을 언급하며 조선에 죄를 지었던 조삼파·보하토 등과 함께 공벌당할까 두렵다는 의사를 전달했다. 세조는 비록 조삼파를 죄주는 일이 있더라도 건주위에 미치는 일은 없을 것이라며,

---

163 『世祖實錄』 권34, 世祖 10년 10월 12일 임진.

164 『世祖實錄』 권34, 世祖 10년 10월 25일 을사.

165 가와치 요시히로는 이두리가 조선에 황성평 이주를 요청했던 원인을 조선의 정벌 대상 지역에서 안전지대로 이주하고자 한 것이었다고 설명했다. 즉 정벌에서 가장 안전한 지역은 조선의 내지이지만 그곳으로 이주하는 것이 어렵기 때문에 차선책으로 황성평 이주를 생각했다는 것이다. 河內良弘, 『明代女眞史の硏究』, 同朋舍出版, 1992, 470~471쪽. 그러나 조선의 정벌 대상에서 벗어나기 위해 오히려 조선과 가까운 쪽으로 이주하고자 했다는 것은 수긍하기 어렵다. 조선이 이만주와 이두리 등을 정벌의 대상으로 판단하고 있었다면, 그들은 근거지보다 북쪽이나 명의 영토 안으로 이주하지 않는 한 조선의 공격을 피하기 어려웠을 것이다.

의심하지 말고 편안하게 생업을 하면서 삶을 즐기라고 했다.[166] 하지만 훈춘 올량합(訓春 兀良哈) 거파수(巨波守)는 이만주의 수하 이을방(伊乙方)에게서 조선이 건주위를 공벌할 것이 확실하기 때문에 먼저 공격을 준비하고 있다는 이야기를 듣고 바로 종성 절제사에게 알렸다.[167] 세조는 거파수가 제공한 정보를 사실이라고 확신했는데,[168] 이로 미루어볼 때 건주위 여진이 조선의 정벌에 대비하고 있다는 정황들이 다양한 경로를 통해 조정에 보고되었던 것 같다.

세조 11년(1465) 2월 조선은 만포 절제사 홍귀해를 통해 이두리 등에게 그동안 여러 번 조현해서 국왕을 알현했던 일과 변경에 관련된 정보를 계속 보고했던 공적을 치하하며, 조삼파에 대한 공벌도 그들이 동요할까 염려하여 참고 있다는 뜻을 전했다. 만약 조삼파에게 죄를 주더라도 그들은 안전할 것임을 다시 한 번 강조했다.[169] 하지만 조선의 이러한 조치는 건주위에 대한 공격 의도가 없기 때문이 아니라, 건주위 여진을 안심시켜 정벌에 대비하지 못하도록 하기 위한 것이었다.

이만주 역시 조선의 약속을 믿지 않았다. 오히려 명에 사람을 파견해 조선의 공격을 막아달라는 요청까지 했다. 명은 이만주의 요청을 받아들여 조선의 출병을 자제시켰다. 신숙주는 일단 황제의 지시를 따르겠다 회답하고, 만약 군사를 움직일 형세가 된다면 상황에 맞는 명분을 제시하면 된다는

---

166 『世祖實錄』 권34, 世祖 10년 12월 23일 임인.

167 『世祖實錄』 권35, 世祖 11년 1월 17일 을축.

168 위와 같음.

169 『世祖實錄』 권35, 世祖 11년 2월 5일 임오.

의견을 냈다. 세조 역시 동의했다.[170] 그리고 공조참판 이우(李堣)를 명에 파견해 황제의 뜻을 따르겠다는 의사를 밝혔다.[171]

명의 조치에도 불구하고 이만주와 조삼파 등은 조선의 정벌 의도가 아직 남아 있다고 판단했다. 이는 이두리가 만포 절제사 홍귀해에게 조선의 병력이 삼기(三岐) 등지에서 나무를 베고 하영(下營)한 일의 의미를 물었던 일을 통해 알 수 있다. 홍귀해는 사냥을 위한 것이라고 대답했지만 이두리는 믿지 않았다.[172] 조삼파 등은 급기야 중국 조정에 입조해서 조선의 공격으로부터 보호해줄 것을 요청했다. 이 정보는 이두리가 조선 측에 알린 것이었는데,[173] 이만주가 자신들과 조삼파 세력이 관계가 없다는 점을 강조하기 위해 취했던 조치로 보인다.[174]

세조는 관찰사와 절제사에게 만약 이두리가 다시 오면 조삼파 등이 약탈해 간 인원과 가축을 돌려보내지 않으면 직접 가서 취해 올 것이라는 뜻을 전하도록 지시했다. 아울러 배를 수선하고 병력을 정돈해서 강을 건너 여진인들의 농사를 방해하도록 지시했다.[175] 건주위 여진이 산에서 내려와 거주지로 돌아왔다는 정보를 보고받은 세조는 평안도 도절제사와 도관찰사에게 다음과 같이 유시했다.

> 지금 듣기에 건주의 적이 우리가 공격해 들어가지 않을 것이라 생각하여 모

---

170 『世祖實錄』 권35, 世祖 11년 3월 6일 계축; 『世祖實錄』 권35, 世祖 11년 3월 11일 무오.

171 『世祖實錄』 권35, 世祖 11년 3월 26일 계유.

172 『世祖實錄』 권35, 世祖 11년 4월 12일 무자.

173 『世祖實錄』 권36, 世祖 11년 5월 24일 경오.

174 河內良弘, 앞의 책, 472~473쪽.

175 『世祖實錄』 권36, 世祖 11년 5월 24일 경오.

두 산에서 내려왔다고 한다. 이것이 바로 생각하지 못했을 때 출병해야(出其不意) 한다는 것이다. 또한 적을 오래도록 두어 우리 변방 백성들로 하여금 방수(防戍)에 피곤하게 할 수 없다. 내가 계획을 정했으니 경들은 급히 배를 만들고 군사와 전마를 정비하고 훈련시켜서 대기하라.[176]

세조의 언급은 건주위 여진이 조선에 대한 경계를 풀기만을 기다리고 있었음을 보여준다. 그들이 방비하고 있고 구성원 대부분이 산으로 도망가 있는 상황에서는 정벌의 성과가 제한적일 수밖에 없기 때문이다. 또한 세조의 이번 지시는 변경 지역 장수들에게 위력 시위를 통해 여진 세력을 압박하라고 지시했던 것과는 성격이 달랐다. 사실상 출병 준비를 지시한 것이다. 조선이 가지고 있던 건주위 정벌 계획의 실체가 구체화된 기록이라 하겠다.[177]

이 무렵 평안도의 여러 진보(鎭堡)에서는 정벌에 종군했던 경험이 있는 정예 병사를 뽑아 적의 중심 지역까지 침투해서 도로의 상태 등을 살피도록 했던 기록이 나타난다.[178] 출병을 위한 사전 준비의 일환이었을 것이다.

또 조선은 건주위 파저강으로부터 도망온 매토(賣土)라는 인물을 통해 이만주와 조삼파 등 거물급 추장들의 거주지와 활동에 관한 중요 정보들을

---

176 『世祖實錄』 권36, 世祖 11년 6월 5일 신사.

177 당시 조선의 건주위 정벌 추진 역시 세종대 이래 계속되어온 대외정벌 정책의 일환으로 설명할 수 있다. 대외정벌을 통해 여진 세력에게 위용을 과시하고 실질적 지배력을 확보하려던 조선의 외교적 목표가 잘 보이는 부분이다. 모련위 정벌을 통해 원하는 성과를 얻었던 조선은 다시 건주위를 정벌함으로써 여진 지역에 대한 주도권을 확보하고자 했다. 이만주가 조선에 우호적인 태도를 보였던 것과는 상관없이 조선은 대외정벌을 통해 이들을 제압할 의도를 가지고 있었던 것이다.

178 『世祖實錄』 권37, 世祖 11년 10월 9일 계미.

확보했다.[179] 평안도 도절제사 양정은 자주 강을 건너 군대의 위세를 보임으로써 여진인들을 동요시켜 농업을 방해하라고 했던 세조의 지시에 따라 작전을 시행했음을 보고했다.[180]

조선은 건주위를 목표로 다양한 군사·정보 활동을 전개했다. 이는 곧 조선이 건주위 여진을 본격적으로 압박하기 시작했음을 보여주는 동시에, 출병이 임박했음을 보여준다. 세조는 이전에 건주위 여진의 침입이 있었을 때는 오히려 변경 지역 장수들의 군사 활동을 자제시켰지만, 그들의 방비가 허술해지자 바로 정벌 실행을 위한 준비를 시작했다. 조선은 이미 건주위를 군사력으로 제압할 의도를 가지고 있었다.

건주위 여진은 조선의 전방위적 압박에 따라 정벌의 실행 여부를 다시 의심하게 되었다. 이두리는 만포 절제사 정산휘(鄭山彙)에게 조선의 정벌 소문 때문에 동류들이 산에 올라가서 대비하고 있다는 말을 전했다.[181] 그러면서도 포주(浦州)에 사는 나하(羅下)·군유(軍有) 등이 중국에 가는 조선 사신을 공격하려 한다는 정보를 제공했다.[182] 이고납합은 만포 절제사에게 선물을 보냈다.[183]

세조 12년(1466) 4월 이두리는 여진인들 사이에 조선의 정벌에 대한 소문이 많이 퍼져 있어 사람들이 두려워하고 있으므로 자신이 입조하여 사정을 직접 상달(上達)하겠다며 조현을 요청했다. 신숙주와 한명회 등은 이두리

---

179 『世祖實錄』 권37, 世祖 11년 10월 12일 병술.

180 『世祖實錄』 권37, 世祖 11년 10월 23일 정유.

181 『世祖實錄』 권37, 世祖 11년 12월 13일 병술.

182 『世祖實錄』 권38, 世祖 12년 2월 12일 갑신.

183 『世祖實錄』 권38, 世祖 12년 4월 26일 병인.

의 내조를 허락해야 한다는 의견을 냈지만 세조는 명의 금지 조치를 근거로 허락하지 않았다. 다만 이두리를 후하게 대접해서 돌려보내도록 조치했다.[184] 같은 해 8월 평안도 관찰사가 이고납합의 서울 내조에 대한 허가 여부를 물어오자 세조는 이 역시 명을 핑계로 불허했다.[185] 이두리와 이고납합은 여진의 침략 정보 등을 제공하면서 계속 상경을 요청했다. 하지만 세조는 결코 허락하지 않았다.[186]

3. 건주위 정벌과 명의 출병 요청 활용

조선이 건주위 정벌을 계획하는 동안 명 역시 건주위 정벌을 추진하고 있었다. 이는 세종과 세조의 재위기 동안 조선이 명의 지시에 따르지 않고 독자적으로 여진 지역에 대한 정벌까지 단행하면서 영향력을 확대했던 상황에서 시작된 것으로 보인다.

세조 재위 초반기에 명은 조선과 여진의 문제에 대해 사신을 파견해 양측의 교류를 금지하는 정도로만 대응했다. 하지만 조선이 지시에 따르지 않고 낭발아한 부자 등을 처형하고 건주위와 교류를 확대하면서 대규모 정벌까지 단행하자, 명에서도 보다 적극적인 대응을 고려했던 것 같다. 무엇보다 명에서 위소 체제로 편성해놓은 건주위와 모련위에 대한 영향력이 조선 때문에 계속 손상되는 상황을 좌시할 수 없었을 것이다.

---

184 『世祖實錄』 권39, 世祖 12년 5월 23일 계사.

185 『世祖實錄』 권39, 世祖 12년 8월 11일 경술.

186 『世祖實錄』 권39, 世祖 12년 9월 2일 경오; 『世祖實錄』 권40, 世祖 12년 10월 15일 계축.

명 역시 건주위 정벌을 단행해서 건주위와 모련위는 물론 해당 지역 일대에 대한 지배권을 명확히 하고자 했다. 명은 건주위 정벌을 시행하면서 조선의 출병을 요구했다. 실제로 조선의 지원을 통해 건주위 여진을 완전하게 제압하려는 의도였겠지만, 동시에 건주위·모련위 일대의 여진 세력에 대한 명의 주도권을 조선에게 인식시키려는 의도도 있었던 듯하다. 조선은 일단 출병 요구에 충실하게 따르는 모양새를 취했다. 하지만 실제로는 명의 정벌을 활용해 조선의 대여진 영향력을 확대하고자 했다.

세조대 조선과 명의 건주위 정벌을 주제로 한 최초의 연구는 이인영에 의해 진행되었다. 그는 명의 무역 제한 조치로 인해 경제적 어려움에 빠졌던 건주위 여진인들이 중국의 국경을 계속 침입했던 일이 정벌을 야기했다고 설명했다. 한편 명의 정벌에 앞서 추진되었던 조선의 건주위 정벌 역시 여진의 침입에 대한 대응이었다고 설명했다. 또한 조선이 명의 요청에 응해 건주위에 출병했던 것은 단지 황제의 칙명을 거부할 수 없었기 때문만은 아니었다는 의미 있는 지적을 했다.[187] 다만 조선이 명의 출병 요청에 응했던 원인을 설명하지 않았던 점은 아쉽다.

계승범은 세조대의 건주위 정벌을 조선의 해외 파병이라는 시각에서 설명하고자 했다. 그는 조선의 출병이 여진과의 교류 문제 등으로 악화되었던 대명관계를 회복하기 위한 의도였다고 설명했다. 아울러 세조대의 출병이 명에 대한 사대 정책 자체를 중시하기보다는 조선의 국익을 기준으로 결정된 정책이었음을 강조했다.[188] 세조대 대명의식의 대체를 잘 설명한 타당한 견해라 생각한다. 하지만 정반대의 결정으로 보이는 명의 출병 요청에 대한

---

187 이인영, 앞의 책, 130~131쪽 참조.

188 계승범, 앞의 책, 103쪽, 114~115쪽 참조.

세종대의 거부와 세조대의 승낙을 세밀한 논증 없이 조선의 국익을 위한 결정이라고만 설명했던 부분은 보강될 필요가 있다.

조선과 명이 각각 건주위 정벌을 추진했던 원인과 세조대의 조선이 명의 출병 요청을 수용했던 의미 등은 자세히 살펴볼 필요가 있다. 이를 통해 조선이 가지고 있던 대여진의식과 대명의식의 실제가 명확하게 설명될 수 있을 것이기 때문이다.

조선의 건주위 압박이 서서히 진행되는 상황에서 여진은 조선보다 명에 대한 약탈 활동을 강화했다.[189] 이두리는 만포 절제사에게 모련위 올량합 이파(李波) 등이 5백여 기를 이끌고 요동 지역을 공격하러 갔다는 정보를 제공했다. 양마(良馬) 1필과 흑초피(黑貂皮) 30장을 가진 사람 외에는 입조를 허락하지 않았던 명의 조치와 그동안 쌓인 원한 때문에 이파가 요동을 약탈하려고 이동 중이라는 사실도 함께 알렸다.[190]

당시 명은 과도한 비용 부담 등을 이유로 여진의 내조 인원을 제한하는 새로운 법을 시행해 교역량을 크게 줄였다.[191] 갑작스런 명의 무역 제한 조치는 여진인들의 공격을 확대시키는 원인이 되었다. 이후 정조사 일행은 여진인들이 명의 통원보(通遠堡)를 공격해 약탈하고 지휘(指揮) 유영(劉英)을 살해했다고 보고했다. 아울러 이들이 주변의 여러 지역들까지 공격해서 약탈하므로 명의 군대가 출동했다는 정보도 전달했다.[192]

여진이 명의 요동을 공격했던 일에 대한 정보는 조선에 계속 보고되었

189 계승범, 앞의 책, 101쪽.

190 『世祖實錄』 권40, 世祖 12년 11월 3일 신미.

191 河內良弘, 앞의 책, 478~479쪽.

192 『世祖實錄』 권40, 世祖 12년 11월 22일 경인.

다.[193] 특히 모련위 올량합이 요동을 침입해 사람과 가축 1천여 두를 사로잡았다는 정보와 요동에서 3천의 병력을 동원해서 전투를 벌였다는 정보에서[194] 여진의 침입 규모와 명의 피해 규모가 점차 커지고 있었다는 점을 파악할 수 있다. 이 상황에서 세조는 강을 건너 여진에게 군대의 위세를 보이던 활동을 당분간 중지하도록 지시했다.[195]

한편 함길도 관찰사 오응(吳凝)은 올량합 유상동합(柳尙冬哈)과의 대화 내용을 보고했다. 올량합 5백여 명이 중국을 공격해 포로를 잡아 왔다는 소식을 듣고 오응이 유상동합에게 여진인들이 중국을 공격하는 원인을 물었더니, 그는 전에 명사가 와서 올량합 여진인들을 회령과 경성에 많이 모았을 때 그들이 조선에게 주살당했기 때문에 원인을 제공한 명에 복수하기 위한 것이라고 대답했다.[196] 하지만 이들을 실제로 죽인 주체가 조선이라는 점을 생각해본다면 유상동합의 설명은 쉽게 이해되지 않는다. 결국 올량합을 죽였던 조선보다 그들이 모이도록 계기를 제공한 명에 복수하겠다는 논리가 되는데, 당시의 실상을 정확하게 반영한 답변은 아닌 것 같다.

오히려 조선의 체탐군들이 파저강에서 사로잡은 중국인 매읍장(每邑藏)을 문초했던 내용에서 여진이 당시 요동 지역을 집중적으로 공격했던 이유가 나타난다. 그녀는 올량합 한 사람이 조선을 침범하려고 하자 여러 사람들이 말하기를, "조선의 군사는 벌떼처럼 용맹하고 또 야간 전투를 좋아하니, 요동으로 가서 쉽게 결과를 얻는 것만 같지 못하다"라는 말을 들었다고

---

193 『世祖實錄』 권40, 世祖 12년 11월 26일 갑오; 『世祖實錄』 권40, 世祖 12년 12월 12일 기유.

194 『世祖實錄』 권40, 世祖 12년 12월 12일 기유.

195 『世祖實錄』 권40, 世祖 12년 12월 17일 갑인.

196 『世祖實錄』 권40, 世祖 12년 12월 27일 갑자.

했다.[197] 여진인들이 옛날부터 조선과 명에 대해 가지고 있던 원한의 정도는 비슷하거나 오히려 조선에 더 깊었을 것이다. 하지만 당시 여진 세력들이 명을 집중적으로 공격했던 이유는 매읍장의 전언에서처럼 양국의 방어 태세와도 관련이 있었다.

다음 해 2월 이두리는 명이 여진의 침략 때문에 칙서를 가진 사신을 모련위로 파견했으며 모련위 올량합이 명을 공격하려 한다는 정보를 조선에 알렸다. 아울러 건주위 여진이 명사가 파견된다는 소식을 듣고 조선과 명이 연합해 토벌하러 오는 상황을 걱정하고 있다는 정황도 알렸다.[198]

명이 파견한 사신은 무충이었는데, 그는 황제에게 모련위 여진을 효유하여 양측의 악화된 관계를 푸는 임무를 부여 받았다. 이에 대해 세조는 사신을 파견해 여진이 약탈했던 인원들을 쇄환시키려는 명의 시도는 성공하지 못할 것이라고 판단했다.[199] 또한, 무충이 함길도를 경유해서 복귀하려 할 경우 절대로 허용하지 말도록 지시했다.[200] 다만 평안도를 경유하고자 할 때는 함길도의 경우처럼 거절하되 명사가 강청(强請)한다면 성 안의 관(館)에서만 접대하도록 했다.[201]

조선의 본격적인 건주위 정벌 움직임은 세조 13년(1467) 5월 올량합의 침입 사건을 계기로 시작되었다. 평안도 관찰사 오백창(吳伯昌)은 올량합 군사 천여 명이 의주 조모정을 공격해 싸우다 패해 인마(人馬)가 많이 사로잡혀가

---

197 『世祖實錄』 권40, 世祖 12년 12월 6일 계묘.

198 『世祖實錄』 권41, 世祖 13년 2월 24일 계묘.

199 『世祖實錄』 권41, 世祖 13년 2월 29일 을축.

200 『世祖實錄』 권41, 世祖 13년 3월 4일 기사.

201 『世祖實錄』 권41, 世祖 13년 3월 5일 경오.

고 죽었는데도 창성진 첨절제사 박양신(朴良信)이 이를 알리지 않았다고 보고했다.[202]

그리고 사흘 뒤에는 의주 목사 우공(禹貢)이 기병 3백을 거느리고 대창산 밑에서 여진과 전투를 벌였지만 패했다는 소식이 보고되었다. 이에 세조는 신하들에게 여진에 대한 문죄 여부를 물었다. 신하들이 대답하지 못하는 와중에 도총관 강순은 군사를 일으켜 토벌하되 시기를 기다리자는 의견을 냈다. 그러나 세조는 여진이 이미 중국을 능멸하고 우리를 모욕했기 때문에 공격하겠다는 의사를 밝혔다. 이 의견에 신숙주와 한명회 등이 동의하자 세조는 구치관을 도체찰사로 임명하고 1만 5천 명의 병력을 거느리고 정벌에 나서도록 지시했다.[203]

조선의 정벌군 파견은 일견 여진이 대규모로 침입한 데 대한 대응의 성격을 가지고 있는 것처럼 보인다. 하지만 조금 더 생각해볼 문제들이 있다. 사실 1천여 명에 달하는 여진 세력의 침입이 있었다면 우선 부대의 지휘자나 종족 등에 관한 정보를 정확하게 파악해야 한다. 그래야 문죄의 대상을 특정할 수 있기 때문이다. 그러나 기록에는 이를 확인하려는 조선의 조치나 논의가 전혀 나타나지 않았다.

더욱이 평안도 지역의 침입에 대해서는 장수들이 정벌을 요청하더라도 자중시켜왔던 세조가 이 시기에 갑작스럽게 1만 5천 명에 달하는 대규모 정벌군의 파견을 비교적 쉽게 결정했다. 결국 대외정벌에 대한 계획이나 실행에 대한 논의가 이미 이루어졌기 때문에 가능했던 일이라고 보아야 할 것이다.

---

202 『世祖實錄』 권42, 世祖 13년 5월 2일 병인.

203 『世祖實錄』 권42, 世祖 13년 5월 5일 기사.

또한 실록에 따르면 조선은 올량합의 침입이 보고된 지 사흘 만에 1만 5천 명 규모의 정벌군 파견을 결정한 것으로 나오는데, 이는 현실적으로 불가능하다. 병력의 구체적 규모와 동원 방식, 지휘부의 구성이 모두 끝나야만 가능한 상황이기 때문이다. 이러한 논의와 결정이 사흘 만에 이루어졌다는 것은 곧 정벌에 대한 논의와 준비가 상당부분 마무리되어 있었음을 의미한다.

세조는 정벌 시행의 이유로 여진이 중국을 능멸했다는 것을 제시했다. 하지만 그동안 여진의 중국 침략 정보를 입수하고서도 명에 알리지 않았던 조선이 갑작스럽게 중국을 능멸한 여진을 정벌한다는 명분을 내세운 것은 매우 가식적이다. 세조가 건주위를 계속 공격의 대상으로 생각했던 것에서 알 수 있듯이, 정벌은 결국 이전부터 준비해오던 대외정책을 시행한 것이었다. 물론 여진의 침입과 정벌 시행의 관련성 자체를 완전히 부정할 수는 없다. 다만 여진의 조선과 명에 대한 침입은 정벌의 직접적인 원인이라기보다는 정벌을 위한 명분으로 사용된 측면이 더 크다고 하겠다.

정벌군의 출동이 결정되고 얼마 지나지 않아 조선에서는 이시애가 주도한 대규모 반란이 발생했다.[204] 실록에는 정확한 기록이 나와 있지 않지만 조선의 정벌은 이 때문에 당분간 중지되었던 것으로 보인다.[205]

---

204 『世祖實錄』 권42, 世祖 13년 5월 16일 경진.

205 조선 초기의 대외정책을 살펴보는 과정에서 국왕이나 신료 등 지배계층의 의식이나 태도를 살펴보는 것은 어렵지 않다. 반면 백성들이나 천인 등 피지배계층의 의식이나 태도를 살펴보는 것은 자료의 한계로 쉽지 않다. 당시 이시애 난은 이징옥 난 때와는 달리 대규모로 진행되어 정벌 시행까지 중단시킬 정도로 확대되었다. 이는 함경도 일대의 백성들이 이시애 난에 적극적으로 호응했기 때문에 파생된 결과였다. 즉 이시애 난의 원인에는 다양한 요인이 있었겠지만 조선 초기 동안 거듭되었던 정벌 정책의 추진에 대한 백성들의 부담이 중요한 원인이 되었다고 추정할 수 있다. 결국 조선의 대외정벌은 지배계층의 의지와는 달리

한편 이시애의 난이 진행되는 와중에 진응사(進鷹使) 성윤문(成允文)은 요동 도사의 자문 2통을 가지고 돌아왔다. 이 중 한 통에는 명의 정벌군이 건주 삼위를 토벌하려고 하니 조선에서 그들의 퇴로를 막아서 함께 격멸하자는 요청이 적혀 있었다.[206] 세조는 이시애 난의 여파가 완전히 정리된 상황이 아니었음에도 명의 요청에 따라 출병 의사를 밝혔다.[207]

여기서 주목할 부분은 명의 건주위 정벌 협공 요청에 대한 조선의 태도이다. 조선은 명의 요구에 대해 별다른 논의를 거치지 않고 출병을 결정했다.[208] 이는 명의 요구대로 건주위 지역에 군사를 출동시키는 일에 세조가 적극적으로 찬동했을 뿐만 아니라 신료들도 별다른 이견이 없었음을 보여준다.

사실 명의 요청을 받아들여 군사를 움직이는 일에 세조의 의지가 아무리 확고했다 하더라도 조정의 논의 자체가 없었다고 보기는 어렵다. 하지만 관련 논의 기록이 전혀 나타나지 않는 것은 당시 조선 조정이 출병에 적극적으로 동의하고 있었다는 사실을 보여주는 것이다. 이 과정은 마치 조선이 명의 요구에 따라 건주위에 대한 군사행동을 진행한 것처럼 보인다. 하지만 이후 실제 건주위를 공격했던 상황을 잘 살펴보면 조선은 나름대로의 계획에 따라 독자적인 목적을 가지고 움직였다는 사실을 파악할 수 있다.

세조는 윤필상(尹弼商)을 평안도 선위사로 임명하고 건주위를 공격하도록 지시했다. 동시에 정벌에 관한 세밀한 사목(事目)을 내렸는데, 이 중 다음

지속적으로 유지하고 시행하기에는 한계가 있었던 정책이었다.

206 『世祖實錄』 권43, 世祖 13년 8월 17일 경술.

207 『世祖實錄』 권43, 世祖 13년 8월 22일 을묘.

208 계승범, 앞의 책, 101~103쪽 참조.

의 내용들이 주목된다.

· 만약 군사를 합쳐 병력을 함께하자고 한다면 대답하기를, "언어가 서로 통하지 못하고, 또 전하의 명을 받기를 '적을 공격한 후에 조력하라'고 하셨으니 어찌 감히 명을 어기겠습니까?"라고 하라. 만약 [명의] 병력을 [조선군에] 보태고자 한다면, 대답하기를, '정병(精兵) 1만이면 건주위를 격파하기에 충분합니다. 이제 전하께 계품하였으니, 기회를 늦출 수는 없습니다'라고 하라.

· [중국] 관군이 이기지 못하는 형세가 되면, 우리는 마땅히 병력을 거두어 형세를 관망하고 야인과 더불어 교전하지 말라. 이기는 형세가 되거든 야인의 근거지와 진(陣)을 급히 공격하라.[209]

세조는 우선 윤필상에게 명군과 함께 움직이지 말도록 지시했다. 더욱이 명군이 적을 공격한 후에 조력하라고 한 것은, 사실상 조선군이 독자적으로 작전을 수행하겠다는 의지를 밝힌 것으로 보아도 무방하다. 특히 명군이 고전하게 되면 교전을 멈추고 형세를 관망하고, 형세가 유리해지면 급히 공격하라고 지시한 부분에서도, 명의 요청에 응하기는 했지만 조선이 독자적인 작전 계획을 가지고 출병했음을 알 수 있다.

사실 명이 조선에 요청했던 것은 건주위에 대한 협공이라기보다는 그들의 퇴로를 막아 완전히 격멸할 수 있도록 도와달라는 것이었다. 그럼에도 조선이 1만에 달하는 병력을 동원해 출병한 것은 상국의 명령을 따른다는 명분을 취하면서 원래 계획했던 건주위 정벌을 실행하기 위한 것이었다.

---

209 『世祖實錄』 권43, 世祖 13년 8월 27일 경신.

명은 건주위 정벌 문제를 논의하기 위해 요동 백호(遼東 百戶) 백옹(白顒)을 조선에 파견했다.[210] 그가 가져온 칙서에는 먼저 왔던 자문에서처럼 명이 건주 삼위를 토벌할 때 조선도 군사를 내어 길을 끊어 여진인들이 도망할 곳이 없게 하라는 내용 등이 기록되어 있었다.[211]

세조는 윤필상에게 중국의 군사가 9월 22일에 요동을 출발해서 27일에 건주를 공격하니, 의논할 것 없이 반드시 이날 공격을 개시하라고 지시했다. 그리고 백옹이 조선군을 따라 총병관(摠兵官)이 있는 곳에 가려고 하는데 이때 명사의 지휘를 따르지 말 것과 그가 도착하기를 기다리지 말고 출동하라는 지시를 내렸다.[212] 이 역시 조선이 명의 요청 때문에 출병했다기보다는 기회를 활용해 독자적인 작전을 수행하려 했음을 보여주는 것이라 하겠다.

명은 다음 달에 다시 광녕 백호(廣寧 百戶) 임흥(任興)과 요동 사인(遼東 舍人) 황철(黃哲)을 파견해 칙서와 요동 도사의 자문을 보냈다. 요동 도사의 자문은 앞에 보냈던 내용과는 달리 조선군의 이동 경로와 공격 대상, 포진 위치 등을 비교적 구체적으로 명시한 것이었다.[213] 하지만 조선군은 이미 세조가 지시한 날짜에 맞춰 건주위 정벌을 단행한 상황이었기 때문에 요동 도사가 보낸 계획은 애초부터 이루어질 수 없었다.

정벌군의 주장(主將) 강순은 군사를 거느리고 파저강을 공격해 이만주와 이고납합 부자 등 24명을 참하고 그들의 처자와 부녀 24명을 사로잡았으며,

---

210 『世祖實錄』 권43, 世祖 13년 9월 10일 임신.

211 『世祖實錄』 권43, 世祖 13년 9월 14일 병자.

212 『世祖實錄』 권43, 世祖 13년 9월 14일 병자.

213 『世祖實錄』 권44, 世祖 13년 10월 2일 병자.

175명을 사살하고 병장·기계·우마를 획득하고 가사(家舍)와 곡식을 태우는 등의 큰 전과를 올렸다고 보고했다. 아울러 어유소(魚有沼)의 부대가 세운 전과와 요동군을 기다렸지만 그들의 소식이 들리지 않아 10월 2일에 퇴각하여 3일에 강을 건넜다는 사실도 보고했다. 세조는 크게 기뻐했고 명과 여진에 대한 세밀한 조치들을 지시했다.[214]

이틀 뒤에는 정벌 성공을 기념하여 사유령(赦宥令)을 내렸다.[215] 같은 달 성절사 정문형(鄭文炯)은 요동에 도착해 건주위 정벌에 관해 보고했다. 세조는 보고 내용에 따라 윤필상은 이산(理山), 이극배는 의주에 파견하여 요동의 장수를 응접하도록 했다. 세조는 응접하는 도중 만약 명의 장수가 조선군이 자신들을 기다렸다가 만나지 않고 먼저 돌아간 이유를 물어본다면 약속된 날짜를 엄수해 작전을 수행했다는 점을 강조하도록 지시했다. 또한 건주위 서쪽 방면은 명군이 담당하는 지역이므로 조선군이 간여할 바가 아니라 함부로 들어갈 수 없었다는 점을 설명하도록 했다. 만약 적의 퇴로를 막지 않고 군대를 퇴각시킨 부분을 지적하면 이미 적들을 궤멸시켜 군이 막을 필요가 없었으며, 조선군이 강을 따라 지키고 있다는 점을 설명하도록 했다.[216]

기록에서 확인되는 조선의 태도 역시 건주위 정벌에서 명과 함께 작전을 전개할 의도가 없었다는 점을 잘 보여준다. 세조는 행부호군 고태필(高台弼)을 파견해 건주위 토벌 상황에 관한 상세한 내용을 주문했다.[217] 세조 14년

214 『世祖實錄』 권44, 世祖 13년 10월 10일 임인.

215 『世祖實錄』 권44, 世祖 13년 10월 12일 갑진.

216 『世祖實錄』 권44, 世祖 13년 10월 16일 무신.

217 『世祖實錄』 권44, 世祖 13년 10월 21일 계축.

명이 태감 강옥(姜玉)·김보(金輔) 등을 파견해 조선의 건주 토벌을 치하하고 포상하는 내용의 칙서를 보냄으로써 조선과 명의 건주위 정벌은 일단락되었다.[218]

조선의 건주위 정벌에서 얻은 결과 중 가장 주목되는 것은 이만주와 이고납합 부자를 죽인 것이었다. 사실 명의 건주위 정벌에서 가장 중요한 요소는 군사적 위력을 보여 복종시키는 것이었겠지만, 그들의 지도자를 사로잡거나 죽이는 일 역시 매우 중요한 요소였다. 정벌을 통해 상대의 지도자를 잡는다는 것은 곧 정벌의 성공 여부를 결정 짓는 중요한 요소이기 때문이다. 당연히 명군의 주요 목표에는 이만주 부자의 살해 내지는 포획에 이은 북경으로의 압송 등이 포함되어 있었을 것이다.

하지만 이처럼 중요한 전과를 얻은 것은 명군이 아니라 조선군이었다. 그리고 이만주와 이고납합이 건주위에서 가지고 있던 위치나 세조 즉위 후 맺어왔던 관계 등을 볼 때, 정벌 과정에서 이들을 제거하는 일에 대해서는 이미 세조의 지시가 있었다고 보아도 무방하다. 결국 조선은 수동적으로 명의 요청에 따라 건주위 정벌에 나선 것이 아니라 자신들의 대외적 목표에 따라 기회를 최대한 활용했던 것으로 평가할 수 있다.

그럼에도 조선이 건주위의 핵심이었던 이만주 부자 등을 생각보다 쉽게 제거한 점에 대해서는 이해되지 않는 부분이 많다. 조선이 정벌을 통해 이만주나 낭발아한 급의 유력 추장을 죽이거나 사로잡았던 사례가 전혀 없었기 때문이다. 특히 이만주 같은 추장의 주변에는 건주위의 정예 병력이 배치되었을 것이다. 세종대에 두 차례에 걸친 정벌을 단행하면서도 이만주를 제거하지 못했다는 점을 생각해본다면 의문은 더욱 커진다. 이에 대한 해답

218 『世祖實錄』 권46, 世祖 14년 4월 9일 무술.

은 성종대 이극배의 언급에서 찾을 수 있다.

> 정해년에 중국 조정에서 건주위를 정벌할 때 칙서를 내려 군사를 징발했습니다. 세조께서 장수에게 명하여 들어가 정벌하게 하셨습니다. 저들은 우리 군사가 이를 것을 생각하지 못하고 건장한 자들은 모두 요동군을 방어하러 나갔습니다. 우리 군사는 빈틈을 타고 들어가 공격해서 겨우 부녀와 약한 사람, 가축을 사로잡아 돌아왔으니, 패하지 않은 것이 다행이었습니다.[219]

이 사료를 보면, 당시 조선의 정벌군이 건주위의 근거지로 쉽게 진입하고 예상보다 훨씬 큰 성과를 낼 수 있었던 중요한 원인이 바로 이들의 주력부대가 대부분 명군을 막기 위해 배치되어 조선 방면의 방어가 크게 약해졌기 때문이었음을 잘 알 수 있다.[220]

이만주와 이고납합 등은 세조 즉위 후 세종대와 달리 조선과의 관계를 개선하고 신뢰를 얻고자 노력했다. 더욱이 관하 여진인들의 조선 침입을 적극적으로 막았고, 자신들 역시 조선을 공격하는 행위에 절대 참여하지 않았다. 이만주의 노력에 대해 조선도 여러 차례 고마움을 표시했다. 따라서 이만주 등은 조선에 대한 약간의 신뢰가 있었던 것 같다. 때문에 조선군보다는 명의 정벌군을 막기 위해 방어력을 집중했을 것이다. 조선은 바로 이 허점을 공략해 엄청난 전과를 확보했다.

물론 건주위 여진이 조선을 절대적으로 신뢰해서 결코 공격당하지 않을 거라 생각할 정도로 단순하지는 않았을 것이다. 그래도 명과는 달리 조선이

---

219 『成宗實錄』 권95, 成宗 9년 8월 23일 임자.

220 이인영, 앞의 책, 1954, 135쪽.

라면 자신들의 근거지를 초토화시키고 이만주 등을 제거하는 일까지 벌이지는 않으리라 생각했을 수 있다. 이만주가 이두리와 이고납합 등의 아들을 조선에 자주 보내면서 관계를 개선하고자 했던 노력은 철저하게 이용당했다.[221] 이 결과는 조선이 이만주 등의 전향적 태도를 끝까지 받아들이지 않았던 이유를 설명해준다.

조선은 명을 의식하면서 요청에 따라 수동적으로 정벌을 시행하는 것처럼 포장했지만, 실상은 조선의 외교적 목표를 이루기 위해 정벌을 단행했을 뿐이었다. 그렇다면 조선이 세조의 재위기 동안 보였던 대명의식이나 사대에 대한 태도는 모련위 정벌 때나 건주위 정벌 때도 거의 변함이 없었다고 설명할 수 있다.

명이 여진 문제를 이전과 달리 외교적으로 해결하지 않고 대군을 동원해 정벌했던 가장 중요한 원인은 건주위 일대에 대한 영향력 확보 때문이었다고 생각한다. 명은 건주위 설치 이후 이 지역에 대한 영향력이 유효하다고 생각했을 것이다. 조선과 건주위 여진의 충돌이나 건주위와 모련위의 충돌 양상을 파악하고는 있었지만 관련 사건들이 당장 명의 지배력을 손상시킨다고 생각하지는 않았던 것 같다.

명이 세종대 조선의 여진 정벌에 대한 요청을 비교적 쉽게 허락했던 일이나, 승인 없이 정벌을 단행했던 조선에 외교 문제를 크게 제기하지 않았던 것은, 양국의 우호적 관계를 먼저 고려했기 때문일 것이다. 하지만 보다 근본적으로는 설령 조선의 정벌이 시행된다 하더라도 여진 지역에 대한 명

---

221 성종대 승문원참교였던 정효종(鄭孝終)은 명의 요청에 따라 건주위 정벌군을 파병하는 문제에 대한 반대 상소를 올리면서 이만주 등이 성심으로 투화했으므로 본래 조선과 원수질 일이 없었는데 정해년의 싸움으로써 건주위 여진이 원한을 품게 되었다는 점을 명확하게 지적했다. 『成宗實錄』 권110, 成宗 10년 윤10월 7일 기미.

의 위상이나 영향력에 별다른 영향이 없을 것이라 판단했던 것이 가장 중요한 원인이었다고 생각한다.

그러나 명의 판단과 달리 세종에서 세조대까지 세 차례에 걸쳐 시행된 정벌을 통해 두 지역에 대한 명의 영향력은 감소하고 있었다. 명의 여진에 대한 무역 제한 조치는 내부적 요인도 있었지만 여진 세력을 통제하기 위한 것이었다. 반면 조선의 여진 지역에 대한 영향력은 정벌을 통해 급격히 커지고 있었다. 예컨대 이주 초기에 조선과의 교류에 관심이 없었던 이만주는 세종대의 정벌 이후 양측의 관계를 개선하고 신뢰를 얻기 위해 많은 노력을 기울였다. 또 조선에서 낭발아한 등을 처형하고 이 지역에 대한 정벌까지 단행하자 여진 세력들은 명보다 조선의 정벌을 더 우려하게 되었다.

명이 건주위 정벌을 시행하면서 굳이 조선의 지원을 요구했던 것도 결국 여진 지역에 대한 주도권 문제가 걸려 있었기 때문으로 보인다. 명은 건주위 정벌에 조선의 지원을 받음으로써 해당 지역의 주도권을 갖고 있는 것이 누구인지 명확하게 보여주고 싶었던 것이다. 그런데 조선은 군사를 따로 움직여 이만주와 이고납합 등의 주요 추장들을 직접 제거하면서 명의 의도와 달리 여진 지역에 대한 조선의 영향력을 유지하는 데 성공했다. 더욱이 명군이 건주위 군사에게 고전했던 상황은 명에서 정벌을 통해 얻고자 했던 성과를 확보하지 못했다는 점을 확인시켜준다.

하지만 정벌을 통해 여진 지역에 대한 영향력을 확대시키는 데 성공하지 못했던 명은 다시 군사행동을 계획하고 조선의 지원을 요구할 가능성을 가지게 되었다. 성종대 명이 다시 한 번 건주위 정벌에 나서면서 조선의 지원을 요구한 일은 해당 지역에 대한 주도권을 확보하기 위한 또 다른 시도였다.

5부

성종대 대명의식 변화와 대외정벌 정책의 한계

1장
명의 출병 요청과 대명의식의 변화

1. 명의 건주위 출병 요청에 대한 조선의 논의와 태도

성종대 명은 건주위 정벌을 시행하면서 조선의 출병을 요구했다. 조선은 세조대와는 달리 조정의 숙의를 거쳐 출병을 결정했다. 물론 조선이 명의 작전 계획을 일방적으로 따르거나 상당한 피해까지 감수하며 출병하지는 않았다. 그렇지만 조선은 명의 요청에 대한 거부 의사가 있었음에도 결국 출병에 응했다. 사대명분이 이전보다 훨씬 강하게 조선의 대외정책에 작용하게 되었음을 보여주는 현상이다. 따라서 성종대는 조선의 대명의식이 이전과 달리 점차 변해가고 있음을 보여주는 중요한 시기였다고 평가할 수 있다.

성종대 대명의식을 주제로 했던 연구는 많지 않지만 크게 두 가지 시각으로 설명되었다. 우선 안정희는 성종대에도 세종대부터 형성되었던 '인신론(人臣論)으로서의 사대론'이 이어져 내려왔다고 설명했다. 세종대에 비해 성종의 재위기 동안 인신론적 사대론이 군신 간에 보다 폭넓게 수용되어 계속 영향을 미쳤다고 주장했다. 세종대에는 신하들이 국왕의 적극적 사대를 비판하는 사례가 나타나기도 했지만, 성종대에는 사대의례에 철저하고자 했던 국왕의 자세에 대한 신하들의 반발이 사실상 사라졌다는 것이다.[01]

반면 계승범은 의례(儀禮)와 관련된 부분으로만 성종대 대명의식의 실체를 단언하기는 어렵다는 점을 지적했다. 그는 성종대에도 전쟁과 파병 같은 중대한 사안에 대해서는 명을 상국으로 섬겨야 한다는 인식보다는 단지 하나의 인접 국가로 보는 인식이 더 우세했다고 주장했다. 성종대에도 조선에서는 대명사대와 국익이 상충할 경우 항상 정치적 이익에 부합하는 방향으로 정책을 결정하겠다는 공감대가 형성되어 있었다는 것이다.[02]

실제로 성종대에는 군신 모두가 이전보다 사대에 집착하는 태도를 보였다. 동시에 사대의 당위성이 더욱 강조되는 분위기 속에서도 명의 출병 요청을 거부하려는 의사가 강하게 드러났던 것도 사실이었다. 따라서 두 사람의 연구는 성종대의 대명의식을 설명하는 작업에 많은 시사를 준다.

하지만 두 연구 모두 성종대 대명관계에서 특정 부분만을 강조해서 자신의 논지를 전개했다. 우선 안정희의 경우 계승범이 지적했던 것처럼 성종대 사대를 강조했던 분위기와 달리 명의 출병 요청을 거부하고자 했던 국왕과 신료들의 태도나 의도 등을 설명하지 않았다. 또 그의 주장과는 달리 성종대에도 신료들이 국왕의 고착화 된 대명의식을 비판했던 기록을 찾기는 어렵지 않다.[03]

한편 계승범은 성종대의 대명의식을 세종과 세조대의 연장선상에서 설

01 안정희, 앞의 논문, 28쪽.

02 계승범, 앞의 책, 116쪽.

03 "(朴)安性啓曰 平安之民 無一衣絮者 殿下重失信於中國 强驅羸卒 冒雪赴征 甚未穩." 『成宗實錄』 권111, 成宗 10년 11월 19일 경자.

명하려다 보니 이때 나타난 대명의식의 변화상을 정확하게 설명하지 못했다. 예를 들어 계승범은 성종이 명의 출병 요청을 받아들인 후 건주위에 대한 재출병까지 감행했던 중요 원인이 명과의 전통적 관계 유지를 위해서만이 아니라 궁각 무역 중단을 우려했기 때문이라고 주장했다. 궁각은 무기 재료로 분류되어 명의 수출 금지 품목에 해당되었는데, 명의 출병 요청이 있기 4년 전에 조선은 특별 청원을 통해 수입을 허락받았기 때문이라는 것이다.[04] 그러나 조선에게 궁각 무역이나 무기 재료 수입이 아무리 중요했다 하더라도 이 정도 사안으로 외부 세력에 대한 출병을 결정했다는 것은 수긍하기 어렵다.

특히 그는 성종이 명의 출병 요청에 반대할 마음을 가졌지만 당장은 거절할 구실이 없어 일단 파병을 결정했다고 설명했다.[05] 하지만 성종 등이 결국 파병을 결정했다면 다양한 논의를 거치면서도 명의 요구를 거부할 수 없었던 상황이 반영된 것이라 생각한다. 비록 요식적이라고는 해도 재정벌까지 감행했던 성종의 태도는 이전 시기의 국왕들에 비해 사대에 집착하는 태도로 보이기 때문이다.

당시 성종과 신료들이 명의 출병 요청을 거부하고자 하는 의사를 강하게 가지고 있었던 점은 확실하다. 아울러 명의 출병에 응하는 것이 조선의 국정운영에 도움이 되지 않는다는 점도 분명하게 의식했다. 그럼에도 조선은 명의 출병 요청을 받아들였다. 처음 출병 때 강을 건너지 않고 파진한 뒤 가식적으로 보일 수 있는 재출병까지 결정했던 원인은, 명이 조선의 사대에 대한 정성을 의심할까 우려했기 때문이었다. 당시 조선의 출병과 재출병에

---

04 계승범, 앞의 책, 112쪽.

05 계승범, 앞의 책, 106쪽.

대한 논의 과정과 결정 사항들을 살펴보면 세종·세조대와는 달리 정벌과 파병에 관한 문제에서조차 사대명분에 집착하는 모습이 나타나고 있다.

성종 9년(1478) 8월 조선 조정은 명의 청병 요청이 있을 것이라는 정보를 보고받은 뒤부터 출병 준비를 진행했다. 천추사가 보냈던 사목을 통해 명 태감 왕직(汪直)이 9월에 있을 건주위 토벌에 조선과의 협공을 주청할 것이라는 정보가 보고되었다.[06] 이에 성종은 명의 청병에 따라 징발해야 할 병력의 수와 군량, 정보수집 활동에 대한 대책 등을 의논하도록 지시했다. 출병에 대한 일부 반대의견이 있었지만 대다수의 대신들은 성종의 지시에 별다른 이견을 나타내지 않았다.[07]

이틀 뒤 성종은 평안도에서 관직을 역임했던 재상들을 불러 평안도 변경 지역에 대한 정탐 활동 계획과 포상 대책 등을 논의했다. 그리고 척후병들이 입을 유의(襦衣) 250벌을 보냈다.[08] 아울러 우참찬 어유소를 정벌군의 대장으로 임명했다.[09] 이 조치들은 명의 요청에 따라 출병하기 위한 조선 조정의 사전 준비로 설명할 수 있다. 조선은 명의 청병 요청이 구체화되지 않은 상황임에도 출병을 전제로 한 계획을 논의했을 뿐만 아니라 구체적인 준비에 들어갔다. 하지만 출병과 관련된 명의 연락이 당장 없었기 때문에 논의는 더 진행되지 않았다.

물론 출병에 대한 반대의견도 있었다. 지사 이극배는 적극적으로 반대의견을 개진했다. 그는 세조 13년(1467) 명의 출병 요청에 응했을 때는 건주

---

06 『成宗實錄』 권95, 成宗 9년 8월 21일 경술.

07 『成宗實錄』 권95, 成宗 9년 8월 23일 임자.

08 『成宗實錄』 권95, 成宗 9년 8월 25일 갑인.

09 『成宗實錄』 권96, 成宗 9년 9월 4일 임술.

위 병력이 요동군 방어에 나가 있는 틈을 타서 공격해서 패하지 않았다고 주장했다. 그때의 일로 원한이 남아 있는 상황에서 다시 전쟁을 한다면 건주위 여진의 원한이 더욱 깊어질 것이라는 점을 강조했다. 특히 세종대 정통제의 출병 요청에 불응했던 사례를 제시하며 왜구 문제를 근거로 명의 청병을 거절하자고 주장했다. 동지중추부사 이극균(李克均) 역시 평안도의 흉년과 세종대의 출병 거부 사례를 근거로 황제의 명령을 따르지 않아도 괜찮다고 주장했다.[10] 심지어 성종조차 중국에서 청병하면 따라야 한다면서도 군사와 백성이 쇠잔(衰殘)하여 명의 출병 요청을 따르지 않고자 하지만 이는 도리에 옳지 못한 것이니 어찌해야겠냐고 언급했다.[11] 다만 명의 요청이 온다면 출병한다는 원칙은 변하지 않았고, 출병 준비도 계속 진행되었다.

다음 해 10월 성절사 한치례(韓致禮)는 태감 왕직이 건주위 정벌 문제로 광녕(廣寧)으로 이동했다는 사실과 명사가 조선에 온다는 소식을 알려 왔다.[12] 이에 성종은 정승과 의정부·병조를 불러 중국의 청병에 대한 대응을 논의했다. 1년 전 논의 때와는 달리 이번에는 찬반양론이 팽팽하게 대립했다. 하지만 정창손(鄭昌孫)과 한명회 등의 원로대신들이 황제의 지시를 따라야 한다고 강조하자 결국 성종은 출병을 결정했다.[13]

조정에서 정벌군 파견을 위한 준비를 하고 있을 때,[14] 승문원참교 정효종

---

10 『成宗實錄』 권95, 成宗 9년 8월 23일 임자.

11 『成宗實錄』 권95, 成宗 9년 8월 26일 을묘.

12 『成宗實錄』 권109, 成宗 10년 10월 28일 경술.

13 『成宗實錄』 권109, 成宗 10년 10월 29일 신해.

14 『成宗實錄』 권110, 成宗 10년 윤10월 1일 계축; 『成宗實錄』 권110, 成宗 10년 윤10월 4일 병진.

(鄭孝終)이 상소를 올렸다. 그는 상소를 통해 명의 요청에 응해 건주위 정토에 나서는 것이 대국을 섬기고 충성하는 행동이라는 점을 인정했다. 하지만 건주위의 지세가 험하다는 점, 이번 토벌이 명과 건주위의 싸움인 만큼 조선은 개입할 필요가 없다는 점을 들어 출병에 반대했다.

성종은 정효종의 상소를 정승들에게 보여주면서 출병 여부에 대한 논의를 다시 시작했다. 이번에는 출병의 필요성을 가장 적극적으로 주장했던 정창손까지도 추운 날씨와 건주위의 험한 지형을 이유로 출동 시기를 늦추자는 의견을 냈다. 주요 대신들도 출병 여부를 다시 논의하자는 의견을 제시했다.[15]

이 과정은 일견 정효종의 상소문에 따라 조정의 출병 의지가 변했던 것처럼 보이기도 한다. 하지만 당시 정효종의 관직과 정치적 영향력 등을 생각해본다면 그의 상소 내용이 아무리 훌륭했다 하더라도 이것만을 이유로 정승들의 출병 의도가 변했으리라 생각되지는 않는다. 정창손이나 한명회 등의 대신들도 비록 명의 청병에 응해야 한다고 주장했지만 국익을 위해서는 파병하지 않는 것이 좋겠다는 현실론을 펼치고 있었다고 추측할 수 있다. 그렇다면 정효종의 상소는 파병에 대한 반대의견을 적극적으로 표현할 수 있는 하나의 계기를 마련해준 것이 된다.

출병 여부를 결정하기 위한 논의 과정은 조선이 여전히 양면적 대명의식을 가지고 있었음을 보여준다. 명의 청병에 응해야 한다고 주장했던 신하들은 모두 사대명분과 대국을 섬기는 마음, 자세 등을 언급하면서 황제의 지시를 따라야 한다고 강조했다. 그런데 사대를 인정하면서도 조선의 국익이나 형세에 따라 설사 황제의 지시라 하더라도 반드시 지킬 필요는 없다

---

15 『成宗實錄』 권110, 成宗 10년 윤10월 7일 기미.

고 주장하는 신하도 많았다. 정효종의 상소를 계기로 황제의 지시를 거부할 수 없기 때문에 정벌군을 파견해야 한다던 신하들까지 의견을 바꾸거나 파병에 유보적 자세를 취하는 등의 입장 변화를 보였다. 아직 조선의 신료들에게 사대명분이 무엇보다 우선되는 가치는 아니었던 것이다.[16]

다만 성종은 정효종의 상소와 조정의 논의에도 불구하고 세종대처럼 명의 출병 요구를 거부할 생각은 없었던 것 같다. 성종의 의도는 명사를 대비해 만들었던 문답절목에서 찾을 수 있다. 절목에서는 명사가 조선의 출병 계획을 물어오면 황제의 지시를 따르겠으나 몹시 춥기 때문에 당장 군대를 보내기 어렵다는 점을 설명하고자 했다.[17] 성종은 얼마 후 도착한 명사에게 칙서의 내용을 따르겠다고 거듭 강조했다.[18] 출병 시기에 대해 유보적 태도를 보이기는 했지만 황제의 지시를 정면으로 거부할 생각은 없었다.

조선은 출병 시기를 최대한 늦추면서 명군과 건주위군의 형세를 파악한 다음 대응하고자 했던 것 같다. 성종은 건주위 정벌 문제를 논의하기 위해 명에서 파견했던 요동 지휘 고청(高淸)과의 대화에서, 황제의 지시에 따라 출병은 하겠지만 시기를 맞출 수 없다고 계속 강조했다.[19] 성종과 명사의 대화는 당시 조선이 명군과 공동 작전을 펼칠 의도가 없었다는 점을 보여주는 것이라 하겠다.

---

16 계승범은 정효종의 상소 내용에서 그가 명을 그저 조선의 이웃에 있는 하나의 국가로 인식하고 있었다는 점을 지적했다. 또한 정효종의 의식이 성종을 비롯한 신료에게도 아무런 문제없이 받아들여졌다는 점을 통해, 당시 조선이 가지고 있던 대명의식의 일단을 설명했다. 계승범, 앞의 책, 2009, 108쪽. 정효종 상소의 의의를 설명했던 계승범의 견해는 충분히 동의된다.

17 『成宗實錄』 권110, 成宗 10년 윤10월 8일 경신.

18 『成宗實錄』 권110, 成宗 10년 윤10월 12일 갑자.

19 『成宗實錄』 권110, 成宗 10년 윤10월 11일 계해.

서정대장(西征大將) 어유소는 건주위 여진이 명군에게 패한 틈을 타서 기습하겠다는 계획을 보고했고, 성종도 적극적으로 찬성했다.[20] 조선은 명군과 건주위군의 교전이 끝난 뒤의 빈틈을 타 공격해 성과를 얻고, 이를 황제에게 보이고자 했다. 명의 요청에 따라 군사를 출동시키면서도 피해를 최대한 줄이면서 정벌의 성과를 얻고자 한 것이다.

성종은 어유소에게 유시를 내려 정벌군의 만전을 기하도록 당부했다. 특히 위험한 곳으로 함부로 들어가지 말고 형세를 잘 파악해서 조선의 사졸들을 보존하라고 지시했다.[21] 이는 성종이 건주위 여진과 대규모 전투를 벌이지 말고 최대한 안전하게 행동해서 정벌군을 무사히 인솔하고 돌아오라고 지시한 것으로 봐도 무방하다. 조선은 이번 정벌에서 명군과 공동 작전을 펼칠 의지가 없었을 뿐만 아니라, 건주위와 전면전을 벌일 의도도 없었다. 성종이 명군의 건주위 공격 후 형세를 살핀 뒤 공격할 만하면 공격하고, 중지할 만하면 중지하라고 지시했던 사실에서도[22] 조선의 계획이 잘 나타난다.

결국 조선은 출병을 미루면서 명군과 건주위의 교전 상황이나 형세 등을 파악한 후에 군사를 움직이겠다는 의도를 가지고 있었다. 세조대에 형식적으로 출병 날짜를 맞추었을 뿐 명의 요구와 전혀 다르게 행동했던 사례와 정반대의 경우지만, 두 사례에서 나타난 조선의 의도는 사실상 동일하다.

출병 여부를 논의하고 결정하는 과정에서 주목되는 점은 조선의 대명사

---

20 『成宗實錄』 권110, 成宗 10년 윤10월 12일 갑자.

21 『成宗實錄』 권110, 成宗 10년 윤10월 22일 갑술.

22 『成宗實錄』 권111, 成宗 10년 11월 4일 을유.

대의식이 점차 고착화되어가고 있었다는 사실이다. 당시 조선 조정은 명의 청병을 거부할 의사도 가지고 있었다. 뿐만 아니라 다수의 신료도 명의 청병 요청에 반드시 응할 필요가 없다는 입장이었다. 논란의 여지는 있었지만 국왕이 명의 요청을 거절하더라도 신료들의 큰 반발을 불러올 상황은 아니었던 것으로 보인다. 그런데 조선은 결국 명의 요청에 따라 건주위 출병에 응하는 것으로 결정했다. 사대명분과 조선의 국가적 이익이 상충할 경우, 사대명분이 보다 중요하게 고려되는 상황이 직접적으로 나타나고 있었다.

요동에 파견되었던 통사 장자효(張自孝)는 11월 10일에 복귀해서 명군의 동정에 관한 정보 등을 보고했다.[23] 다음 날 서정종사관(西征從事官) 신중거(辛仲琚)는 정벌군의 파진(罷陣) 계본을 가지고 한양으로 복귀했다. 신중거는 얼음이 얇게 얼어 강을 건널 수 없었던 상황 등을 보고했다. 아울러 얼음과 눈 때문에 적유령(狄踰嶺)을 넘어갈 수 없었다는 점과, 추운 날씨로 인해 정벌군의 동사가 걱정된다는 점 등을 파진의 이유로 설명했다. 성종은 이 보고에 대해 형세가 어렵다면 파진하는 것이 매우 좋다며,[24] 어유소의 회군 조치를 인정하는 태도를 보였다. 조선의 출병은 이렇게 끝나는 듯했으나 상황은 다시 반전되었다.

2. 파진 대책과 재정벌 결정

성종대 조선의 대명의식이 변했다는 사실을 상징적으로 보여주는 사건

---

23 『成宗實錄』 권111, 成宗 10년 11월 10일 신묘.

24 『成宗實錄』 권111, 成宗 10년 11월 11일 임진.

은 건주위 재정벌을 결정하고 시행한 일이다. 어유소의 파진 조치를 인정하는 듯했던 성종은 한명회 등이 사대의리를 언급하며 재정을 건의하자, 논란이 있었음에도 이를 받아들였다. 당시 재정벌 시행을 논의하고 결정하는 과정을 살펴보면, 조선은 사대명분과 국가적 이익이 충돌하는 상황에서 어느 한쪽으로 쉽게 방향을 정하지 못했던 것처럼 보인다. 하지만 조선은 결국 사대명분을 보다 중시하는 방향으로 대외정책을 결정했다. 성종은 전쟁과 같은 국정의 핵심 사안에서도 이전의 국왕들과 달리 사대명분을 보다 중시하는 태도를 보였다.

성종이 이전 국왕들보다 사대명분에 집착했던 원인 중 가장 중요한 것은 국왕의 정치적 주도권 확보 문제와 관련이 있다고 생각한다. 성종은 전대에 비해 약해진 국왕의 권위를 회복하고 정치 주도권을 확대하기 위해 이전처럼 사대를 활용하고자 했던 것 같다. 때문에 성종은 전쟁과 관련된 사안까지도 국정의 현실적 이익보다는 사대를 중시하는 방향으로 정책을 결정하게 되었다.

건주위 재정벌이 처음 건의되었던 것은 파진이 보고된 이틀 후였다. 한명회는 얼음이 얼지 않아 강을 건너지 못했다고 주문한다면 명에서 믿지 않을 것이라고 우려했다. 성종이 성심으로 대국을 섬기는데 한 가지 작은 일로 중국에서 의심을 받는다면 대의(大義)에 어긋난다는 점도 지적했다. 따라서 평안도의 유방군사(留防軍士)를 동원해 강을 건너갔다 돌아온다면 비록 적의 근거지를 공격하지 못했더라도 주문할 때 근거가 있을 것이라고 주장했다.[25]

한명회의 주장에 대한 대신들의 의견은 찬반이 갈렸다. 정창손과 심회

25 『成宗實錄』 권111, 成宗 10년 11월 13일 갑오.

(沈澮), 김국광(金國光), 윤필상은 한명회의 견해에 적극적으로 찬성했다. 반면 노사신(盧思愼)과 홍응(洪應) 등은 군대를 다시 출동시키는 일에 반대했다. 특히 노사신은 대군이 출동했지만 실제로 얼음이 얼지 않아 강을 건너지 못했으므로 사실대로 주문해도 의리에 문제될 것이 없다고 주장했다. 일부러 무위를 떨치기 위해 강을 건너갔다가 곧 돌아와서 이를 근거로 주문하는 것이 오히려 중국을 섬기는 정성에 어긋나는 행동이라고 주장했다. 논의 결과 군대를 다시 보내 강을 건너야 한다는 대신들의 의견이 다수를 이루게 되었다.

그런데 성종은 조선의 군사가 죽게 된다는 것을 알면서도 그들을 보낼 수는 없다며, 백성을 위해 차라리 중국의 견책을 받겠다며 재출병 계획을 일단 중지시켰다.[26] 성종의 언급과 결정은 그가 사대보다는 조선의 정치·외교적 실익을 먼저 고려하는 국정운영 방식을 선택하고자 했던 것처럼 보이게 한다.[27]

하지만 성종의 태도는 불과 나흘도 지나지 않아서 변했다. 성종은 도승지 김승경(金升卿)과 명에 보내는 주본의 내용을 논의하면서, 다음 해 가을에 정벌을 단행해 결과를 보고한다면 조선의 회군을 이해받을 수 있을 것이라고 언급했다. 또한 여진과 원한을 맺는 것은 작은 일이고, 중국 조정에서 책망을 당하는 것은 큰일이라고도 말했다. 결국 성종은 주본에 건주위를 공격하겠다는 뜻을 기재하도록 이미 승문원에 지시했다며, 건주위 재정벌을 기정사실화했다.[28] 외부 세력에 대한 전쟁을 조선의 대여진 정책이라는 차원

---

26 『成宗實錄』 권111, 成宗 10년 11월 13일 갑오.

27 『成宗實錄』 권111, 成宗 10년 11월 13일 갑오.

28 『成宗實錄』 권111, 成宗 10년 11월 17일 무술.

보다는 명과의 관계를 우선적으로 고려해서 결정하고자 했던 것이다.

성종의 의견에 대해 윤필상은 중국에서 건주위를 공격했는데 다음 해에 다시 조선이 건주위를 공격한다면 전쟁이 계속되어 화가 될 수 있다는 점을 우려했다. 하지만 성종은 다음과 같이 전교했다.

> 금년에 들어가서 공격하는 것과 명년에 들어가서 공격하는 것이 무엇이 다르겠는가? 원한을 맺는 것은 마찬가지이다. 중국 조정에서 책망을 받느니 차라리 야인과 원한을 맺겠다. 명년에 들어가서 공격하겠다는 뜻을 주본에 기재하도록 하라.[29]

성종은 명의 요청에 따라 파병하는 일을 내켜하지 않았던 이전의 태도와는 달리 적극적으로 건주위 정벌 의사를 밝혔다. 불과 며칠 전에 조선의 백성을 위해 상국의 견책을 감수하겠다고 말했는데 닷새도 지나지 않아서 자신의 말을 번복하고 건주위 정벌 의사를 밝힌 것이다. 발언을 바꾼 논리는 바로 중국 조정의 견책을 받느니 여진과 원한을 맺겠다는 것이었다. 파병을 하지 않겠다는 뜻을 사대 논리를 이용하여 손쉽게 뒤집어버렸다. 성종이 가지고 있던 대명의식을 잘 보여주는 사례라 하겠다. 동시에 성종의 대명의식이 세종이나 세조와 같은 전대의 국왕들과는 달랐음을 확인할 수 있는 사례이기도 하다.

대사헌 김양경(金良璥)과 대사간 박안성(朴安性) 등은 재정벌 결정을 강하게 반대했다. 이들은 혹독한 추위에 군사를 일으킬 수 없다고 주장했다. 심지어 박안성 등은 성종이 백성을 위해 황제의 견책을 받겠다고 했던 언급

---

29 『成宗實錄』 권111, 成宗 10년 11월 17일 무술.

까지 상기하며 재정벌 결정에 대한 실망감을 표시했다. 또한 중국 조정의 책망이 있더라도 조선의 결정이 올바른 것이니 걱정할 것이 없다고 주장했다.[30] 하지만 성종은 한발 더 나아가 어찌 강을 건너갔다가 그대로 돌아올 수 있겠냐며, 오히려 적의 근거지를 공격해야 한다고 강조했다. 그리고 평안도 도원수 윤필상에게 교지를 내려 정벌을 단행하도록 지시했다.[31]

대사간 박안성은 서정(西征)의 시행이 적당하지 못하다고 다시 의견을 냈다. 그는 성종이 명의 신뢰를 잃는 일을 더 중시하며 병졸들을 강제로 내보내 정벌을 시행하는 것은 매우 온당하지 못하다고까지 말하며 정벌에 반대했다. 하지만 성종의 뜻은 변하지 않았다.[32]

결국 대간들이 합사(合司)해서 정벌에 반대하는 상소를 올리는 상황까지 이르게 되었다. 특히 대사헌 김양경이 적극적으로 정벌에 반대하며 성종과 논쟁을 벌였다. 성종은 다시 정벌을 시행하는 것은 부득이한 일이고 중국의 명령은 어길 수 없다며 강행 의지를 밝혔다. 또한 작은 나라가 큰 나라를 섬기는 일에서 가장 중요한 것이 신의라며 이를 잃어서는 안 된다고 주장했다.[33]

정벌 시행에 대한 성종의 강한 의지를 파악할 수 있는 동시에 성종이 가지고 있던 사대의식이 점차 고착되어가고 있었던 상황을 보여주는 장면이다. 대간들의 정벌 반대 상소는 더 이상 이어지지 않았다. 성종이 워낙 강한 의지를 표명했기 때문으로 보인다. 또한 중국의 지시를 거부할 수 없고, 설

---

30 『成宗實錄』 권111, 成宗 10년 11월 18일 기해.

31 『成宗實錄』 권111, 成宗 10년 11월 18일 기해.

32 『成宗實錄』 권111, 成宗 10년 11월 19일 경자.

33 『成宗實錄』 권111, 成宗 10년 11월 19일 경자.

사 그들이 조선의 상황을 모르더라도 속여서는 안 된다는 논리도 반박하기 어려웠을 것이다.

건주위에 대한 재출병을 논의하고 결정하는 과정에서 가장 주목되는 부분은 찬반 양측이 각각 주장했던 논리에서 나타나는 대명사대의식이다. 한명회를 비롯해 재출병에 찬성했던 정승들이나 노사신을 비롯해 재출병에 반대했던 정승들은 모두 자신의 의견을 주장하면서 중국을 속이는 행동을 하지 않기 위해서라는 점을 명분으로 사용했다. 대신들의 논의 과정에서 중국을 속일 수 없다는 명제가 이전 시기보다 강력하게, 그리고 직접적으로 의사결정 과정에 작용했다.

세조 재위기까지 조선은 정벌에 관한 문제에서 항상 정치적 현실을 우선시했다. 특히 세종과 세조는 외교적 목표를 달성하기 위해 황제의 지시를 직접적으로 거부하는 행위를 하는 데 별다른 문제를 느끼지 않았다. 그러나 성종대에 이르러서는 파병에 관한 문제를 결정하고 결과를 보고하는 과정에서 명을 속여서는 안 되고 그들을 섬기는 정성을 인정받아야 한다는 명분론이 대세를 이루게 되었다.

대신들은 재출병에 대한 찬반 의사를 밝히면서 자신들의 주장이 사대명분에 일치한다는 점을 서로 강조했다. 역시 이전 시기까지는 찾기 어려운 모습들이다. 재출병에 대한 논의 과정에서 조선의 대명의식이 점차 변해가고 있음을 확인할 수 있다.

세조대까지의 조선 역시 중국을 속일 수 없다는 논리를 중심으로 대외정책을 결정했던 사례는 자주 있었다. 하지만 이는 어디까지나 일상적 외교관계에서 나타나는 현상이었다. 정벌이나 파병과 같은 핵심적 외교 사안에서 국왕들은 현실적 이익을 위해 명을 속이거나 황제의 지시나 뜻에 반하는 행동을 하는 것에 대해 별다른 죄의식을 느끼지 않았다.

반면 성종대에는 정벌에 관한 논의 과정에서 중국을 속여서는 안 된다는 명분과 논리가 전체 상황을 압도했다. 이 상황은 누구보다 국왕 성종이 직접 주도했다. 태조부터 세조까지 조선 초기의 국왕들은 사대를 필요에 따라 자의적으로 활용하는 모습까지 보이면서 외교 사안들을 결정했다. 사대를 필요에 따라 자의적으로 해석했던 주체는 바로 국왕이었다. 이에 비해 성종은 조선의 국왕으로 있으면서도 정치·외교적 현실과 사대명분이 충돌할 경우 명분을 보다 의식하게 되었다.

당시 조선의 재정벌 결행은 조선의 대명의식이 고착화되어가는 과정 속에서 나왔다고 봐도 무방하다. 사대명분과 조선의 현실적 국익이라는 두 가치가 충돌할 때 국왕이 이를 명확하게 정리하지 못하다 보니 재정벌이라는 비효율적인 일이 발생했다. 이는 사대명분을 지키는 것이 곧 조선의 국익이 된다는 논리가 만들어져가는 과정으로 볼 수 있다. 이 과정은 16세기 이후 나타나는 조선의 대명사대의식 혹은 중화의식을 이해하기 위한 중요한 단서가 될 것이다. 그렇다면 성종이 전쟁과 관련된 국정상의 핵심적 문제에서도 사대를 보다 중시하게 되었던 원인은 무엇일까? 성종 역시 국왕으로서의 권위 확대와 정치 주도권 확보를 위해 사대명분을 활용하고자 했기 때문이라고 생각한다.

성종은 공식적으로 인정된 후계자가 아니었고, 어린 나이에 왕위에 올라 조선 최초의 수렴청정을 거쳤다. 또 수렴청정 기간을 끝내고 단독으로 국정을 운영할 때도 대비가 건재했기 때문에 그녀의 영향력에서 완전히 자유로울 수 없었다. 태생적으로 전대의 왕들에 비해 정치권력이 약했던 것이다.[34] 더욱이 성종 이전의 국왕들은 조선 시대를 통틀어 누구보다 강한 지도

34 성종대 국왕권 약화에 대해서는 다음의 연구들이 참조된다. 최승희, 「三. 成宗王權의 危弱

력과 권한을 가지고 국정을 운영했다. 그들은 특히 사대명분을 활용해 군신 관계를 정립하면서 강력한 정국 주도권을 확보하고 유지했다. 성종은 전대의 국왕들에 비해 국왕의 정치 주도권이 축소되었다고 판단했을 가능성이 높다. 따라서 성종 역시 국왕권의 강화와 정치 주도권의 확보를 위해 사대명분을 적극적으로 활용하려는 의도를 가졌던 것으로 보인다.[35]

3. 재정벌 시행과 여진 지역 영향력의 약화

조선은 결국 사대의리를 충실히 지키기 위해 건주위 재정벌을 단행했다. 명에 정벌 결과를 알리고 포로를 송환하는 등의 조치를 통해 공적을 인정받고자 노력했다. 당시 조선에서 명에게 정벌의 전공을 인정받기 위해 노력했던 행동 역시 대명의식의 변화상을 보여준다.

명이 다시 건주위를 정벌한 것은 여진의 변경 침략에 대한 대응보다는 해당 지역에 대한 영향력을 확대하기 위함이었다. 명은 지난 정벌을 통해 의도했던 목적을 달성하지 못했다. 따라서 건주위 일대에 대한 영향력을 확대하기 위한 새로운 외교적 행동에 나설 가능성이 높았다. 이를 위해 명은 세조대처럼 다시 한 번 조선의 출병을 요구했다.

性」,『朝鮮初期 政治史研究』, 지식산업사, 2002; 김범,「1장 성종—왕권의 안정, 그리고 균열의 시작」,『사화와 반정의 시대』, 역사비평사, 2007, 35쪽; 송웅섭,「조선 성종대 公論政治의 형성」, 서울대학교 국사학과 박사학위논문, 2011, 12~14쪽, 124~125쪽 참조.

35 성종은 즉위 이후 친부를 덕종으로 추존하면서 국왕의 권위를 확립하고자 노력했다. 추숭 과정에서 조정에 논란이 있었지만 결국 덕종의 추존은 명 황제의 권위에 의지해 이루어졌다. 이는 성종이 사대명분을 이전의 국왕보다 더 중요하게 생각했던 원인 중 하나가 되었을 것이다.

세조대의 조선은 명의 출병에 응하는 모양새를 갖추면서도 나름의 계획과 의도를 가지고 정벌을 시행했다. 반면 성종대에는 사대명분과 상국을 섬기는 정성을 인정받기 위해 더욱 노력하는 모습을 보였다. 특히 명의 출병 요청에 대한 조선의 수동적 대응은 결과적으로 여진 지역에 대한 영향력을 축소시켰다.

전대에 비해 명을 의식했던 조선의 태도는 재정벌군에 대한 추가 조치와 정벌 직후 포로 처리 문제에서 보다 명확하게 드러난다. 성종 10년(1479) 12월 정조사 김영유(金永濡)는 요동에서 보고 들었던 일을 치계했다. 그 내용에는 명군이 여진을 정벌하다가 11월 15일에 회군했다는 사실과, 왕황(王璜)이 조선군의 자취가 전혀 없다고 말한 사실 등이 적혀 있었다. 또한 왕직이 조선은 건주위를 토벌하지 않았을 것이라고 말했다는 사실도 알려왔다.[36] 성종은 곧바로 도원수 윤필상에게 보고된 내용을 알리고 때를 잃지 말고 공격하고, 부대가 지나간 곳을 표시하도록 지시했다.[37]

다음 날에는 부승지 이계동(李季仝)을 대장으로 임명해서 2천 명 규모의 지원군을 파견했다.[38] 그리고 통사 최유강(崔有江)에게 건주위에서 도망해 온 중국인을 요동으로 호송하면서 파진 상황과 재정벌군의 출동을 알리도록 했다.[39] 명의 정벌군 지휘관들이 조선의 출병 여부를 의심했다는 정보가 보고되자 성종은 재정벌군의 공격 계획 등의 후속 조치에 더욱 신경 썼던 것

---

36 『成宗實錄』 권112, 成宗 10년 12월 3일 갑인.

37 『成宗實錄』 권112, 成宗 10년 12월 3일 갑인.

38 『成宗實錄』 권112, 成宗 10년 12월 4일 을묘.

39 『成宗實錄』 권112, 成宗 10년 12월 5일 병진.

이다.[40]

12월 20일 도원수 윤필상은 종사관 이감(李堪)을 보내 정벌에 성공했다는 사실을 조정에 알렸다. 윤필상은 9일에 압록강을 건너 13일에 건주위에 들어가 공격했으며, 적의 수급 15기와 포로 22명을 사로잡고 가축과 가옥을 불태우고 한 명의 병사도 잃지 않고 16일에 회군했다는 내용의 전과도 함께 보고했다. 성종은 전과에 크게 기뻐하며[41] 바로 대신들과 함께 승전 내용을 명에 주문하는 일과 변방 방어책 등을 논의했다.[42]

예조는 정벌군이 데려온 중국인 포로 7명에 대해 상당히 많은 수량의 물품을 내려줄 것을 건의했고, 성종은 이를 받아들였다.[43] 정벌의 성과와 함께 중국인 포로를 후대했음을 명에 보여주고자 한 조치였다. 그리고 조선에서는 정벌의 성과를 바탕으로 명에 대한 진헌 수량을 줄이는 방안을 의논했다. 하지만 중국 조정에서 알지 못하는 일을 갑자기 청하는 것은 군주의 나쁜 점을 드러나게 하는 것이라는 성종의 의견에 따라 주청을 중지했다.[44]

다음 해 1월 성절사 한치례가 복귀해서 명군이 정벌을 통해 486명을 사로잡고, 머리를 벤 것이 695급이었다는 사실을 보고했다. 아울러 건주위 여진이 명의 자유채(刺榆寨)와 사천(沙川) 등지를 공격해 큰 피해를 입혔던 사실도 보고했다.[45]

---

40 『成宗實錄』 권112, 成宗 10년 12월 12일 계해; 『成宗實錄』 권112, 成宗 10년 12월 15일 병인.

41 『成宗實錄』 권112, 成宗 10년 12월 20일 신미.

42 『成宗實錄』 권112, 成宗 10년 12월 20일 신미.

43 『成宗實錄』 권112, 成宗 10년 12월 20일 신미.

44 『成宗實錄』 권112, 成宗 10년 12월 21일 임신.

45 『成宗實錄』 권113, 成宗 11년 1월 4일 을유.

성종은 윤필상을 인견하고 서정의 군공을 논의했고,[46] 정벌 관련 유공자들에 대한 포상을 실시했다.[47] 그리고 이조참판 어세겸(魚世謙)을 명에 파견했다. 성종은 여진인 수급 16기와 여진 포로 15명, 중국인 포로 7명을 대동하고 가도록 했다.[48]

사실 조선이 건주위를 공격해 얻었던 전과는 이전의 정벌들에 비하면 매우 미미했다. 제대로 된 전투를 벌이지 않았기 때문이다. 하지만 조선은 정벌 상황에 대한 상세한 내용과 성과 등을 주본에 적어 보냈다. 이에 더해서 포로들의 개인 신상과 중국인 포로의 경우 면담 내용까지 함께 적어 보냈다.

성종이 정벌을 통해 잡았던 포로를 명에 압송하도록 조치했던 일은 세종대 사로잡았던 왜구 포로를 명에 압송했던 사례와 비교된다.[49] 세종대의 왜구 포로 압송은 명에서조차 상당히 놀라워했던 조치였다.[50] 전례가 없었기 때문이다. 당시 세종의 조치는 조선이 명을 위해 왜구를 막고자 노력한다는 사실을 보여주기 위한 일종의 연극이었다. 성종이 승전주문사를 통해 여진 포로를 북경으로 압송한 것은 바로 세종대의 전례를 참고했던 것으로 보인다. 이 조치들은 모두 정벌의 성과를 명에게 적극적으로 알려서 공적을 인정받으려는 것이었다.

승전주문사 어세겸은 요동에서 문견사건을 치계했다. 요동 도사가 북경

---

46 『成宗實錄』 권113, 成宗 11년 1월 4일 을유.

47 『成宗實錄』 권113, 成宗 11년 1월 5일 병술.

48 『成宗實錄』 권113, 成宗 11년 1월 7일 무자.

49 『世宗實錄』 권103, 世宗 26년 2월 2일 임오.

50 『世宗實錄』 권103, 世宗 26년 3월 14일 갑자.

으로 압송하려던 포로와 여진인의 수급을 두고 갈 것을 요구했다는 내용이었다. 어세겸은 당연히 반발했고, 국왕이 포로와 수급을 직접 예부에 바치도록 했기 때문에 도사의 요청을 따를 수 없다고 했다. 태감 위랑(韋郎)과 총병관 구겸(緱謙) 등은 포로와 수급을 두고 북경으로 갈 것을 거듭 요구했다. 하지만 어세겸은 임의로 포로와 수급을 요동에 두고 간다면 주본의 내용과 달라져 예부에서 문제를 삼을 수 있다고 지적하며 요구를 끝내 거부했다.[51]

어세겸이 요동 도사의 요구를 강력하게 거부했던 사실에서도 당시 조선이 포로와 수급을 명에 직접 바쳐 전공을 인정받고자 했음을 확인할 수 있다. 하지만 조선의 조치는 기대했던 효과를 얻지는 못했던 것 같다. 포로와 수급을 북경까지 압송한 일에 대한 황제의 치하나 포상 조치 등이 없었기 때문이다. 다만 명에서는 사신 정동(鄭同)과 강옥을 파견해 조선의 전공을 치하함으로써 조선과 명의 건주위 정벌은 일단락되었다.[52]

성종은 정벌의 성과를 국내 정치에도 활용하고 싶어 했다. 단독 정벌이 아니라 명의 요청에 응해서 파병한 것이었고 실제 성과도 크지 않았기 때문에 승전을 축하하는 의례를 성대하게 벌이기는 어려웠다. 또한 세조대의 사례로 볼 때 단독 정벌이 아닌 경우에는 종묘에 승전을 고하는 의례 등을 시행하지 않았던 것 같다. 따라서 성종은 승전을 축하하는 의례 등을 대신해서 후한 논공행상을 시행함으로써 정벌의 성과를 정치적으로 활용하고자 했다.

정벌이 전과는 비록 적었지만 승전의 결과는 조정의 모두가 인정하는 상황이었다. 그렇다면 정벌에 대한 논공행상이 이루어지는 것은 당연한 절

---

51 『成宗實錄』 권114, 成宗 11년 2월 16일 병인.

52 『成宗實錄』 권115, 成宗 11년 3월 27일 정미; 『成宗實錄』 권117, 成宗 11년 5월 1일 경진.

차였다. 그런데 대간들은 전공 포상이 있었던 다음 날부터 군공에 비해 과도한 포상이 이루어졌다는 점을 비판했다.[53] 대간들은 성종의 포상 조치가 지나치다고 판단했다. 이는 성종과 대간들 사이에서 정벌에 대한 평가가 일치하지 않았다는 점을 보여준다. 이전 시기에는 보기 어려웠던 정벌 성과에 대한 상반된 평가가 조정 안에 나타났다.

특히 대사헌 김양경은 이번 전공으로 새로 통정대부(通政大夫)에 임명된 사람이 20여 인이고, 가선대부(嘉善大夫)에 임명된 사람이 10여 인이나 된다며 개정을 건의했다. 하지만 성종은 심회의 의견에 따라 이를 고치지 않았다.[54] 대간들은 논공행상의 개정을 계속 상소했지만 성종은 결코 받아들이지 않았다.[55] 성종의 태도는 포상 조치가 단순히 전공만을 인정해서 취했던 조치가 아니라 정벌의 성과를 국내 정치에 활용하기 위한 것이었음을 추측할 수 있게 해준다.

그렇다면 당시 명이 다시 건주위 정벌에 나섰던 원인은 무엇일까? 이에 대해 가와치 요시히로는 『명실록』의 기록에 따라 당시 권력자였던 태감 왕직이 주도했던 것이라고 설명했다. 왕직이 공을 세워 국내에서 자신의 정치적 위상을 강화하고자 순무요동도어사(巡撫遼東都御史) 진월(陳鉞) 등과 함께 건주위 정벌을 추진했다는 것이다. 명 조정의 중신들은 왕직의 위세가 두려워 건주위 정벌을 강하게 반대하지 않았고, 결국 그의 뜻대로 출병이 이루어졌다고 보았다.[56] 당시 명의 정벌을 실질적으로 왕직이 주도했다는 점은

---

53 『成宗實錄』 권113, 成宗 11년 1월 6일 정해; 『成宗實錄』 권113, 成宗 11년 1월 7일 무자.

54 『成宗實錄』 권113, 成宗 11년 1월 8일 기축.

55 『成宗實錄』 권113, 成宗 11년 1월 9일 경인; 『成宗實錄』 권113, 成宗 11년 1월 10일 신묘.

56 河內良弘, 앞의 책, 511쪽.

분명해 보인다. 하지만 이를 단순하게 그가 군공을 세워 정치적 위상을 높이려 했다고만 설명하는 것은 한계가 있다. 이 같은 설명은 사료의 내용을 단순하게 전달하는 것에 불과하기 때문이다.

가와치 요시히로의 주장처럼 당시 명 조정에서 건주위 정벌을 강하게 반대했던 것 같지는 않다. 정벌에 대해 직접적으로 반대의견을 냈던 인물은 병부상서 여자준(余子俊) 정도만 확인되기 때문이다. 물론 기록에는 여자준의 이름 뒤에 '등(等)'이 붙어 있어서 정벌에 반대한 신료가 더 있었다는 점을 파악할 수 있게 해준다. 아울러 왕직의 위세 때문에 신료들이 출병을 반대할 수 없었던 정황이 함께 기록되어 있기도 하다.[57]

그러나 명이 다시 한 번 건주위 정벌에 나섰던 보다 근본적인 이유는 이전의 정벌과 마찬가지로 여진 지역에 대한 영향력을 확대하기 위한 목적이 제일 컸을 것이다. 1467년(세조 13) 단행되었던 명의 건주위 정벌은 사실상 실패에 가까웠기 때문에, 여진 지역에 대한 영향력을 확대하려는 의도를 충분히 달성하지 못했다. 당시 명군은 건주위 여진에 상당히 고전했을 뿐만 아니라 정벌의 성패를 가늠할 수 있을 정도로 중요했던 수장 이만주 등의 포착에도 실패했다. 오히려 조선군이 명군과 건주위 여진의 전투가 벌어지는 동안 따로 움직여 피해를 최소화하고 이만주 부자 등을 사로잡아 처형하는 등의 큰 성과를 얻었다.

그렇기 때문에 명에서는 건주위 일대에 대한 영향력을 확대하기 위한 추가 조치가 필요했을 것이다. 명은 정벌 시행 1년 전에 진월의 건의에 따라 여진과의 마시(馬市)를 다시 개설했다.[58] 그런데 진월은 마시의 재개를 요

---

57 『明憲宗實錄』 권195, 成化 15년 10월 정해.

58 『明憲宗實錄』 권176, 成化 14년 3월 병술.

청하기 이전부터 건주위 출병을 건의하고 있었다.[59] 따라서 가와치 요시히로가 명에서 여진과의 마시를 개설한 뒤 건주위 출병을 논의하고 출병했던 것처럼 서술했던 것은 당시 상황에 대한 오해를 불러일으킬 여지가 있다.

명의 여진에 대한 두 가지 조치는 모순된 것처럼 보인다. 하지만 조선의 다양한 대여진 정책들이 이들에 대한 영향력 확대와 통제라는 목적을 위해 복합적으로 이루어졌다는 점을 생각해본다면, 명의 조치 역시 같은 선상에서 이해할 수 있다. 단순히 마시를 개설해 여진인들을 회유하고 다음 해에 정벌을 나가 이들을 압박했던 것이 아니라, 영향력 확대를 위한 다양한 조치들이 순차적으로 시행되었던 것이다. 특히 진월이 출병을 건의하고 조정에서 논의하는 과정에서 건주 삼위뿐만 아니라 해서(海西) 여진과 모련위도 함께 언급되었다는 점은[60] 당시 정벌이 명의 여진 정책에서 중요한 의미를 갖고 있었음을 보여준다.

이런 시각에서 본다면 명의 출병 요청에 대응했던 조선의 대응은 부족함이 많았다고 생각한다. 일단 조선은 명의 요청에 대한 정확한 방침을 정하지 못하고 우왕좌왕하는 모습을 보였다. 세조대에 명의 파병 요청을 따르는 듯하면서도 명확한 목표를 설정하고 대응했던 것에 비해, 성종대에는 사대명분에 집착하면서 조선이 건국 직후부터 유지해왔던 여진 정책의 흐름을 이어가지 못했다.

그 결과 건주위 일대 여진 세력에 대한 조선의 영향력은 크게 축소되었다. 뿐만 아니라 국왕과 신료들 모두가 사대명분에 보다 집착하는 태도를 보이면서 조선의 외교 축이 이전보다 더욱 명을 중심으로 이동하게 되었다.

---

59 『明憲宗實錄』 권176, 成化 14년 3월 무인.

60 『明憲宗實錄』 권195, 成化 15년 10월 정해.

2장
북정 실패와 왕권의 약화

1. 조산보 사건과 북정의 결정

명의 요청에 따라 건주위에 출병했던 조선은 10년이 넘는 동안 여진 정벌을 시행하지 않았다. 그런데 성종 22년(1491) 올적합 1천여 명이 조산보(造山堡)를 침입하는 사건이 발생했다. 성종은 이를 계기로 북정(北征)을 결정했다. 하지만 당시 변경 지역에 대한 침입은 건주위 여진을 중심으로 이루어지고 있었다. 그런데 성종은 조산보 사건을 이유로 갑작스럽게 올적합 여진에 대한 정벌을 결정했다.

당시 조선은 조산보를 침입했던 세력의 정확한 정체를 파악하지 못했고, 대신들 대부분이 북정에 강력하게 반대하고 있었다. 하지만 성종은 강한 의지를 갖고 북정을 단행했다. 성종 역시 전대의 국왕들처럼 대외 영향력 확대와 군주권 강화를 위해 대외정벌을 추진했다. 여진의 침입은 여전히 정벌의 근본적 원인이라기보다는 명분으로 활용되었다.

1491년 북정에 대한 연구는 거의 이루어지지 않았다. 적극적인 여진 정책을 펼친 세종과 세조대에 비해 조선의 대외 활동이 많이 축소되었던 시기이다 보니, 상대적으로 연구자들의 관심이 적었던 것 같다. 성종대 북정을 직접 연구 주제로 삼았던 선행연구는 가와치 요시히로가 있다.[61] 그는 실록의 기록에 따라 니마거 올적합(尼麻車 兀狄哈)의 조산보 침입이 조선의 정벌을 야기했다고 설명했다. 당시 정벌은 영토 확장의 의도보다는 여진 세력에게 국가의 위신을 보이려는 의도에서 시행되었다고 보았다. 특히 그는 조선의 정벌이 강한 민족의식에 근거했으며, 황제의 승인을 받지 않고 명의 영역에 속해 있는 지역에 대군을 동원해 정벌을 단행한 것은 조선에서 처음 있었던 일이라고 강조했다.[62]

가와치 요시히로가 조선의 정벌 의도에 민족의식이 관련되어 있다는 점을 언급한 것은 의미 있는 지적이었다. 조선이 건국 직후부터 대외정벌을 추진하고 시행했던 근본 원인 중에는 민족의식이 강하게 자리 잡고 있었기 때문이다. 하지만 그는 정벌의 근본적 원인을 외부 세력의 침입에서 찾는 구도의 한계를 벗어나지 못했다.

또한 성종대의 북정이 명의 영역에 속해 있는 곳을 처음으로 정벌한 것이라고 주장한 점도 동의하기 어렵다. 세종과 세조대의 정벌 지역 역시 명이 자국의 영역으로 인식하고 있었던 곳이기 때문이다. 만약 조선이 명의 영역임을 인식하고도 황제의 승인 없이 단독으로 정벌을 시행한 것이 성종대가 처음이라면, 대명관계에서 매우 중요한 의미를 갖는 사건이 된다. 그러나 이와 관련된 설명이 없었다는 점도 아쉽다. 따라서 정벌의 원인과 조

61 국내 연구자 중에서는 김순남이 성종대 올적합에 대한 연구를 진행하면서 조선의 정벌을 간략하게 언급했다. 그는 올적합의 조산보 침입이 조선의 대규모 정벌의 원인이 되었다고 보았다. 그리고 조선은 정벌을 통해 알타리 여진이 더욱 깊이 복종할 수 있게 만들었다고 주장했다. 김순남, 「조선 成宗代 兀狄哈에 대하여」, 『朝鮮時代史學報』 49, 2009, 52~54쪽 참조.

62 河內良弘, 앞의 책, 543쪽, 545쪽, 556~557쪽 참조.

선의 의도를 보다 면밀하게 살펴보고, 대명의식 등을 함께 고려해야만 성종대 북정의 의미를 보다 정확하게 설명할 수 있을 것이다.

성종대 북정은 여진의 조산보 공격 사건에서부터 논의가 시작되었다. 성종 22년 1월 영안북도 절도사 윤말손(尹末孫)은 올적합 1천여 인이 조산보를 포위하고 성까지 넘어 들어와 공격해 상당한 피해를 입었다는 사실을 치계했다. 그리고 올적합을 추격하던 경흥 부사 나사종(羅嗣宗)과 군사 10여 명이 전사했다는 내용도 보고했다.[63] 같은 날 평안도 절도사 이조양(李朝陽)은 2천여 명에 달하는 여진이 창주진(昌洲鎭)을 포위했지만 격퇴했다는 사실 등을 보고했다.[64]

영안도와 평안도 변경 지역에서 여진의 침입과 교전 상황이 거의 같은 시기에 일어났다. 성종은 대신들과 대책을 의논했고, 우선 경군(京軍)을 구원군으로 파견할 것을 결정했다. 특히 이극배는 영안도의 성이 함락되고 장수가 전사한 일은 전례 없던 일이라며 문죄의 군사를 출동시켜야 한다고 건의했다. 성종은 이극배의 의견에 동의했다.[65]

이틀 뒤 성종은 승문원에 여진을 정토할 때 중국에 주문했는지 여부를 상고하도록 지시했다.[66] 하지만 정벌에 대한 논의가 본격적으로 이루어지지는 않았다. 다만 성종이 이극배의 정벌에 대한 의견에 쉽게 찬성했고, 승문원에 정벌의 주문에 대한 전례를 찾아보도록 지시한 조치에서 출병 의지를 가지고 있었다는 점을 짐작할 수 있다.

---

63 『成宗實錄』 권249, 成宗 22년 1월 19일 병신.

64 『成宗實錄』 권249, 成宗 22년 1월 19일 병신.

65 『成宗實錄』 권249, 成宗 22년 1월 20일 정유.

66 『成宗實錄』 권249, 成宗 22년 1월 22일 기해.

창성 자작동(自作洞)에서 여진과의 전투에서 승리함으로써 평안도의 상황은 안정되어가고 있었다.[67] 반면 영안도 지역에서는 칠성 올적합(七姓 兀狄哈)과 니마거 올적합들이 조선을 침략하려 한다는 정보가 보고되었다. 이 정보에 대해 이극균은 칠성 올적합이라고 보고된 무리들은 틀림없이 니마거 올적합인데 이들이 정체를 숨긴 것이라고 주장했다. 그는 이들이 앞서 이익을 얻었기 때문에 다시 침입하려는 것이라고 단언했다.[68] 당시 이극균은 조산보를 침입했던 여진의 정체가 니마거 올적합이라고 확신하고 있었다. 하지만 그의 분석은 개인적 판단에 불과했을 뿐 정확한 근거를 제시하지 않았기 때문에 한계가 있었다.

조정의 논의가 진행되는 동안 영안북도 절도사 윤말손은 경흥 구신포(仇信浦)에 살면서 정보를 제공해주던 골간 올적합(骨看 兀狄哈) 13집이 조산보 사건 뒤에 떠나버렸다고 보고했다. 윤필상과 노사신은 이들의 도망이 조산보를 침입했던 올적합과 내응했기 때문이라고 판단했다.[69] 두 사람의 분석은 이극균에 비하면 나름의 판단 근거를 가지고 있었다. 이전까지 조선에 여진 관련 정보를 제공해주던 이들이 조산보 침입에 대한 정보를 전혀 제공하지 않았고, 사건이 발생한 후 갑자기 사라져버렸기 때문이다. 성종 역시 영안도 관찰사에게 변경 지역의 방어 대책을 유시하면서 윤필상과 노사신의 분석 내용을 활용해 글을 작성했다.[70]

성종은 대신들을 불러 영안도 지역의 여진에 대한 대책을 논의했다. 다

---

67 『成宗實錄』 권249, 成宗 22년 1월 24일 신축.

68 『成宗實錄』 권250, 成宗 22년 2월 3일 기유.

69 『成宗實錄』 권250, 成宗 22년 2월 4일 경술.

70 『成宗實錄』 권250, 成宗 22년 2월 4일 경술.

양한 대책들이 나왔는데, 조정에서는 아직 조산보를 공격했던 여진의 정체를 파악하지 못하고 있었다. 사람에 따라 침입했던 여진의 정체를 골간·니마거·도골 등으로 제각각 추정할 뿐이었다.[71]

며칠 후 병조판서 이극돈(李克墩)과 병조참판 여자신(呂自新)은 조산보에 침입한 적의 토벌을 주장했다.[72] 일주일 후 영안도 관찰사 허종(許琮)은 여진의 침입이 있었는데도 쇄환하기만 힘쓰고 징계하지 않는다면 국가의 위무(威武)가 드날리지 않으며, 올적합과 근경에 사는 여진인들의 업신여김을 당할 것이라며 정벌 시행을 강하게 주장했다. 성종은 허종의 글을 병조에 내려 의논하게 했는데, 병조는 당연히 정벌에 적극적으로 찬성했다.[73]

여기서 허종의 정벌 건의에 대해 대신들이 아닌 병조에만 의견을 물었던 성종의 조치에 주목할 필요가 있다. 불과 일주일 전에 조산보를 침입했던 여진 세력에 대한 정토를 건의했던 병조로서는 허종의 정벌 시행 건의를 반대할 이유가 없었기 때문이다.

성종은 허종에게 국가가 흉악한 무리들에게 치욕을 당했으니, 군사를 일으켜 죄를 물을 수밖에 없다는 내용의 글을 내렸다.[74] 이는 성종이 정벌의 시행을 공식화한 조치였다. 정벌 시행이 결정되자 대사간 이계동은 적의 정체가 확실하지 않은 상황인 만큼 일단 의도를 숨기고 올적합과 무역 등의 왕래를 통해 도로와 형세를 파악한 뒤 군대를 일으켜야 한다고 주장했다. 성종은 여진이 변경을 침입한 상황에서 왕래를 유지한다면 조선을 더욱 업

71 『成宗實錄』 권250, 成宗 22년 2월 6일 임자.

72 『成宗實錄』 권250, 成宗 22년 2월 11일 정사.

73 『成宗實錄』 권250, 成宗 22년 2월 18일 갑자.

74 『成宗實錄』 권250, 成宗 22년 2월 21일 정묘.

신여기고 난폭해질 것이라며 이계동의 건의를 받아들이지 않았다.[75]

성종은 영안도 관찰사 허종을 한양으로 불렀다. 허종은 성종을 만나 성저야인(城底野人)들의 정황을 알리면서, 조산보를 침입한 여진인들이 골간 올적합과 공모한 것 같다는 의견을 피력했다.[76] 그 역시 조산보를 침입했던 여진의 정체를 니마거 올적합으로 추측했던 것으로 보인다. 속평강(速平江) 근처에 사는 올적합 중 니마거가 가장 강하고, 난을 일으킬 때 반드시 먼저 앞장서서 통솔한다고 설명했기 때문이다. 성종은 허종에게 출병 시기를 물었는데, 그는 다음 해 1월은 여진의 군사가 모이는 시기이므로 10월에 당장 공격하자고 건의했다. 성종은 의견을 받아들여 출병 시기를 10월 15일경으로 정했다.[77]

성종은 병조와 당상관을 불러 정벌 계획과 출병 인원, 정보 활동 등을 논의했다.[78] 계속된 논의 과정에서 허종은 1만 5천 명 규모의 정벌군이 필요하다고 주장했다. 성종은 한 발 더 나아가 2만 명의 군사를 징집하도록 결정했다.[79] 성종은 조선 전기 최대 규모의 정벌군을 편성하고자 했다. 이를 통해서도 당시 성종이 가지고 있던 정벌에 대한 강한 의지를 엿볼 수 있다.

당시 조선의 북정은 기본적으로 조산보를 공격해 피해를 주었던 올적합 여진 때문에 시작되었다. 여기서 몇 가지 생각해볼 문제들이 파생된다. 당시 조선의 변경에서 더 많은 문제를 일으켰던 세력은 올적합이 아니라 건

---

75 『成宗實錄』 권251, 成宗 22년 3월 4일 경진.

76 『成宗實錄』 권252, 成宗 22년 4월 11일 병진.

77 『成宗實錄』 권252, 成宗 22년 4월 11일 병진.

78 『成宗實錄』 권252, 成宗 22년 4월 17일 임술.

79 『成宗實錄』 권252, 成宗 22년 4월 17일 임술.

주위 여진이었다. 조선이 수차례 건주위 정벌에 나서면서 양측의 관계는 크게 악화되어 있었다.

물론 조선과 건주위 여진의 교류가 정벌 이후 완전히 끊어진 것은 아니었다. 이들은 조선에 귀순 의사를 밝히는 등 교류를 계속 유지했다.[80] 성종 14년에는 조선이 건주위 여진인들의 귀순과 내조를 허락함으로써 양측의 관계가 공식적으로 회복되었다.[81] 다만 내조의 재개가 양측의 앙금을 모두 해소해준 것은 아니었다. 당시 건주위 여진인들이 조선에 귀순하면서 무역을 재개하기 위해 노력했던 것은 거듭된 흉년에서 비롯된 극심한 식량난을 해결하기 위한 목적이 컸다.[82]

건주위 여진은 조선이 북정을 준비하는 동안에도 계속 침입했으며,[83] 이런 상황이 8월까지 지속되었다.[84] 평안도의 척후갑사(斥候甲士)를 사로잡아 가기도 했다.[85] 여진에 대한 경계 보고도 지속되었다. 성절사 박숭질(朴崇質)은 요동 총병관에게서 건주위 여진의 조선 침략 계획에 대한 정보를 전달받고 이를 조정에 보고했다.[86] 서북면 도원수 이극균 역시 건주위 여진이 대규모로 침략할 것이라는 정보를 보고했다.[87]

결국 건주위 여진 2백여 명이 평안도 고사리성(高沙里城)을 공격했는데,

---

80 『成宗實錄』 권141, 成宗 13년 5월 26일 갑오; 『成宗實錄』 권142, 成宗 13년 6월 26일 계해.

81 『成宗實錄』 권145, 成宗 13년 윤8월 21일 정해; 『成宗實錄』 권158, 成宗 14년 9월 27일 정사.

82 河內良弘, 앞의 책, 526쪽.

83 『成宗實錄』 권254, 成宗 22년 6월 19일 갑자; 『成宗實錄』 권255, 成宗 22년 7월 13일 정해.

84 『成宗實錄』 권256, 成宗 22년 8월 3일 정미; 『成宗實錄』 권256, 成宗 22년 8월 9일 계축.

85 『成宗實錄』 권256, 成宗 22년 8월 19일 계해.

86 『成宗實錄』 권256, 成宗 22년 8월 25일 기사.

87 『成宗實錄』 권256, 成宗 22년 8월 28일 임신.

이들은 오히려 조선군에 요격되어 큰 손실을 입었다.[88] 이후 건주위 여진의 움직임은 잠시 줄어들었다. 하지만 이들은 다음 해 겨울에도 대규모로 평안도의 벽동(碧潼)과 벽단(碧團)을 공격하며 조선에 피해를 입혔다.[89]

이처럼 정벌을 준비하고 있던 영안도 지역보다 평안도 지역의 변경이 더 불안하다 보니 북정의 부적절성이 더욱 부각될 수밖에 없었다. 정벌 시행에 강하게 반대했던 신료들은 평안도 변경의 불안감을 강조하며 성종에게 북정의 중지를 요구했다.[90] 심지어 유자광(柳子光) 같은 인물까지도[91] 정벌의 필요성에는 동의하면서도 평안도 변경의 불안감을 근거로 북정의 연기를 거듭 요청했다.[92]

외부 세력의 침입에 대한 군사적 응징이라면 조선은 당연히 건주위 정벌을 먼저 고려해야만 했다. 하지만 성종은 조산보 사건과 관련된 여진을 정벌의 대상으로 결정했다. 성종의 북정 결정은 이러한 상황 때문에도 신료들의 격렬한 반발을 불러왔다. 물론 성종은 침략의 횟수보다는 여진이 경흥성을 함락시키고 장수를 죽였던 일에 대한 책임을 묻고자 했다.[93] 또한 성종은 건주위를 정벌할 경우 무엇보다 명과의 관계가 악화될 수 있다는 점을

---

88 『成宗實錄』 권256, 成宗 22년 8월 29일 계유.

89 『成宗實錄』 권261, 成宗 23년 1월 29일 경자; 『成宗實錄』 권261, 成宗 23년 1월 30일 신축.

90 『成宗實錄』 권252, 成宗 22년 4월 25일 경오; 『成宗實錄』 권253, 成宗 22년 5월 3일 무인.

91 유자광은 세조대부터 국왕의 총애를 받기 위해 상당히 노력한 인물이다. 때문에 국왕이 강한 의지를 갖고 결정한 사안에 대해 적극적으로 반대할 인물이 결코 아니었다. 북정 논의 과정에서도 그는 성종의 정벌 의사에 대한 동의를 밝히고 자신의 의견을 진술했다. 그럼에도 유자광이 평안도 변경 지역의 불안감을 이유로 정벌의 시행을 늦추자고 거듭 건의했던 것은 당시 조정 신료들이 북정의 시행을 얼마나 강하게 반대했는지를 잘 보여준다.

92 『成宗實錄』 권252, 成宗 22년 4월 29일 갑술; 『成宗實錄』 권253, 成宗 22년 5월 7일 임오.

93 『成宗實錄』 권249, 成宗 22년 1월 20일 정유.

우려했다.[94] 성종은 이상의 두 가지 이유 때문에 니마거 올적합을 정벌의 대상으로 결정했던 것으로 보인다.

다만 두 가지 이유를 모두 인정하더라도 성종은 그동안 조선과 관계가 나쁘지 않았던 올적합 여진을 조선 전기 최대 규모의 군사를 동원해 정벌하고자 했다. 이는 침략에 대한 대응이 아니라 정치적 고려가 반영된 결정이었다고 해석할 수밖에 없다. 성종은 정벌을 정치적으로 활용할 생각을 가지고 있었으면서도 세종이나 세조처럼 상시적으로 계획하고 시행할 생각은 없었던 것 같다. 건주위 여진의 거듭된 침입에도 이들에 대한 정벌 의사를 강하게 밝히지 않았기 때문이다.[95]

물론 올적합 여진도 조산보 사건 이전에 영안도 지역을 침략한 사례가 있기는 했다. 하지만 이례적인 일이었다. 또 올적합 여진은 성종의 즉위 이후에도 계속 조선과 우호적 관계를 유지했다. 뿐만 아니라 조선에 대한 침략 행위는 거의 없었다고 할 수 있을 정도로 제한적이었다.[96] 이 상황들을 살펴본다면 성종대의 북정 역시 올적합의 침입에 대한 대응으로만 설명하기

---

94 『成宗實錄』 권255, 成宗 22년 7월 13일 정해.

95 이 시기 건주위 여진의 세력은 점차 성장하고 있었으며 조선과 명은 이들에 대한 영향력을 점차 잃어가고 있었다. 건주위 여진은 조선이나 명이 군사력이나 외교력 등으로 쉽게 제압할 수 없는 존재가 되어갔다.

96 조산보 사건 이전 올적합 여진이 조선의 변경을 직접 공격했던 것으로 확인되는 기록은 단 두 건에 불과하다. 우선 성종 3년 구주(具州) 올적합 1백여 기가 온성(穩城)을 공격해 왔으나 조선군에 막혀 별다른 피해를 입히지 못하고 돌아갔다. 『成宗實錄』 권19, 成宗 3년 6월 5일 경오. 이후 16년이 지난 성종 19년 겨울에 올적합 20여 인이 무이 성저(撫夷 城底)에 이르러 수졸(戍卒)과 서로 활을 쏘며 교전해 연대군(煙臺軍) 2명이 죽거나 사로잡히는 피해를 입었다. 『成宗實錄』 권225, 成宗 20년 2월 6일 갑오. 올적합의 다음 침입 사건이 바로 조산보였다. 성종의 재위 22년간 올적합의 침입은 3차례에 불과했다. 조선의 피해가 매우 적었던 점도 확인 가능하다.

에는 많은 한계가 나타난다.

조선은 앞에서 설명했던 것처럼 조산보를 침입했던 여진의 정체를 정확하게 파악하지 못한 채 추측만 하고 있던 상황이었다. 그럼에도 조산보 사건만을 원인으로 조선 전기 최대 규모의 군사를 동원해 정벌에 나선 것은 여진의 침입이 정벌의 근본적 원인이 아니었음을 보여준다. 정벌을 시행하려는 의도가 있다 보니, 침입 횟수나 피해 규모 등을 정확하게 파악하고 대응했던 것이 아니라 침략이라는 요인이 생기자마자 신속하게 정벌 논의를 진행시키고 결정했던 것이다.

성종이 이 시점에 대외정벌을 시행하려 했던 이유는 두 가지로 생각해 볼 수 있다. 첫 번째 목적은 대외정벌을 통해 여진 세력에게 무력을 과시함으로써 이 지역에 대한 영향력을 계속 유지하고자 했던 것이다. 성종 역시 조선 건국 이래 무력을 바탕으로 여진을 제압하고, 이들에 대한 영향력을 유지하고 확대하려던 조선의 대외정책을 계승하고자 했다. 비록 세종대처럼 영토를 확장하면서 북방 지역에 대한 영향력을 확대할 수 있는 상황은 아니었지만, 정벌을 통해 여진 지역에 대한 조선의 주도권을 확대하려는 취지는 동일했다고 본다.

두 번째 목적은 성종 자신의 권위 확대와 정치 주도권 확보를 위한 것이었다. 태조-태종-세종-세조로 대표되는 조선 초기의 국왕들은 조선 시대를 통틀어 누구보다 강한 권한을 가지고 국정을 운영했다. 특히 세종과 세조의 통치에 대한 경험이 남아 있던 시기에 왕위에 올랐던 성종은 자신이 가지고 있는 정치 주도권에 한계를 느꼈을 가능성이 높다. 성종 역시 국왕권의 강화와 정치 주도권 확보를 위해 전대의 국왕들처럼 대외정벌을 활용하려는 의도를 가졌던 것으로 보인다.

북정 추진 과정에서 한 가지 더 살펴볼 것은 정벌 논의 시점이다. 기존 연구들은 여진의 침입과 정벌의 연관성을 지나치게 강조하다 보니 정벌의 계기가 된 외부 세력의 침입에 대한 대응으로 이해하는 경우가 많았다. 그러나 이 책에서는 대규모의 병력과 군량 등을 준비해 국경 밖의 세력을 공격하는 일은 결코 짧은 시간 안에 준비되어 시행될 수 없다는 점을 여러 차례 강조했다. 이 시기의 정벌은 최종 출병 시점으로부터 약 8개월 전에 결정되었다. 정벌군의 규모나 동원 방식, 군량 문제, 장수의 임명 등은 대략 정벌 시점보다 6개월 전부터 논의되었다.

세조대에는 대외정벌의 준비 과정에 대한 기록들이 제한적으로 나타나기 때문에 정확한 준비 시점을 파악하기 어렵다. 하지만 세종대 정벌이 대략 4개월여 전부터 본격적으로 준비되고 있었다는 사실을 통해서도 대외정벌의 준비 기간이 결코 짧지 않았음을 확인할 수 있다. 더욱이 당시 대신이나 대간들 중에 누구도 정벌 준비 기간이 길거나 빠르다고 지적한 사람이 없었다는 점도 이러한 판단의 근거가 된다. 6~8개월에 이르는 정벌 준비 기간은 결국 조선의 대외정벌이 여진의 침입에 대한 즉각적인 대응 조치가 아니라 장기적인 계획과 목적을 가지고 치밀하게 준비된 정책이었다는 점을 보여주는 중요한 증거라 하겠다.

2. 신료의 북정 반대와 성종의 태도

성종이 북정을 결정하자 대간들은 격렬하게 반발했다. 심지어 대다수 대신들까지도 북정 시행을 강하게 반대했다. 그럼에도 성종의 북정 시행 의지는 전혀 흔들림이 없었다. 조정 신료 대다수가 반대하는 상황에서도 북정이 단행되었다는 사실은 조선 초기의 국왕들이 후대에 비교할 때 강한 정치 주도권을 가지고 있었다는 점을 시사한다.

다만 국왕이 주도하는 정책이라 하더라도 독단적으로만 추진할 수는 없었다. 조선 초기 국왕들은 정책 결정을 주도할 수는 있었지만 이를 위해서 형식적이라 하더라도 신료들의 지지를 필요로 했다. 신료들의 동의는 정책 추진과 결정에 중요한 명분이 되었기 때문이다. 이러한 구도는 정벌 시행에 대한 논의 과정에서 보다 직접적으로 나타났다.

당시 조선은 북정을 결정하고 준비하는 단계에서도 조산보를 침입했던 여진의 정체를 파악하지 못하고 있었다. 그러므로 이들의 정체 확인이 선행되어야 한다는 주장은 정벌을 반대하는 신료들의 중요한 논거가 되었다. 반면 성종은 이들의 정체를 정확하게 파악하는 것이 북정의 선결 과제가 아니라고 판단했던 것 같다.

북정이 결정되고 준비가 본격적으로 진행되자 제일 먼저 홍문관에서 차자(箚子)를 올려 정벌 시행을 강하게 반대했다. 홍문관은 조그마한 분노를 해결하고자 적진 깊이 군사를 보내는 것은 부적절하다는 점을 지적했다. 비록 정벌이 성공하더라도 원한이 더욱 깊어져 여진의 침입이 계속될 것이며, 실패한다면 국위 손상이 더 심해질 것이라는 점 등을 반대의 근거로 제시했다. 이에 성종은 조정 신료들에게 상소를 보이고 정벌 시행 여부를 다시 논의하도록 했다.[97] 논의에 참여했던 신하들은 영사 윤필상을 제외한 모두가 정벌 시기를 늦출 것을 주장하거나 정벌 자체를 강하게 반대했다. 하지만 성종은 윤필상의 의견에 따라 북정의 시행을 확정했다.[98]

사흘 뒤 이조판서 이극균은 비록 수만 명의 군사를 동원해 정벌을 시행

---

97 『成宗實錄』 권252, 成宗 22년 4월 21일 병인.

98 『成宗實錄』 권252, 成宗 22년 4월 22일 정묘.

하더라도 단지 위엄을 보이는 것에 불과하며 상대의 복병을 만나면 정벌군의 안전을 기약할 수 없다는 점을 들어 북정에 반대했다. 또한 올적합과 흔단을 만들지 말라고 했던 세조의 지시를 상기키시면서 변경이 불안한 상황에서 정벌을 서두르는 것은 옳지 않다고 주장했다.

성종은 이번 정벌이 단순히 조산보를 침입했기 때문에 시행하는 것이 아니며, 비록 추장을 잡지 못하더라도 가옥을 불태우고 그들의 아내와 자식이라도 잡아 온다면 충분한 경계가 될 것이라고 강조했다. 아울러 다른 변경 지역에서 문제가 아직 발생하지 않았는데 성급하게 거사를 중지할 수 없다고 했다.[99] 성종의 정벌 의지는 확고부동했다.

홍문관은 다시 정벌 반대 상소를 올렸다. 그들은 조산보 사건을 통해 조선이 입었던 피해가 정벌을 시행해야 할 정도로 큰 것이 아니었으며, 전대부터 계속된 정벌로 인해 여진과의 관계가 악화되었다는 점 등을 설명하며 출병에 반대했다. 또한 2만 명의 군사를 출병시키기 위해서는 치중부대까지 포함하여 총인원 6만여 명과 10만 석에 달하는 곡식이 필요하다는 점, 허종이 도원수의 자격이 부족하다는 점까지 지적하며 정벌의 중지를 요청했다. 성종은 이 의견 역시 받아들이지 않았다.[100]

한편 영안북도 절도사 성준(成俊)은 여진의 동정을 보고하면서 10월에 정벌을 시행해야 한다는 의견을 성종에게 보냈다.[101] 홍문관의 탄핵을 받은 허종이 도원수 사직을 요청하자, 성종은 성준의 글을 보여주며 임무를 유지

99 『成宗實錄』 권252, 成宗 22년 4월 25일 경오.

100 『成宗實錄』 권252, 成宗 22년 4월 26일 신미.

101 『成宗實錄』 권252, 成宗 22년 4월 27일 임신.

시켰다.[102] 성종은 정벌에 찬성하는 의견을 보냈던 성준을 북정군 부원수로 임명했다.[103] 아울러 정벌의 거사가 이미 결정되었으니 만약 니마거 올적합이 찾아오더라도 예전처럼 대접하여 조선의 출병 기미를 파악하지 못하게 하라고 지시했다.[104]

성종의 지시가 하달된 직후 대간들의 북정 반대 상소가 본격화되었다.[105] 그럼에도 불구하고 성종은 정벌군의 출동 시기를 논의해서 결정했다.[106] 정벌에 대한 성종의 의지가 표명될수록 대간들의 정벌 반대 상소도 이어졌다.[107] 5월에 들어서도 대간들의 정벌 반대 상소와 성종의 정벌 의지 표명은 계속되었다.[108] 특히 대사헌 신종호(申從濩)와 시독관 박증영(朴增榮)이 북정에 반대하는 의견을 올리자 성종은 다음과 같이 대답했다.

> 국가에서 오랑캐에게 욕을 당하고도 이를 토벌하지 않는다면 위령(威靈)을 떨치지 못할 것이니, 변방의 환란이 어느 때에 그치겠는가?[109]

성종은 여진의 침입이 있었음에도 위력을 보이지 않는다면 오히려 이들

---

102 『成宗實錄』 권252, 成宗 22년 4월 27일 임신.

103 『成宗實錄』 권252, 成宗 22년 4월 27일 임신.

104 『成宗實錄』 권252, 成宗 22년 4월 27일 임신.

105 대간들이 같은 날에만 모두 4건의 정벌 반대 상소를 올렸다. 이는 당시 대외정벌의 시행을 강력하게 반대하는 공론(公論)이 형성되었음을 의미한다. 『成宗實錄』 권252, 成宗 22년 4월 28일 계유.

106 『成宗實錄』 권252, 成宗 22년 4월 28일 계유.

107 『成宗實錄』 권252, 成宗 22년 4월 29일 갑술; 『成宗實錄』 권252, 22년 4월 30일 을해.

108 『成宗實錄』 권253, 成宗 22년 5월 1일 병자.

109 『成宗實錄』 권253, 成宗 22년 5월 2일 정축.

의 침략이 계속될 것이라고 강조했다. 조선의 위력을 보여 여진을 무력으로 제압할 의사를 표현한 것이다. 성종은 북정을 통해 조선의 건국 이래 이어져온 대여진 정책의 기조를 유지하고자 했다.

성종과 대간들의 입장이 팽팽하게 맞서고 있는 가운데, 대간들은 북정 반대 상소를 거듭 올렸다.[110] 성종 역시 대간들의 격렬한 반대에 아랑곳하지 않고 북정 준비를 계속했다.[111] 결국 대사헌 신종호는 조정의 모든 신하들이 정벌에 반대하고 있다는 점을 강조하는 상소를 올렸다. 또한 정벌에 찬성했던 윤필상이 의견을 바꿨다는 점과 이극배와 허종, 이계동마저도 북정 성공에 회의적인 태도를 나타냈다는 점을 지적하면서 성종의 재고를 요청했다.[112]

신종호의 상소는 모두가 반대하는데 국왕 혼자만 북정의 시행을 추진하고 있다는 점을 지적한 것이었다. 성종은 신종호가 윤필상과 허종 등이 했다고 주장한 말들이 자신이 들었던 것과 다르다며 이를 확인하겠다고 했다. 동시에 만약 신종호가 전한 말이 사실이라면 파진을 고려하겠다는 언급까지 했다.[113]

신종호가 정벌에 찬성하는 사람이 국왕 혼자뿐이라는 요지로 해석될 수 있는 발언을 했던 것은 성종을 상당히 자극했던 것 같다. 성종은 바로 전교를 내려 국가의 큰 일이 이미 정해졌는데도 문제를 제기하는 사람들이 있다며, 북정을 방해하려는 시도에 강력하게 대응하겠다는 의사를 밝혔기 때

110 『成宗實錄』 권253, 成宗 22년 5월 3일 무인; 『成宗實錄』 권253, 成宗 22년 5월 4일 기묘.

111 『成宗實錄』 권253, 成宗 22년 5월 3일 무인; 『成宗實錄』 권253, 成宗 22년 5월 4일 기묘.

112 『成宗實錄』 권253, 成宗 22년 5월 7일 임오.

113 『成宗實錄』 권253, 成宗 22년 5월 7일 임오.

문이다.[114] 그럼에도 대간들의 정벌 반대 상소가 계속되고, 신종호가 다시 한 번 북정에 찬성했던 대신들의 발언을 언급하며 북정의 명령을 거두어달라고 상소하자 성종은 다음과 같은 전교를 내렸다.

> 대간이 재상의 말하지 않은 일을 말했기 때문에 내가 처음에 그것을 국문하고자 했다. [하지만] 경 등이 언관은 국문할 수 없다고 해서 내가 내버려두고 논죄하지 않았다. 어제 대간 등이 광양(廣陽—이세좌)을 지목하면서 [왕의] 앞에서 아첨하며 영합하기를 힘쓴다 하고, 오늘은 재상들이 말하지 않은 것을 반복하며 억지로 아뢰기를, "재상 등이 성상의 뜻이 이미 확실하다는 것을 알기 때문에 뜻을 거스를까 두려워하여 말과 마음이 어긋나게 된 것입니다"라고 했다. 삼공(三公)은 군주(君主)의 다음인데도 이처럼 말하는 것은 임금을 업신여기는 것이다. 내가 다른 사람의 말에는 비록 대간이 아니더라도 대부분 용납하여 받아들였지만 오늘의 일은 그러한 것이 아니다. 만약 역사에 한번 쓰여 천백 년 동안 기록되어 내려간다면 [훗날] 누가 그 거짓을 분변하겠는 가? 모두 [관직을] 개차하고 추국하여 아뢰라.[115]

성종은 대간들이 재상의 하지 않았던 말을 가지고 논박했다며 모두 관직을 개차시켰다. 심지어 대간들이 재상이 하지 않았던 말을 가지고 억지로 아뢰는 것은 임금을 업신여긴 것이라고까지 말했다. 더 이상 대간들의 정벌 반대 상소를 허용하지 않으려는 생각이었던 것이다.

아울러 성종은 대간들을 모두 개차하고 국문까지 지시하면서 정벌 시행

---

114 『成宗實錄』 권253, 成宗 22년 5월 7일 임오.

115 『成宗實錄』 권253, 成宗 22년 5월 8일 계미.

에 대한 논쟁 자체를 끝내려는 의도를 드러냈다. 대간들의 상소가 워낙 격렬했을 뿐만 아니라 국왕의 권위와 국정운영에까지 상당한 영향을 미쳤기 때문이다. 성종은 이 상황을 정리할 필요성을 느꼈다. 그리고 최후의 수단으로 대간의 개차와 국문이라는 강력한 방법을 사용해서 상황을 정리하고자 했다. 국왕의 결정 사항에 대해 대간들의 반대가 이어질 때 그들을 개차하고 국문하는 방법은 이전부터 종종 쓰였다.

이 과정에서 한 가지 더 주목할 부분은 조선 초기의 국왕들이 비록 주도적으로 정책을 추진했다 하더라도 반드시 신료들의 동의를 필요로 했다는 점이다. 그러므로 성종이 병조와 허종의 건의를 받아들여 북정을 추진하는 모양새를 갖춘 것은 정벌을 실행하기 위한 중요 요소였다. 특히 대부분의 신료들이 북정을 반대하는 상황에서 허종이나 윤필상을 비롯한 일부 대신들이 출병에 동의했던 것은 성종에게 무엇보다 큰 힘이 되었을 것이다.

그런데 대간들이 정벌 시행에 동의했던 대신들을 일일이 지적하며 그들조차 생각을 바꾸거나 정벌의 성공 여부를 의심하는 발언을 했다고 주장하자 성종은 이를 받아들일 수 없었다. 대간들의 주장은 성종이 북정을 추진할 수 있었던 가장 중요한 근거를 공격하는 것이었기 때문이다. 성종이 대간들에게 허종과 윤필상이 정벌에 대해 했던 이야기들이 자신에게 한 것과는 다르므로 이를 확인하고 조치를 취하겠다고 했던 점이나, 만약 대간들의 말이 사실이라면 파진까지 고려하겠다고 언급했던 점도 이러한 의미를 확인시켜준다.

성종은 결국 재상이 하지 않았던 말을 가지고 논박했다는 이유로 대간들을 모두 개차했다. 또 대간들이 재상이 하지 않았던 말을 가지고 억지로 아뢰는 것은 임금을 업신여기는 것이라고까지 말했다. 이 과정을 통해 조선 초기의 국왕들이 자신이 원하는 국정운영 방향을 설정하고 정책을 결정하는 구조를 일정 부분 살펴볼 수 있다.

결국 성종은 북정도원수 허종 및 군관들과 함께 북정 계획을 논의했다.[116] 5월 15일 북정도원수 허종은 마지막으로 성종과 북정 계획을 논의하고 영안도로 출발했다.[117] 7월에 성종은 마침내 개성부 유수와 각도의 관찰사 및 절도사에게 10월에 2만의 군사를 동원해 북정을 시행한다고 공표했다.[118]

조선은 조산보를 침입했던 여진의 정체와 관련된 몇 가지 정보를 입수했다. 먼저 향화인 이만옥(李巒玉)은 사촌형 도롱오(都弄吾)에게 들었다며 도골·사거·니마거 올적합이 공모해서 경흥 조산보를 습격했다는 정보를 제공했다. 성종은 이를 틀림없는 정보라고 판단하고 북정도원수 허종에게 알렸다. 이만옥이 성종에게 종군을 요청해서 갑옷과 투구, 활과 화살을 하사받고 정벌에 참여하도록 허락받았던 사실을[119] 보면, 그가 근거 없는 정보를 조선에 제공했을 가능성은 낮다.

다만 그의 정보에서 언급되었던 올적합들은 조선이 이미 의심하고 있던 범위에 포함되는 여진들이었다. 구체적인 내용이 설명되지 않은 채 이들 모두가 공모해서 조산보를 공격했다는 것은 모호한 정보에 불과했다. 더욱이 이 한 건의 정보만으로 그동안 조선에서 파악하지 못했던 조산보 침입 여진의 정체를 확신하기는 어려웠을 것이다.

보다 중요한 정보는 조산보를 공격했던 여진에게 포로가 되었다가 도망

---

116 『成宗實錄』 권253, 成宗 22년 5월 11일 병술.

117 『成宗實錄』 권253, 成宗 22년 5월 15일 경인; 『成宗實錄』 권253, 成宗 22년 5월 15일 경인.

118 『成宗實錄』 권255, 成宗 22년 7월 4일 무인.

119 『成宗實錄』 권254, 成宗 22년 6월 7일 임자.

온 달생(達生) 등 3인을 통해 입수되었다.[120] 달생 등은 한양에 도착해서 성종을 인견하고 자신들이 경험했던 일들을 자세하게 보고했다. 그렇지만 이들은 포로 생활을 오래 했고 탈출해서 도망 다닌 기간이 길었기 때문에, 자신들을 잡아간 이들의 정체를 정확하게 파악하지 못했다. 결국 조선은 북정의 시행을 공표하는 시점까지도 조산보를 침입했던 여진의 정체를 정확하게 파악하지 못했다. 그렇기 때문에 정벌의 시행이 논의되고 결정되었던 초기에 다음과 같은 사평(史評)이 기록되었다.

> 지금 북정의 거사는 조산의 성을 도륙하고 장수를 죽였기 때문이다. 그러나 니마거 올적합은 앞지역(初面)에 거주하고, 도골(올적합) 부락은 뒷지역(後面)에 있다. 조산 사람이 도골 부락에 포로로 있다가 귀환했는데, 도골의 거주지는 매우 멀고, 형세가 니마거를 넘어서 토벌할 수 없다. 또 도골과 니마거가 길을 빌려서 군사를 연결시켜놓았는지도 알 수 없다. 그러한 즉 니마거를 먼저 토벌하는 것은 적당하지 않다. 지금 2만의 군사를 일으켜 호랑이와 이리의 소굴로 깊이 들어가려 하므로 여러 신하와 대간이 모두 불가하다고 여겼다. 그러나 윤필상 혼자 정벌할 수 있다는 계획을 가볍게 발설하였다가 온 조정이 그것을 그르다고 하는 데 이른 연후 생각을 고쳤으나 [북정을] 멈추지 못했으니, 애석하다.[121]

위의 기사는 당시 조정 신료들의 북정 시행에 대한 일반적 평가를 담고 있는 것으로 보인다. 물론 사평이 국왕과 신료들의 의사를 항상 정확하게 서술하지는 못했을 것이다. 그렇지만 북정 논의 과정에서 나타났던 대간들

---

120 『成宗實錄』 권255, 成宗 22년 7월 13일 정해.

121 『成宗實錄』 권252, 成宗 22년 4월 22일 정묘.

의 격렬한 반대를 생각해본다면, 위의 사평은 당시 조선의 상황을 충분히 반영한 것으로 판단된다. 성종의 북정은 조선 초기의 대외정벌 중 신료들에게 가장 환영받지 못한 결정이었다. 이는 대외정벌의 성과가 크지 않거나 실패할 경우 신료들의 평가나 반응이 더욱 부정적으로 흐를 수 있는 가능성이 내포되어 있었음을 시사한다.

3. 정벌의 실패와 군공 논란

10월 17일, 좌부승지 권경희(權景禧)는 한양으로 복귀해서 북정군이 부교(浮橋)를 만들어 강을 건너기 시작했다는 사실과 부대 배치 현황 등을 보고했다.[122] 권경희의 보고를 받은 성종은 정벌군이 이미 강을 건넜을 것이라 예상하고, 도원수 허종이 밀계했던 글을 신료들에게 공개했다.[123] 23일, 허종은 15일에 두만강을 건너 공격을 개시했다는 사실을 보고했다.[124] 다음 달 5일에는 영안도 도체찰사 노사신이 북정군의 교전 상황을 보고했다.[125] 그리고 닷새 후에 허종은 종사관 이수언(李粹彦)을 보내 지난 23일에 적의 소굴을 공격했지만 이미 달아나서 집들을 불태우고 2명을 참획(斬獲)했으며, 말 3필을 얻었다는 전과를 보고했다. 아울러 적 2백여 기와 교전을 벌여 승리하고 4급을 참획했다는 사실도 함께 보고했다. 그리고 이 전투를 끝으로 적들

122 『成宗實錄』 권258, 成宗 22년 10월 17일 경신.

123 『成宗實錄』 권258, 成宗 22년 10월 17일 경신.

124 『成宗實錄』 권258, 成宗 22년 10월 23일 병인.

125 『成宗實錄』 권259, 成宗 22년 11월 5일 정축.

이 한 번도 나타나지 않았기 때문에 11월 2일에 회군한다는 내용도 보고했다.[126]

북정군이 참획한 적은 9명에 불과했다.[127] 상당 기간 준비해서 2만 명이라는 조선 전기 최대 규모의 군사를 동원해 시행한 정벌이었다. 무엇보다 신료들의 격렬한 반대를 무릅쓰고 사실상 국왕이 독단적으로 결단해서 시행했던 정벌이었음에도 그 결과는 너무나 초라했다.

성종은 영돈녕 이상과 의정부·병조를 불러 정벌에 종사한 군사를 뽑아 변경을 방어하는 일에 대해 의논했다.[128] 그리고 허종에게 글을 보내 북정군의 군공 등급을 보고하도록 지시했다.[129] 성종은 이수언의 북정 보고를 받고 변경의 방어 대책 및 군공을 논의하면서 대첩을 이루지 못했다는 말을 거듭했다. 많은 노력을 기울였던 정벌의 성과가 너무 적었던 것에 누구보다 실망했기 때문이었을 것이다.

유자광은 북정 전에 종묘에 고하는 의례를 집행했고, 비록 대첩을 이루지는 못했더라도 군사가 온전히 돌아왔으니 다시 종묘에 고하는 의례를 행해야 한다고 건의했다. 이에 성종은 대첩을 이루지 못했으니 반드시 종묘에 고할 것은 없다고 하면서도 조종조에 정벌의 성과가 이번처럼 적더라도 종묘에 치고(致告)한 전례를 확인하도록 지시했다.[130]

이후 성종은 정벌군의 무사귀환을 종묘에 고하는 의례의 시행 여부를

126 『成宗實錄』 권259, 成宗 22년 11월 10일 임오.

127 『成宗實錄』 권259, 成宗 22년 11월 10일 임오.

128 『成宗實錄』 권259, 成宗 22년 11월 10일 임오.

129 『成宗實錄』 권259, 成宗 22년 11월 10일 임오.

130 『成宗實錄』 권259, 成宗 22년 11월 12일 갑신.

대신들과 논의했다. 대신들의 의견은 찬성과 반대가 거의 비슷했지만, 정승들은 대부분 의례를 시행하도록 권했다. 그러나 성종은 결국 군사가 온전히 귀환했지만 성과가 많지 않았다는 이유로 종묘에 고하는 의례를 진행하지 않았다.[131] 전례와 같이 북정 출병을 종묘에 고했던 성종으로서는 정벌의 성과를 종묘에 고하는 의례 역시 집행하고 싶었을 것이다. 그럼에도 성종이 종묘고례를 중지시켰던 데는 초라한 정벌 성과에 대한 실망감이 반영되었던 것으로 보인다.

성종대 북정은 조선 전기 동안 가장 많은 군사를 동원했던 대규모 정벌이었다. 하지만 정벌군의 규모에 비해 전과는 매우 적었다. 성종이 대신들과 대간의 강한 반대를 무릅쓰고 시행했던 정책의 부족한 성과는 신료들에게 정벌이 사실상 실패했다는 공감대를 형성했다. 이 상황은 대외정벌을 통해 군주권 강화를 시도했던 성종의 의도와는 정반대로 국왕의 정치적 주도권을 더욱 제한하는 계기가 되었다.

성종은 전대 국왕들에 비해 국정 주도권이 축소되어 있었다. 그렇지만 북정의 추진과 결정 과정을 통해 여전히 조선의 국왕으로서 국정을 주도할 수 있는 권한을 가지고 있다는 점을 보여줬다. 따라서 성종은 거의 대부분의 신료들이 반대했던 북정을 주도적으로 추진하고 시행할 수 있었다. 북정의 초라한 성과는 국정에서 신료들의 의견이 더 많이 반영될 수 있는 상황을 조성했다.

북정 이후 대간들은 국왕의 결정에 보다 직접적으로 반발하기 시작했다. 심지어 대간들이 국왕의 잘못된 언사나 행동을 직접 지적하는 상황에까지 이르게 되었다. 이전 시기에는 보기 어려웠던 대간들의 태도 변화였다.

---

131 『成宗實錄』 권259, 成宗 22년 11월 13일 을유.

이후 조선에서는 태조-태종-세종-세조로 대표되는 강한 군주권을 확보한 국왕이 등장하기 어려운 정국이 형성되었다.

당시 조선은 명과의 관계를 고려해 건주위에 대한 적극적 행동을 자제했다. 그럼에도 조선은 북정에 대한 내용을 명에 전혀 알리지 않았다. 이는 적어도 두만강 일대의 여진 세력에 대한 조선의 주도권을 계속 유지하고자 했던 의도 때문이었던 것으로 보인다.

다음 해 4월 북정도원수 허종은 한양에 돌아와 복명했다.[132] 10일 후 허종은 성종에게 회군도(回軍圖)를 올렸고, 북정의 군공 등급에 대한 자신의 의견도 함께 밝혔다.[133] 성종은 대신들과 논의 끝에 윤필상의 의견에 따라 군공 등급을 결정했다.[134] 하지만 포상 내용이 결정되자 대간들은 반발했다. 북정군이 이룬 공은 적고 사망한 인원이 많기 때문에 포상이 부적절하다는 이유였다.[135]

성종은 대간들의 반대가 계속되자 대신들과 포상 여부를 다시 논의했다. 대신들은 북정에 대한 논공이 정해졌는데 이를 중지할 필요가 없다는 의견이 다수였다. 하지만 성종은 포상 여부를 결정하지 않고 이를 다시 의논하도록 지시했다.[136] 군공 포상에 대한 대간의 반대는 계속되었다.[137] 특히 대사헌 김승경은 도원수 허종을 직접 탄핵했고, 대사간 윤민(尹慜)은 보인(保

---

132 『成宗實錄』 권264, 成宗 23년 4월 19일 기미.

133 『成宗實錄』 권264, 成宗 23년 4월 29일 기사.

134 『成宗實錄』 권265, 成宗 23년 5월 1일 경오.

135 『成宗實錄』 권265, 成宗 23년 5월 3일 임신; 『成宗實錄』 권265, 成宗 23년 5월 5일 갑술.

136 『成宗實錄』 권265, 成宗 23년 5월 6일 을해.

137 『成宗實錄』 권265, 成宗 23년 5월 7일 병자.

人)의 피해가 컸다는 점을 강조하며 군공 포상에 강하게 반대했다.[138]

결국 성종은 대신들과 논의 끝에 새로운 군공 포상 기준을 마련했다.[139] 하지만 새로운 군공 기준을 마련하는 정도로는 대간들의 포상 반대 상소를 멈추게 할 수 없었다. 사헌부의 정벌 반대 상소가 계속되자,[140] 성종은 다시 한 번 대신들에게 군공 포상 여부를 논의하도록 했다.[141] 대신들이 이미 정해진 포상 명령을 번복할 수 없다는 점과, 반드시 공이 있을 경우만 포상하는 것이 아니라 그동안의 노고를 보상해서 다음의 일을 장려하는 의미가 있다는 의견들을 표명하자, 성종은 논의 내용을 사헌부에 보이고 북정 군공에 대한 포상을 결정했다.[142]

결국 북정의 군공을 포상하는 것으로 결론이 나자 대간들은 더욱 반발했다.[143] 그런데 집의 정석견(鄭錫堅)의 포상 반대 상소를 마지막으로[144] 대간들의 상소가 멈추었다. 기록에 당시의 사정이 남아 있지 않아 정확한 원인을 찾기는 어렵다. 다만 이때 중국 사신 애박(艾璞)이 의순관(義順館)에 도착했다는 소식이 보고되어,[145] 새로운 외교 사안이 발생했기 때문에 대간들의 상소가 줄어들었던 것이라 추측할 뿐이다.

대간들 역시 현실적으로 북정군이 무사히 귀환한 상황에서 군공 포상

138 『成宗實錄』 권265, 成宗 23년 5월 8일 정축.

139 『成宗實錄』 권265, 成宗 23년 5월 8일 정축.

140 『成宗實錄』 권265, 成宗 23년 5월 10일 기묘.

141 『成宗實錄』 권265, 成宗 23년 5월 11일 경진.

142 『成宗實錄』 권265, 成宗 23년 5월 14일 계미.

143 『成宗實錄』 권265, 成宗 23년 5월 17일 병술; 『成宗實錄』 권265, 成宗 23년 5월 18일 정해.

144 『成宗實錄』 권265, 成宗 23년 5월 19일 정해.

145 『成宗實錄』 권265, 成宗 23년 5월 19일 정해.

자체를 취소시키기 어렵다고 판단해 상소를 멈췄던 것으로 보인다. 그러나 대간들이 국왕의 결정과 지시에 강하게 반발하고 대신들을 강력하게 탄핵하는 상황은 성종의 재위 후반기로 갈수록 더욱 심해졌다.[146]

성종은 대간들의 반발에 부딪혀 자신의 결정을 번복하거나 수세에 몰리는 경우가 많아졌다.[147] 이러한 정국이 조성되자 사대부에게 신망이 높았던 허종 같은 인물조차 대간들의 지나친 행태를 직접 비판했다.[148] 하지만 시간이 지날수록 대간들의 태도는 더욱 강경해져, '대간의 기강(紀綱)은 바로 인주(人主)의 기강'이라며 성종의 실수를 직접 지적하는 등 국왕을 직접 논박하는 상황에까지 이르게 되었다.[149] 이는 성종이 국왕으로서 가지는 권위가 점차 약해지고 있었음을 보여주는 상징적 현상이다.[150]

---

146 송웅섭, 앞의 논문, 181~187쪽 참조.

147 성종은 자신의 결정 사항에 대한 대간들의 반대가 거세지자 "내가 하는 일을 경들이 계속 말하니, 만약 이와 같다면 권력이 대간에 있는 것이다(予之所爲 卿等動輒言之 若是則權在臺諫矣)"라는 전지를 내렸다. 『成宗實錄』 권282, 成宗 24년 9월 2일 계사. 당시 성종과 대간의 관계를 잘 보여주는 기록이다.

148 『成宗實錄』 권284, 成宗 24년 11월 3일 갑오.

149 『成宗實錄』 권290, 成宗 25년 5월 2일 기축.

150 유승원은 성종대 사림파의 대두 현상 중 한 가지라 할 수 있는 대간들의 집요한 탄핵과 근본주의적 태도가 본격적으로 나타나게 된 원인을 그들이 재지사족의 정서와 이해를 반영하는 활동을 전개했기 때문이라고 주장했다. 스스로를 지배계급이라고 생각했던 재지사족들은 조선 초기의 개혁 과정에서 소외되어 잠재적 불만을 쌓아두고 있었다. 그런데 세조의 개혁 방향이 이들의 이해를 더욱 크게 위협하게 되자 결국 재지사족들의 불만이 터져 나왔다는 것이다. 다시 말해 재야사족의 이런 울분이 대신들을 향한 사림파의 집요하고도 가차 없는 공격의 원인이 되었다고 본 것이다. 유승원, 「조선시대 '양반' 계급의 탄생에 대한 시론」, 『역사비평』 79, 2007, 206~209쪽 참조. 이는 성종대부터 본격적으로 나타났던 대간들의 논핵 태도 변화의 원인을 체계적으로 설명해준다고 생각한다. 당시 대간들의 태도 변화에 대한 설명으로 필자가 한 가지 덧붙이고자 하는 점은, 예종과 성종의 재위기를 거치면서 나타났던 국왕권 약화 현상이다. 세조대까지는 재지사족의 불만이 쌓여 있다 하더라도 밖으로 표

북정군의 귀환 이후 논의되었던 군공 포상 방안에 대해 대간들이 격렬하게 반발했던 것은 당시 조선의 공론(公論)이 북정을 실패한 것으로 평가하고 있었다는 사실을 보여준다. 성종 10년의 건주위 정벌 때도 성종과 대간들 사이에서는 논공 포상에 대한 논쟁이 있었다. 하지만 이때의 논쟁 내용은 전공에 비해 포상이 과도하다는 것이었지 포상 자체를 반대한 것은 아니었다.

전공 포상의 사안을 가지고 국왕과 대간들이 논쟁을 벌이는 것도 이례적인 모습이었는데, 성종 22년의 북정에 대해서는 대간들이 포상 자체를 반대했던 것이다. 조선 초기의 대외정벌은 항상 국왕의 주도하에 이루어져왔고, 이는 성종대 북정도 마찬가지였다. 이전에는 정벌의 성과를 직접적으로 부정했던 적은 없었다. 정벌의 성패 여부는 곧 국왕의 권위와 직접적으로 연결되는 문제였기 때문이다.

세종대 파저강 2차 정벌에서 이와 같은 현상이 보였다. 비록 1차 정벌 때처럼 많은 병력을 출동시킨 것은 아니었지만 참획도 적었고 무엇보다 최우선의 목표로 삼았던 이만주의 포착에 실패했다. 당연히 실패한 정벌이라는 의견이 나올 수 있는 상황이었다. 그러나 당시에는 정벌이 사실상 실패했다는 언급이 전혀 나타나지 않았다. 1차 정벌의 성공으로 국정운영의 주도권을 완전히 장악한 세종에게 정벌 실패에 관한 의견을 낼 수 있는 정치적 분위기가 아니었기 때문이다. 이는 당시 세종이 정치 주도권을 장악하고 있었

출되기 어려운 상황이었다. 하지만 예종과 성종대를 거치면서 이들이 보다 직접적인 방법으로 자신들의 의견을 표출할 수 있게 된 중요한 원인 중 한 가지가 바로 국왕권 약화 현상이었다. 성종이 어린 나이로 즉위하면서 원로들의 지원을 필요로 했던 상황과, 재위 기간 동안 자신의 측근 세력을 형성하지 못했던 것은 당시 국왕권 약화 현상의 중요한 원인이 되었던 것 같다.

던 상황을 반영하는 것이기도 하다.

하지만 성종대에는 정반대의 양상이 나타났다. 북정군의 전과를 보고받은 성종 스스로도 참획이 적다는 데 실망감을 직접 드러냈다. 뿐만 아니라 대첩이 아니라는 표현을 여러 차례 사용했다. 어느 때보다 정벌 시행에 격렬하게 반대했던 대간들은 군공 포상에도 강하게 반발했다. 실패라는 표현을 직접 사용하지는 않았지만, 사실상 정벌이 실패했다는 평가가 국왕뿐만 아니라 당시 지배계층에게도 널리 퍼져 있었음을 보여주는 현상이다. 이는 곧 성종이 주도적으로 추진했던 정벌이 실패했음은 물론, 정벌의 성과를 국정에 활용해 정치 주도권을 확보하려 했던 계획이 어긋났음을 의미하는 것이었다.

결국 성종의 북정 실패는 국왕의 권위와 정치 주도권에 깊은 상처를 남겼다. 물론 성종대 국왕권 약화의 원인을 정벌 실패에서만 찾을 수는 없다. 그럼에도 대간의 태도 변화와 국왕의 정치 주도권 축소에서 대외정벌의 실패라는 요소가 중요한 위치를 차지하고 있었다는 점 역시 부정하기 어렵다.

전대의 국왕들은 정벌의 실패가 가져올 높은 위험성에도 불구하고 치밀한 준비를 통해 정벌을 시행하고 이를 성공시켜 정치적으로 유용하게 활용했다. 때문에 세종이나 세조 같은 임금들은 측근들과 함께 지속적으로 대외정벌을 추진해서 시행했다. 하지만 성종대에는 치밀한 준비와 많은 군사, 충분한 군량 등을 확보하고도 정벌에 실패할 수 있다는 교훈을 남겼다. 대외정벌을 통해 정치·외교적 영향력을 확대하려던 국왕들의 시도는 성종 이후에도 계속되었다. 그러나 더 이상 성종대와 같이 대규모 인원을 정벌에 동원할 수 없게 된 것은 물론, 측근들만의 지지로 대외정벌을 추진하는 것도 어려워졌다. 성종 이후의 조선에서는 정벌과 같은 위험성 큰 대외정책이 시행되기 매우 어려운 상황이 조성되었다.

마지막으로 살펴볼 것은 성종대에 나타났던 대명의식이다. 앞에서 성종이 명의 요청에 따라 건주위 정벌에 나서면서 사대명분에 지나치게 집착했던 모습을 확인했다. 그런데 북정을 결정하고 준비해서 시행하는 과정 동안 조선은 명을 거의 의식하지 않았다. 조선의 북정 지역은 여전히 명의 위소 체제에 편입된 곳이었다. 그러나 조선은 전대와 마찬가지로 명에 별다른 연락을 취하지 않고 정벌을 단행했다. 명의 요청에 따라 건주위를 공격했을 때와는 전혀 다른 양상이다.

당시 조선에서는 북정을 결정하고 논의하는 동안 이 사실을 명에 알려야 한다는 인식이 전혀 보이지 않았다. 성종의 태도는 승문원에 여진을 정토할 때 중국 조정에 주문했는지 여부를 상고하도록 지시했던 일에서도 확인된다.[151] 승문원의 보고 내용이 기록되어 있지 않지만, 이미 세종대에 정벌에 대한 주본을 올렸던 사례가 있었기 때문에 전례는 쉽게 확인되었을 것이다.[152] 그러나 성종은 북정과 관련된 사안을 명에 전혀 알리지 않았다.

성종의 태도는 북정 시행 직전에 파견되었던 정조사 김자정(金自貞)에게 내린 전교에서도 잘 나타난다. 김자정은 명이 평안도 고산리(高山里)에서 여진을 격파한 일과 북정에 대한 일을 질문할 경우에 대한 대비책을 성종에게 물었다. 이에 성종은 고산리 사건은 여진이 먼저 침략한 것에 대한 대응

151 『成宗實錄』 권249, 成宗 22년 1월 22일 기해.

152 세종대 파저강 정벌에 대한 주본을 보냈던 사례는 사실 사전보고로 보기는 어렵다. 조선은 명이 기존에 내렸던 칙명을 활용해 여진 정벌의 근거로 삼으려고 했기 때문이다. 뿐만 아니라 파저강 정벌에 대한 구체적 내용이 담긴 주본을 보내지 않았다. 정벌이라는 직접적인 표현보다는 "변경에 장수를 보내 야인을 조치하도록 했다" 같은 애매한 표현을 사용했다. 또한 주본을 보낸 시기는 이미 조선이 정벌 준비를 모두 마친 뒤였다. 당시 조선은 명의 허락 여부와는 상관없이 정벌을 시행하고자 했던 것이다. 『世宗實錄』 권59, 世宗 15년 2월 21일 을사; 『世宗實錄』 권60, 世宗 15년 4월 2일 을유.

이었다는 점을 밝히면서 조선이 먼저 강을 건너 토벌한 것이 아님을 설명하도록 했다. 만약 명에서 이 사실을 주문하지 않았던 이유를 묻는다면 조선의 변경에 예사로 있는 일이기 때문에 주문하지 않았다고 대답하도록 전교했다. 또한 북정에 대한 일을 물어올 경우, 소관이 아니라 잘 모르는 일이라고 답변하도록 했다.[153] 북정과 관련된 사실을 명에 알릴 생각이 전혀 없었던 성종의 의도가 잘 나타나는 부분이다. 세조대까지 가지고 있던 양면적 대명의식이 성종대까지도 이어지고 있었던 것이다.[154]

그렇지만 성종은 적어도 세종과 세조처럼 명의 지시를 직접적으로 거부하거나 명을 경쟁상대로 인식하는 모습을 보이지 않았다. 정벌 사실을 알리지 않았던 것도 명에게 조선의 동정을 알리지 않은 행동이라고 평가할 수는 있지만, 사대명분을 이전처럼 정면으로 위배한 행동이라고까지 평가하기는 어렵다.

특히 성종은 조서와 칙서를 맞이하는 의례를 대신들과 논의하면서 "소국이 어찌 대국과 예를 다툴 수 있겠는가?"라며 명사 동월(董越)이 바꾸도록 한 의례를 따르게 했다.[155] 조선에서 중국과 관련된 의례는 대체로 명사들의 의견을 따랐다. 하지만 결코 명사의 의견을 따르지 않는 부분이 있었는데 이는 바로 국왕에게 해당하는 의례였다. 세조대까지 조선은 국왕과 관련된 의례에서는 명 측의 요구를 거의 받아들이지 않았다. 조선과 조선 국왕의

---

153 『成宗實錄』 권258, 成宗 22년 10월 1일 갑진.

154 조선은 압록강 북변과 두만강 북변에 대한 인식에 약간의 차이가 있었다. 특히 두만강 일대는 조선이 '조정고토'로 인식했던 지역이었다. 실제 조선이 북방한계선을 압록강과 두만강으로 생각했던 것과는 별개로, 두만강 일대에 대한 영역의식을 여전히 가지고 있었던 것으로 보인다. 이 역시 성종이 북정의 시행을 명에 알리지 않았던 원인일 것이다.

155 『成宗實錄』 권266, 成宗 23년 6월 1일 경자.

권위와 밀접한 관련이 있는 부분이었기 때문이다.

하지만 성종대에 이르러 이 부분까지도 명사의 요청에 따라 대폭 양보하는 모습이 나타났다. 결국 성종대를 중심으로 조선의 사대의식은 명분과 정치적 이익이라는 두 가지 가치를 모두 얻고자 하던 태도에서 원리적 명분에 보다 충실한 방향으로 변해가고 있었다.

성종의 대명의식 역시 국왕권 문제와도 연결시켜 볼 수 있다. 국왕권이 상대적으로 취약했던 재위 초기의 성종은 사대명분에 의지해서 자신의 권위를 확보하고 확대시킬 필요가 있었다. 하지만 국왕의 정치 주도권을 확보하려는 의도를 가지고 북정을 추진하는 단계에서, 사대명분은 오히려 국왕의 권위 신장에 방해가 되는 요소라고 판단했을 개연성이 높다. 성종 스스로가 북정을 논의하고 추진하는 과정에서 명이라는 존재를 거의 언급하지 않았기 때문이다. 이는 성종이 북정을 추진하면서 의도적으로 명을 언급하지 않았던 것으로 볼 수밖에 없다. 사대가 오히려 북정 추진 과정에 장애가 된다고 생각했기 때문일 것이다. 그렇다면 북정의 실패가 성종에게 왕권 확대의 기회가 아니라 오히려 왕권 축소의 계기가 되었던 것처럼, 대외의식도 보다 사대에 충실해지도록 만드는 계기가 되었다고 평가할 수 있을 것이다.

결론

결론

대외정벌은 조선의 대외의식이 직접적으로 반영된 정책이었다. 동시에 국내 정치의 주도권을 확보하기 위한 수단으로도 활용되었다. 대외정벌은 조선 초기의 국외·국내 정치에 가장 큰 영향력을 미쳤던 정책이었다.

조선 초기 대외정책의 기조는 국익을 지키는 범위 내에서 성실하게 사대에 임한다는 것이었다. 조선은 최소 압록강·두만강 유역까지를 영토로 확보하여 국가의 안전을 지키고자 했다. 이를 위해 여진과 대마도 등을 영향력 아래에 두면서 조선을 위협하는 세력에 대해서는 비록 중국이라 하더라도 단호히 대처하고자 했다. 조선의 이러한 대외정책을 담보하는 수단이 대외정벌이었다.

조선의 대외정책 기조는 이성계, 정도전과 같은 건국 핵심 세력의 주도하에 수립되었다. 이 기조는 짧은 시간 동안에 만들어진 것이 아니었다. 이성계와 정도전 등은 공민왕대 대외정책의 시행 과정에 직접 참여하면서 큰 영향을 받았다. 공민왕대 추진되었던 대외정책 기조는 조선 건국 후에도 연결되었다.

조선은 건국을 전후한 시기에 태조의 터전이었던 동북면과 두만강 일대의 여진 추장들을 귀부시켜 압록강에서 두만강에 이르는 자국의 영역을 설정했다. 하지만 여진 세력의 지배 문제는 조선과 명의 대립을 야기했다.

조선은 건국 후 왜구에 대해서 새 왕조의 위력을 과시하기 위해 대마도 정벌을 단행했다. 그리고 명과의 정면대결을 감수하면서까지 요동 정벌을 추진했다. 비록 요동 정벌은 좌절되었으나 조선은 국익을 위해서라면 명도 공격할 수 있다는 태도를 보여줬다.

왕자의 난을 통해 국정을 장악하고 왕위에 오른 태종은 태조대와는 달리 명과의 관계 개선에 많은 노력을 기울였다. 따라서 태종은 누구보다 사대명분을 지켜야 한다는 점을 강조했다. 하지만 외교적 사안에서는 전혀 다른 모습을 보여줬다. 특히 여진 초유 문제에서는 명과 대립하는 양상도 보였다. 당시 조선은 여진 지역에 대한 영향력을 확대하기 위해 노력했다. 특히 명에 입조했던 동맹가첩목아 처리 문제에 많은 관심을 기울였는데, 이는 대명외교의 이면에 숨겨져 있던 조선·여진·명 삼자의 관계를 압축적으로 보여준다.

태종 10년 단행되었던 올적합 정벌은 모련위 지역에 대한 조선의 주도권을 확보하기 위한 군사행동이었다. 정벌의 시행과 이와 관련된 내용을 중국에 보고했던 조선의 태도를 통해, 태종의 집권으로 인해 대외정책의 방향이 변했지만 목표까지 변경된 것은 아니었음을 파악할 수 있다.

태조대의 대명 강경론자들이 북방 지역 경략을 위해서는 명과의 군사적 충돌도 감수해야 한다는 견해였던 것에 비해, 태종대에는 북방 지역 경략을 위해 명과의 우호적 관계를 유지하는 가운데 목표를 달성하기 위해 노력해야 한다는 태도의 차이가 나타날 뿐이었다. 태종은 국정과 외교관계의 안정을 위해 사대를 더욱 강조한 것이었다.

세종의 즉위년에 시행됐던 대마도 정벌은 사실상 상왕으로 있던 태종이 주도한 전쟁이었다. 1419년의 대마도 정벌은 왜구의 침입에 대한 대응보다는 명의 일본 정벌 명분을 없애기 위한 선제적 조치의 성격이 강했다. 건국 후 왜구 침입 횟수와 조선의 피해는 점차 줄어드는 추세였고, 태종대에 이르러서는 왜구 피해가 거의 사라지게 되었기 때문이다.

반면 명에 침입하는 왜구의 규모는 점점 더 증가했고, 왜구 부대의 규모가 커질수록 그에 따른 피해 또한 증가했다. 당시 상황은 명이 군사행동을 생각할 수밖에 없는 분위기를 형성했다. 이 정황을 파악하고 있던 조선은 명의 일본 정벌 계획을 크게 우려했다. 명의 일본 정벌이 감행될 경우 조선이 감당해야 할 부담이 너무 컸기 때문이다.

결국 조선은 명의 일본 정벌을 막기 위해서는 명의 왜구 피해를 줄이는 것이 가장 중요하다고 판단했다. 이를 위해 두 가지 방법을 택했다. 하나는 왜구 정보를 명에게 적극적으로 알리는 것이었고, 다른 하나가 대마도 정벌이었다. 조선은 대마도 정벌을 통해 명이 일본을 정벌할 때 나타날 수 있는 외교적 문제를 방지할 수 있었다. 또한 남방 지역의 문제점들을 해소해 북방으로의 진출과 영향력 확대라는 대외 목표를 일관되게 추진할 수 있는 계기를 마련했다.

정벌을 중심으로 한 대외정책을 적극적으로 활용해 후대의 국왕들에게 많은 영향을 주었던 임금은 세종이었다. 조선의 대외정벌은 모두 외부 세력의 침입에 대한 대응을 명분으로 진행되었다. 하지만 당시 외부 세력의 침입 횟수나 조선이 입은 피해 규모는 매우 제한적이었다. 따라서 조선이 단행했던 대외정벌의 원인을 외부의 침입에서만 찾을 수는 없다.

세종은 지성사대를 강조하면서도 여진 정벌과 관련된 부분에서는 이에 구애받지 않았다. 세종은 정벌을 추진하는 과정에서 황제의 지시를 자의적으로 해석하는 경우가 많았다. 또한 집권하는 동안 명의 청병을 간단하게 거절했던 모습에서도 세종의 대명의식을 파악할 수 있다. 더욱이 조선의 국경 밖에 있는 세력들에 대한 정벌 행위는 위소 체제에 편입되어 있던 명의 영역을 침범한 것일 뿐만 아니라, '사대교린'이라는 외교적 표어와 충돌할 수밖에 없었다.

결국 세종은 두 차례에 걸친 파저강 정벌을 단행했고, 정벌의 성과를 성공적으로 활용했다. 세종은 정벌 이후 재위 전반기보다 더욱 강한 정치적 통제력을 행사했다. 특히 세종은 정벌의 추진 과정에서 신료들의 반대의견을 무시하는 경우가 많았다. 이는 국왕이 대외정벌을 활용해 군주의 위상을 높이는 동시에 정치 주도권을 확대하고자 했음을 설명해준다.

조선의 여진 정벌은 북방 진출 문제와 밀접한 관련이 있었다. 조선의 파저강 정벌은 여진의 침입을 명분으로 사용했을 뿐, 자체의 정치적 목표에 따라 시행된 정책이었다. 4군의 설치 역시 북방의 영토를 확장하고 압록강을 경계로 삼으려는 계획에 포함되어 있었음을 짐작할 수 있다. 세종대 4군 6진 개척을 통해 압록강과 두만강을 실제 국경선으로 확보했던 조선은 정벌을 통해 대외적으로 자신의 영역을 공표하고 북방 세력에 대한 실질적 지배력을 확보하고자 했다. 이 역시 조선 초기에 비교적 자주 시행되었던 정벌의 원인을 설명해주는 중요한 지표가 된다.

태종이나 세종은 대외정벌의 실패가 가져올 위험성을 충분히 인지하고 있었다. 하지만 국내의 조치로 얻을 수 있는 성과는 한계가 있었기 때문에 국왕 주도하에 보다 큰 영향력을 미칠 수 있는 정책이 필요했는데, 그것이 바로 대외정벌이었다. 위험성에도 불구하고 성공했을 경우 얻을 수 있는 성과가 훨씬 컸기 때문에, 조선 초기의 국왕들은 신료들의 거센 반대에도 정벌의 시행을 주도적으로 추진했다.

세조는 계유정난을 통해 실권을 장악한 이후부터 여진 세력들의 내조를 적극적으로 권장했다. 명은 사신을 파견해 조선과 여진의 통교를 문제 삼으며 압력을 가했다. 조선은 명의 견책에 대해 해명하고자 노력했지만 명이 실제로 요구했던 여진과의 교류 중지는 거부했다. 조선은 명에 대한 사대 자체를 부정하거나 정면충돌을 야기할 수 있는 행동은 자제하면서도, 국익을 위한 대외정책을 유지하는 양면적 태도를 보였다.

세조는 모련위 정벌을 단행하면서 입경을 막았던 명사를 평양으로 데려오도록 지시했다. 동시에 북방 지역에 대한 순행을 시행했다. 세조가 의도했던 것은 순행을 실시하면서 평양에서 명사를 접견하고 정벌의 승전보고를 받는 것이었다. 세조의 계획이 예정대로 이루어진다면 국왕의 순행과 사대지례, 정벌의 성공적 결과를 축하하는 세 가지 의례가 함께 진행되는 구도를 만들어낼 수 있었다. 세조는 이 세 가지 의례를 준행함으로써 국왕의 권위를 더욱 확립하고자 했다.

세조는 명의 건주위 정벌에 대한 청병을 조선의 외교적 목표를 달성하기 위한 기회로 활용했다. 명의 청병에 따르는 듯한 태도를 보였던 조선은 오히려 기회를 활용해 건주위 여진의 구심점이 되었던 이만주 부자 등을 제거했다. 적의 수장을 조선이 직접 잡아서 처형한 것이다.

명의 건주위 출병은 정벌을 통해 조선을 견제하고 여진 지역에 대한 자신들의 영향력을 확대하려는 의도였다. 세조대의 조선은 명의 청병 요구에 응하면서도 정벌 성공의 가늠자가 되는 적의 총수 포획과 처형에 성공함으로써 여진 지역에 대한 영향력을 유지할 수 있었다. 조선은 사대명분을 지키면서 여진 지역에 대한 영향력도 유지했다.

세종과 세조는 정벌의 성과를 통해 국정 장악력을 확대했다. 다만 그 과정 속에서 사대의 논리를 자의적으로 해석하고 정치적으로 활용하는 모습을 자주 보였다. 평소 명에 대한 사대를 누구보다 강조했던 세종과 세조가 정벌이라는 외교 활동을 추진하는 과정에서 사대명분에 대해 양면적 태도를 보였던 것이다.

성종 재위기는 국왕의 정벌 추진에 대한 신료들의 반대 양상이 더욱 확대되어 나타난 시기였다. 또한 국왕과 신료 모두 이전 시기보다 사대명분에 더욱 집착하기 시작했다.

당시 명은 세조대처럼 건주위 정벌에 조선의 지원을 요청했다. 성종은 신하들의 반대 속에서도 명의 파병 요청에 응했고, 요식 행위로 보일 수 있는 재출병까지 단행했다. 전대의 국왕들에 비해 국정 장악력이 떨어졌던 성종이 사대명분에 의탁해 국왕의 권위를 높이고자 했던 의도가 반영된 결정이었다.

명이 건주위 정벌에 다시 나섰던 데는 해당 지역에 대한 영향력을 확보하고 조선을 견제하기 위한 목적이 포함되어 있었다. 그러나 성종대의 조선은 사대의리를 지키는 일에 급급해 여진 지역에 대한 영향력 감소에 효과적으로 대응하지 못했다. 조선이 사대명분에 집착하면서 명의 인정을 받기 위해 청병에 응했던 것은, 이전과는 달리 여진 지역에 대한 영향력을 감소시키는 결과를 초래했다.

성종 22년의 북정은 대간들의 격렬한 반대 속에서 진행되었다. 성종은 신료들의 반대에도 건국 이후 최대 규모의 정벌군을 편성했다. 성종이 이 시점에서 대외정벌을 시행했던 이유는 두 가지로 설명할 수 있다. 첫 번째 목적은 대외정벌을 통해 여진에게 압도적 군사력과 무력을 과시함으로써 이 지역에 대한 영향력을 확대하고자 했던 것이다. 두 번째 목적은 성종 자신의 국정 주도권 확보를 위한 것이었다.

하지만 성종의 북정은 기대했던 성과를 얻지 못했다. 당시 신하들은 누구도 정벌의 실패를 직접 언급하지 않았다. 하지만 정벌은 사실상 실패라는 공론이 형성되었다. 이 상황은 이전과 달리 언관의 활동과 공론 등이 국왕의 정치적 주도권을 제한하는 방식으로 작동하도록 했다.

성종은 명의 요청에 따라 건주위 정벌에 나서면서 사대명분에 지나치게 집착했다. 그런데 북정 과정 동안에는 명에 대한 인식을 거의 드러내지 않았다. 조선의 북정 지역은 명의 위소 체제에 편입된 곳이었으나 조선은 세종·세조대와 마찬가지로 명에 별다른 연락을 취하지 않고 두만강을 넘어 정벌을 단행했다. 명의 요청에 따라 건주위를 공격했을 때와는 전혀 다른 양상을 보여주었던 것이다. 전대의 국왕들에 비해 누구보다 사대명분에 집착했던 성종조차 북정에 대한 사실을 명에 전혀 알리지 않았다. 정벌을 통해 정치 주도권을 확대하고자 했던 의도에 사대명분이 방해가 될 수 있다고 생각했기 때문이다. 또한 두만강 일대의 여진 지역이 건국 초부터 조선의 영역에 속한다는 의식이 남아 있었기 때문으로 보인다.

그렇지만 성종은 적어도 세종과 세조처럼 명의 지시를 직접적으로 거부하거나 명을 경쟁상대로 의식하는 모습을 보이지 않았다. 성종대를 중심으로 조선의 사대의식은 명분과 국익이라는 두 가지 가치를 모두 얻고자 하던 태도에서 점차 명분과 국익이 하나가 되는 방향으로 변하게 되었다.

15세기 조선에서 사대는 결국 국왕권의 강화와 유지에 필요한 수단 중 한 가지였다. 그렇기 때문에 사대가 국왕의 권위나 권력의 행사에 방해가 될 경우에는 쉽게 지켜지지 않았다. 15세기 조선의 국왕들은 사대명분을 효과적으로 활용해 어느 시기보다 강한 국왕권을 확립하는 데 성공했다. 하지만 사대명분을 정치적으로 활용하는 데는 시간이 지남에 따라 한계가 나타나기 시작했다. 사대명분은 조선에서 점점 더 중요하게 인식되었고, 결국에는 사대명분이 국왕의 권한마저 제한할 수 있는 가치로 평가되기 시작했다.

부록

참고문헌

1. 사료

『看聞日記』, 『康富記』, 『高麗史』, 『高麗史節要』, 『故事撮要』, 『經國大典』, 『國朝征討錄』, 『大東野乘』, 『大明律直解』, 『大明會典』, 『滿濟准后日記』, 『明史』, 『明實錄』, 『北征錄』, 『三峰集』, 『西征錄』, 『善隣國寶記』, 『新增東國輿地勝覽』, 『陽村集』, 『練藜室記述』, 『(국역)연행록선집』, 『遼東志』, 『吏文』, 『朝鮮王朝實錄』, 『制勝方略』, 『增補文獻備考』, 『通文館志』.

2. 단행본

1) 한국어

계승범, 『조선시대 해외 파병과 한중관계』, 푸른역사, 2009.
고구려연구재단 편, 『중국의 東北邊疆 연구 3. 동향분석』, 2004.
구도영, 『16세기 한중무역 연구』, 태학사, 2018.
국방군사연구소, 『國土開拓史』, 1999.
국방군사연구소, 『倭寇討伐史』, 1993.
국방군사연구소, 『韓國軍事史論文選集(朝鮮前期篇)』, 1999.
국방군사연구소, 『韓民族戰爭通史 III. 朝鮮時代 前篇』, 1996.

국방부 군사편찬연구소, 『한민족 역대 파병사』, 2002.
국방부 군사편찬연구소, 『한중군사관계사—고조선~조선』, 2007.
국방부 군사편찬연구소, 『國朝征討錄』, 2009.
국방부전사편찬위원회, 『朝鮮時代軍事關係法(경국대전·대명률)』, 1986.
국방부전사편찬위원회, 『海東名將傳』, 1987.
국방부전사편찬위원회, 『東國戰亂史(外亂篇)』, 1988.
국방부전사편찬위원회, 『西征錄』, 1989.
김구진, 『女眞族의 社會構造』, 신서원, 1995.
김범, 『사화와 반정의 시대』, 역사비평사, 2007.
김순자, 『韓國 中世 韓中關係史』, 혜안, 2007.
김주원, 『조선왕조실록의 여진족 족명과 인명』, 서울대학교출판부, 2008.
김한규, 『한중관계사』 I·II, 아르케, 1999.
김한규, 『요동사』, 문학과지성사, 2004.
김한규, 『天下國家—전통시대 동아시아 세계질서』, 소나무, 2005.
남의현, 『明代遼東支配政策研究』, 강원대학교출판부, 2008.
동북아역사재단 편, 『한중일 학계의 한중관계사 연구와 쟁점』, 2009.
민덕기, 『前近代 동아시아 세계의 韓·日관계』, 景仁文化社, 2007.
민현구, 『朝鮮初期의 軍事制度와 政治』, 한국연구원, 1983.
박원호, 『明初朝鮮關係史研究』, 일조각, 2002.
방동인, 『韓國의 國境劃定研究』, 일조각, 1997.
백산학회, 『韓民族의 大陸關係史』, 백산자료원, 1996.
백산학회, 『大陸 關係史 論考』, 백산자료원, 2000.
서강대학교 동양사학연구실 편, 『한중관계 2000년—동행과 공유의 역사』, 소나무, 2008.
세종대왕기념사업회, 『國譯 制勝方略』, 1999.
손승철, 『朝鮮時代 韓日關係史研究』, 지성의 샘, 1994.
역사학회 편, 『전쟁과 동북아의 국제질서』, 일조각, 2006.
육군본부, 『韓國軍制史(近世朝鮮 前期篇)』, 1968.
이동복, 『東北亞細亞史 研究』, 일조각, 1986.
이삼성, 『동아시아의 전쟁과 평화』 1, 한길사, 2009.
이상백, 『李朝建國의 研究』, 을유문화사, 1947.

이상협,『朝鮮前期 北方徙民研究』, 경인문화사, 2001.
이인영,『韓國滿洲關係史의 研究』, 을유문화사, 1954.
이재철,『세종시대의 국토방위』, 세종대왕기념사업회, 1995.
이춘식,『事大主義』, 고려대학교출판부, 1997.
이춘식,『中華思想의 理解』, 신서원, 2002.
전해종,『韓中關係史 研究』, 일조각, 1970.
정두희,『朝鮮初期 政治支配勢力 研究』, 일조각, 1983.
정재훈,『조선 전기 유교 정치사상 연구』, 태학사, 2005.
조영록 外,『中國과 東아시아世界』, 국학자료원, 1997.
조영록,『近世 동아시아 三國의 國際交流와 文化』, 지식산업사, 2002.
차문섭,『朝鮮前期 軍制研究』, 단국대 출판부, 1979.
최승희,『朝鮮初期 政治史研究』, 지식산업사, 2002.
토마스 바필드(Thomas J. Barfield) 저, 윤영인 역,『위태로운 변경—기원전 221년에서 기원후 1757년까지의 유목제국과 중원』, 동북아역사재단, 2009.
폴 토드·조너선 블로흐 저, 이주영 역,『조작된 공포』, 창비, 2005.
한명기,『임진왜란과 한중관계』, 역사비평사, 1999.
한명기,『정묘·병자호란과 동아시아』, 푸른역사, 2009.
한문종,『朝鮮前期 向化·受職倭人 研究』, 국학자료원, 2001.
한성주,『조선 전기 수직여진인 연구』, 景仁文化社, 2011.
한영우,『朝鮮前期史學史研究』, 서울대학교출판부, 1981.
한영우,『朝鮮前期社會思想研究』, 知識産業社, 1983.
한영우,『왕조의 설계자 정도전』, 지식산업사, 1999.
한형주,『朝鮮初期 國家祭禮 研究』, 一潮閣, 2002.
한일관계사학회,『동아시아 영토와 민족문제』, 경인문화사, 2008.
한일역사공동연구위원회,『한일역사공동연구보고서—중·근세사 한국편, 일본편』, 2005.
허태구,『병자호란과 예, 그리고 중화』, 소명출판, 2019.
홍이섭,『世宗大王』, 세종대왕기념사업회, 1971.

2) 일본어

江嶋壽雄,『明代清初の女直史研究』, 中國書店, 1999.

明代史研究會,『明代史研究會創立三十年年記念論集』,汲古書院, 2003.
夫馬進 編,『中國東アジア外交交流史の研究』,京都大學學術出判會, 2007.
田村實造 編,『明代滿蒙史研究』,京都大學文學部, 1963.
鄭樑生,『明·日關係史の研究』,雄山閣, 1984.
中村榮孝,『日鮮關係史の研究』上,吉川弘文館, 1965.
池內宏,『滿鮮史研究(近世篇)』,中央公論美術出版, 1972.
池內宏,『滿鮮史研究』(上世 第1~2冊, 中世 第1~3冊),吉川弘文館, 1979.
河內良弘,『明代女眞史の研究』,同朋舍出版, 1992.

3. 논문

1) 한국어

강성문,「世宗朝 婆猪野人의 征伐研究」,『陸士論文集』30, 1986.
강성문,「崔潤德의 女眞征伐」,『동국전란사』, 1988.
강성문,「朝鮮時代 女眞征伐에 관한 연구」,『軍史』18, 1989.
강성문,「東北方 國土 開拓 狀況(6진의 설치)」,『한민족 전쟁통사』, 國防軍史研究所, 1996.
강성문,「朝鮮初期 六鎭開拓의 國防史的 意義」,『軍史』42, 2001.
강영철,「朝鮮初期의 軍事道路」,『한국사론』7, 국사편찬위원회, 1981.
김경록,「조선 초기 통사의 활동과 위상 변화」,『한국학보』101, 2000.
김경록,「朝鮮初期 對明外交와 外交節次」,『韓國史論』44, 2000.
김경록,「朝鮮初期 宗系辨誣의 展開樣相과 對明關係」,『國史館論叢』108, 2006.
김구진,「吾音會의 斡朶里女眞에 대한 研究」,『史叢』17·18, 1973.
김구진,「麗末鮮初 豆滿江 流域의 女眞 分布」,『白山學報』15, 1973.
김구진,「初期 毛憐 兀良哈 研究」,『白山學報』17, 1974.
김구진,「骨看 兀狄哈 女眞 研究」,『史叢』20, 1976.
김구진,「公嶮鎭과 先春嶺碑」,『白山學報』21, 1976.
김구진,「尹瓘九城의 範圍와 朝鮮六鎭의 開拓—女眞 勢力 關係를 中心으로」,『史叢』21·22, 1977.
김구진,「명대 여진 사회의 경제생활양식과 그 변화」,『동양사학연구』17, 1982.

김구진, 「明代 女眞 社會와 姓氏의 變化」, 『金俊燁敎授華甲記念中國學論叢』, 1983.
김구진, 「朝鮮前期 對女眞關係와 女眞社會의 實態」, 『東洋學』 14, 1984.
김구진, 「명대 여진 사회의 조공과 서계」, 『송갑호 교수 퇴임기념논문집』, 고려대학사학회, 1993.
김구진, 「명대 여진의 중국에 대한 공무역과 사무역」, 『동양사학연구』 48, 1994.
김구진, 「女眞과의 關係」, 『한국사』 22, 국사편찬위원회, 1995.
김구진, 「조선 초기에 韓民族으로 동화된 土着 女眞」, 『白山學報』 58, 2001.
김구진, 「조선 전기 여진족의 2대 종족—오랑캐와 우디캐」, 『白山學報』 68, 2004.
김성준, 「朝鮮前期 6鎭 開拓과 李澄玉」, 『사총』 12·13, 1968.
김순남, 「조선 초기 敬差官의 對外交隣 활동」, 『軍史』 66, 2008.
김순남, 「조선 초기의 비변대책의 수립과 시행—재상급 국방전문가의 활약을 중심으로」, 『조선시대사학보』 45, 2008.
김순남, 「조선 성종대 올적합에 대하여」, 『조선시대사학보』 49, 2009.
김순남, 「조선 성종대의 건주삼위」, 『대동문화연구』 68, 2009.
김순남, 「조선 전기의 만포진과 만포첨사」, 『사학연구』 97, 2010.
계승범, 「파병 논의를 통해 본 조선 전기 對明觀의 변화」, 『大東文化硏究』 53, 2006.
나종우, 「朝鮮初期의 對倭寇政策」, 『中齋張忠植博士華甲紀念論叢』 檀國大學校出版部, 1992.
남의현, 「明 前期 遼東都司와 遼東八站占據」, 『명청사연구』 21, 2004.
남의현, 「明代 兀狄哈·女眞의 成長과 遼東都司의 危機」, 『만주연구』 3, 2005.
남의현, 「15세기 明의 女眞地域 進出試圖와 女眞의 成長—奴兒干都司와 建州女眞을 중심으로」, 『강원사학』 21, 2006.
남의현, 「明代 遼東邊牆의 形成과 成格」, 『중국학보』 54, 2006.
남의현, 「明代 前期 遼東과 몽골·女眞의 動向」, 『명청사연구』 25, 2006.
남의현, 「명과 여진의 관계」, 『고구려연구』 29, 2007.
남의현, 「明代 遼東防禦戰略의 變化와 防禦力의 衰退」, 『軍史』 62, 2007.
남의현, 「遼東都司 對外膨脹의 限界에 대한 考察—山東에 대한 依存性과 對外進出의 限界性을 중심으로」, 『명청사연구』 27, 2007.
남의현, 「명대 요동정책의 성격」, 『동아시아 영토와 민족문제』, 경인문화사, 2008.
노영구, 「『國朝征討錄』 편찬의 특징과 자료적 가치」, 『장서각』 18, 2007.
노영구, 「세종의 전쟁수행과 리더쉽」, 『오늘의 동양사상』 19, 예문동양사상연구원,

2008.
도현철, 「高麗末期 士大夫의 理想君主論」, 『東方學志』 88, 1995.
박원호, 「明初 朝鮮의 遼東攻伐計劃과 朝鮮表箋問題」, 『백산학보』 19, 1975.
박원호, 「明 '靖難의 役' 時期의 朝鮮에 대한 政策」, 『釜山史學』 4, 1980.
박원호, 「永樂年間 明과 朝鮮間의 女眞問題」, 『亞細亞硏究』 85, 1991.
박원호, 「宣德年間 明과 朝鮮間의 建州女眞」, 『亞細亞硏究』 88, 1992.
박원호, 「15세기 동아시아 정세」, 『한국사』 22, 국사편찬위원회, 1995.
박원호, 「鐵嶺衛의 位置에 관한 再考」, 『동북아역사논총』 13, 2006.
박정민, 「태종대 제1차 여진 정벌과 동북면 여진관계」, 『백산학보』 80, 2008.
박정민, 「조선 초기의 여진관계와 여진인식의 고착화—태조~세종대를 중심으로」, 『한일관계사연구』 35, 2010.
박정민, 「세조대의 여진관계와 정책—여진인 來朝를 중심으로」, 『한국사연구』 151, 2010.
박정민, 「조선 세조대 여진인 來朝와 귀속문제」, 『전북사학』 41, 2012.
박현모, 「세종의 변경관과 북방영토경영 연구」, 『정치사상연구』 13, 한국정치사상학회, 2007.
박현모, 「세종 정부의 의사결정구조와 과정에 대한 연구—제1·2차 여진족 토벌 사례를 중심으로」, 『동양정치사상사』 8-1, 한국동양정치사상사학회, 2009.
박희진, 「明代 朝鮮과 女眞의 關係硏究」, 『아세아문화연구』, 경원대 아세아문화연구소, 1990.
방동인, 「朝鮮初期의 北方領土開拓—鴨綠江 方面을 中心으로」, 『關東史學』 5·6, 1994.
방동인, 「4郡 6鎭의 開拓」, 『한국사』 22, 국사편찬위원회, 1995.
배영복, 「世宗大王의 國防思想」, 『군사』 28, 1994.
서병국, 「李之蘭 硏究」, 『백산학보』 10, 1971.
서병국, 「童猛哥帖木兒의 建州左衛 硏究」, 『백산학보』 11, 1971.
서병국, 「凡察의 建州右衛硏究」, 『백산학보』 13, 1972.
서병국, 「朝鮮前期 對女眞關係史」, 『국사관논총』 14, 국사편찬위원회, 1990.
손홍렬, 「麗末·鮮初의 對馬島征伐」, 『湖西史學』 6, 1978.
宋基中, 「朝鮮朝 建國을 後援한 勢力의 地域的 基盤」, 『震檀學報』 78, 1994.
송병기, 「世宗朝의 平安道 流民에 對하여」, 『사총』 8, 1963.
송병기, 「동북·서북계의 수복」, 『한국사』 9, 국사편찬위원회, 1973.

송병기, 「東北 6鎭과 西北 4郡 開拓」, 『한국사』 10, 국사편찬위원회, 1995.
송웅섭, 「조선 성종대 公論政治의 형성」, 서울대학교 국사학과 박사학위논문, 2011.
송정현, 「世宗朝의 北方政策」, 『호남문화연구』 3, 1965.
신석호, 「조선왕조 개국 당시의 대명관계」, 『국사상의 제문제』 1, 국사편찬위원회, 1959.
신석호, 「여말선초의 왜구와 그 대책」, 『국사상의 제문제』 3, 국사편찬위원회, 1959.
안정희, 「朝鮮初期의 事大論」, 『역사교육』 64, 1997.
오종록, 「朝鮮初期 兵馬節度使制의 成立과 運用」, 『진단학보』 59·60, 1985·1986.
오종록, 「조선 초기의 변진방위와 병마첨사·만호」, 『역사학보』 123, 1989.
오종록, 「朝鮮初期 兩界의 翼軍體制와 國防」, 『박영덕교수 화갑기념논총』, 1992.
오종록, 「朝鮮初期 兩界의 軍事制度와 國防體制」, 고려대학교 박사학위논문, 1992.
오종록, 「세종시대 북방영토개척」, 『세종문화사대계』 3, 세종기념사업회, 2001.
오종록, 「申叔舟의 軍事政策과 宰相으로서의 經論」, 『역사학논총』 3·4, 동선사학회, 2003.
유봉영, 「王朝 實錄에 나타난 李朝前期의 野人」, 『백산학보』 14, 1973.
유승원, 「조선시대 '양반' 계급의 탄생에 대한 시론」, 『역사비평』 79, 2007.
유재춘, 「15世紀 明의 東八站 지역 占據와 朝鮮의 對應」, 『조선시대사학보』 18, 2001.
유재춘, 「15세기 전후 조선의 북변 양강지대 인식과 영토문제」, 『조선시대사학보』 39, 2006.
유창규, 「李成桂의 軍事的 基盤—東北面을 중심으로」, 『진단학보』 58, 1984.
윤훈표, 「朝鮮前期 北方開拓과 領土意識」, 『韓國史硏究』 129, 2005.
이경식, 「朝鮮初期의 北方開拓과 農業開發」, 『역사교육』 52, 1992.
이규철, 「조선 초기(태조대~세종대) 대외정보 수집 활동의 실상과 변화」, 『역사와 현실』 65, 2007.
이규철, 「조선 초기 대외정보 수집 활동과 보고경로」, 『군사』 65, 2007.
이명미, 「고려-몽골 관계와 고려 국왕 위상의 변화」, 서울대학교 국사학과 박사학위논문, 2012.
이민수, 「世宗朝의 國防政策과 國民福祉」, 『역사교육논집』 13·14, 1990.
이수건, 「조선 성종조의 북방 이민정책」(上), 『아세아학보』 7, 1970.
이수건, 「조선 성종조의 북방 이민정책」(下), 『아세아학보』 8, 1970.
이수건, 「世宗朝의 地方統治體制」, 『세종조문화연구』 1, 1984.

이익주, 「高麗·元 關係의 構造와 高麗後期 政治體制」, 서울대학교 국사학과 박사학위 논문, 1996.
이익주, 「14세기 후반 원·명 교체와 한반도」, 『전쟁과 동북아의 국제질서』, 일조각, 2006.
이인영, 「선초여진무역고」, 『진단학보』 8, 1937.
이인영, 「廢四郡問題管見」, 『震檀學報』 13, 1941.
이인영, 「申叔舟의 征伐」, 『韓國滿洲關係史의 硏究』, 을유문화사, 1954.
이장희, 「壬亂前의 西北邊界 政策」, 『白山學報』 12, 1972.
이지경, 「세종의 공세적 국방안도—대마도 정벌과 파저강 토벌을 중심으로」, 『세종의 국가경영』, 지식산업사, 1996.
이해철, 「세종 시대의 대마도 정벌」, 『세종문화사대계』 3, 세종대왕기념사업회, 2001.
이현종, 「조선 초기 서울에 온 왜야인에 대하여」, 『향토서울』 10, 1960.
이현종, 「여진관계」, 『한국사』 9, 국사편찬위원회, 1973.
이현종, 「朝鮮前期의 對外關係」, 『한국사』 9, 국사편찬위원회, 1981.
이현희, 「朝鮮前期 來朝野人의 政略的 待遇에 對하여」, 『史學硏究』 18, 1964.
이현희, 「朝鮮前期 留京侍衛野人考—對野人 羈縻策 一端」, 『鄕土서울』 20, 1964.
이현희, 「朝鮮前期 향화야인의 수직성격고」, 『사감』 2, 1964.
이현희, 「朝鮮前期 野人의 誘京綏懷策攷」, 『一山金斗鍾博士稀壽紀念論文集』, 1966.
이현희, 「조선시대 북방야인의 사회경제사적 교섭고—대야인교섭정책의 배경」, 『백산학보』 3, 1967.
이현희, 「조선왕조시대의 북평관 야인—그 綏撫策 일반」, 『백산학보』 11, 1971.
이현희, 「朝鮮王朝의 向化野人 交考—接待問題의 用例」, 『연구논문집』 10, 성신여자대학교 인문과학연구소, 1977.
이현희, 「對女眞貿易—對野人 交涉政策의 背景」, 『韓國史論』 11, 국사편찬위원회, 1982.
이호경, 「世宗大王의 國防政策」, 『경원대 논문집』 14, 1995.
이홍두, 「조선 초기 야인정벌 기마전」, 『군사』 41, 2000.
장학근, 「朝鮮의 對馬島 征伐과 그 支配政策—對外政策을 중심으로」, 『海士論文集』 8, 1983.
전해종, 「15世紀 東亞情勢」, 『한국사』 9, 국사편찬위원회, 1973.
전해종, 「女眞族의 侵寇」, 『한국사』 9, 국사편찬위원회, 1973.

전해종, 「대명, 대청, 대여진관계」, 『한국사론』 4, 국사편찬위원회, 1976.
정다함, 「朝鮮初期 野人과 對馬島에 대한 藩籬·藩屛認識의 형성과 敬差官의 파견」, 『동방학지』 141, 2008.
정다함, 「麗末鮮初의 동아시아 질서와 朝鮮에서의 漢語, 漢吏文, 訓民正音」, 『韓國史學報』 36, 고려사학회, 2009.
정다함, 「'事大'와 '交隣'과 '小中華'라는 틀의 초시간적인 그리고 초공간적인 맥락」, 『한국사학보』 42, 2011.
정다함, 「조선 초기의 '征伐'—천명, 시계, 달력 그리고 화약무기」, 『역사와 문화』 21, 문화사학회, 2011.
정다함, 「朝鮮 太祖代 遼東 공격 시도에 대한 史學史와 그에 대한 탈경계적 분석과 비판」, 『韓國史硏究』 178, 2017.
정다함, 「朝鮮 太祖代 遼東 공격 시도에 대한 재해석—여말선초 동아시아의 광역적 통치질서 재구성과 '경계인' 이성계」, 『역사와 담론』 84, 2017.
정동훈, 「명대의 예제 질서에서 조선 국왕의 위상」, 『역사와 현실』 84, 2012.
정하명, 「조선 초기의 체탐」, 『육사논문집』 32, 1987.
정해은, 「16세기 동아시아 속의 조선과 『國朝征討錄』의 편찬」, 『장서각』 29, 2013.
조영록, 「入關前 明·鮮時代의 滿洲女眞史」, 『백산학보』 22, 1977.
지두환, 「世宗代 對日政策과 李藝의 對日活動」, 『한국문화연구』 5, 1992.
차문섭, 「朝鮮前期의 國防體制」, 『동양학』 13, 1983.
차문섭, 「咸吉·平安道의 徙民入居」, 『한국사』 22, 국사편찬위원회, 1995.
천관우, 「5衛와 朝鮮初期의 國防體制」, 『근세조선사 연구』, 일조각, 1979.
최규성, 「북방민족과의 관계」, 『한국사』 15, 국사편찬위원회, 1995.
최종석, 「여말선초 명(明)의 예제(禮制)와 지방 성황제(城隍祭) 재편」, 『역사와 현실』 72, 2009.
최종석, 「1356(공민왕 5)~1369(공민왕 18) 고려-몽골(원) 관계의 성격—'원간섭기'와의 연속성을 중심으로」, 『歷史敎育』 116, 2010.
최종석, 「조선 초기 '時王之制' 논의구조의 특징과 중화 보편의 추구」, 『조선시대사학보』 52, 2010.
채웅석, 「원 간섭기 성리학자들의 화이관과 국가관」, 『역사와 현실』 49, 2003.
최재진, 「高麗末 東北面의 統治와 李成桂 勢力 成長—雙城摠管府 收復以後를 中心으로」, 『사학지』 26, 1993.

하우봉, 「조선 전기 대외관계에 나타난 自我認識과 他者認識」, 『韓國史硏究』 123, 2003.
하차대, 「朝鮮初期 軍事政策과 兵法書의 發展」, 『군사』 21, 1990.
한명기, 「세종 시대 대명관계와 사절의 왕래」, 『세종문화사대계』 3, 세종대왕기념사업회, 2001.
한명기, 「정묘·병자호란과 동아시아 질서」, 『전쟁과 동북아의 국제질서』, 일조각, 2006.
한문종, 「朝鮮初期 李藝의 對日交涉 活動에 대하여」, 『전북사학』 11·12合集, 1989.
한문종, 「朝鮮前期의 對馬島 敬差官」, 『전북사학』 15, 1992.
한문종, 「朝鮮前期 對日 外交政策 硏究—對馬島와의 關係를 중심으로」, 전북대학교 박사학위논문, 1996.
한문종, 「朝鮮初期의 倭寇政策과 對馬島征伐」, 『全北史學』 19·20輯, 1997.
한성주, 「조선시대 수직여진인에 대한 座次規定—『世宗·成宗實錄』을 중심으로」, 『만주연구』 4, 2006.
한성주, 「조선 초기 受職女眞人 연구—세종대를 중심으로」, 『朝鮮時代史學報』 36, 2006.
한성주, 「두만강 지역 여진인 동향 보고서의 분석—『端宗實錄』 기사를 중심으로」, 『史學硏究』 86, 2007.
한성주, 「朝鮮初期 朝·明 二重受職女眞人의 兩屬問題」, 『朝鮮時代史學報』 40, 2007.
한성주, 「朝鮮 세조대 毛憐衛 征伐과 여진인의 從軍에 대하여」, 『강원사학』 22·23, 2008.
한성주, 「조선 전기 '字小'에 대한 고찰—대마도 왜인 및 여진 세력을 중심으로」, 『한일관계사연구』 33, 2009.
한성주, 「조선 전기 두만강 유역 '여진 藩籬·藩胡'의 형성과 성격」, 『한국사학보』 41, 2010.
한성주, 「조선 전기 女眞僞使의 발생과 處理 問題에 대한 고찰」, 『사학연구』 100, 2010.
한성주, 「朝鮮前期 豆滿江 流域에 나타나는 두 개의 '朝鮮'」, 『明淸史硏究』 37, 2012.
한성주, 「조선 세조대 '女眞 和解事'에 대한 연구—申叔舟의 파견을 중심으로」, 『동북아역사논총』 38, 2012.
許善道, 「世宗朝 文化의 再認識—軍事·外交部門」, 『世宗朝 文化의 再認植—報告論叢』 82-2, 한국정신문화연구원, 1981.
허태용, 「조선 초기 對明事大論의 역사적 성격 검토」, 『東洋史學硏究』 135, 2016.
허홍식, 「고려 말 이성계의 세력기반」, 『역사와 인간의 대응—고병익 회갑기념 사학논집』, 1985.
황선희, 「世祖 초기의 女眞關係와 北征」, 서강대학교 사학과 석사학위논문, 2007.

2) 일본어

ケネスR·ロビンソン, 「一四五五年三月の人名記錄にみる朝鮮王朝の受職野人」, 『年報朝鮮學』 6, 1997.
ケネスR·ロビンソン, 「朝鮮王朝—受職女眞人の關係と'朝鮮'」, 『歷史評論』 592, 1999.
木村拓, 「15世紀前半朝鮮の女眞人への授職と羈縻—明の品階を超えて」, 『朝鮮史研究會論文集』 46, 2008.
河內良弘, 「李朝初期の女眞人侍衛」, 『朝鮮學報』 14, 1959.
河內良弘, 「忽剌溫兀狄哈の朝鮮貿易」(上), 『朝鮮學報』 59, 1971.
河內良弘, 「忽剌溫兀狄哈の朝鮮貿易」(下), 『朝鮮學報』 61, 1971.
河內良弘, 「童猛哥帖木兒と建州左衛」, 『朝鮮學報』 65, 1972.
河內良弘, 「朝鮮の建州左衛再征と也先の亂」, 『朝鮮學報』 67, 1973.
河內良弘, 「申叔舟の女眞出兵」, 『朝鮮學報』 71, 1974.
河內良弘, 「李朝成宗時代の女眞と朝鮮」, 『朝鮮學報』 133, 1989.

찾아보기

나

다

아

자

차

카 타 파

하

이 책의 내용은 다음의 논문들을 통해 발표되었음.

· 「1419년 대마도 정벌의 의도와 성과」, 『역사와 현실』 74, 한국역사연구회, 2009.
· 「세조대 모련위 정벌의 의미와 대명인식」, 『韓國史研究』 158, 韓國史研究會, 2012.
· 「세조대 건주위 정벌과 명의 출병 요청」, 『역사와 현실』 89, 한국역사연구회, 2013.
· 「조선 태종대 대명의식과 여진 정벌(征伐)」, 『만주연구』 17, 만주학회, 2014.
· 「조선 성종대 대외정벌 정책의 한계와 국왕의 위상 약화」, 『역사와 현실』 92, 한국역사연구회, 2014.
· 「세종대 對外征伐 정책의 본격화와 對明意識」, 『한국문화』 167, 서울대학교 규장각 한국학연구원, 2014.
· 「세종대 파저강(婆猪江) 재정벌(再征伐)과 대외정벌 정책」, 『軍史』 95, 국방부 군사편찬연구소, 2015.
· 「조선 성종대 명(明)의 출병 요청과 대명의식 변화」, 『韓國史研究』 169, 韓國史研究會, 2015.
· 「여말선초의 국제정세 변화와 대외정벌」, 『전북사학』 50, 전북사학회, 2017.